大展好書　好書大展
品嘗好書　冠群可期

武術特輯

139

原傳戴氏心意六合拳

（附VCD）

陳振家 著

大展出版社有限公司

一代大師戴魁先生　　　　　　　大師戴魁先生口外收徒合影

啟蒙恩師陳懷珠先生

作者與恩師王映海先生合影

原山西省省長孟學農考察
晉商鏢局後與作者合影

在北京大學與吳彬老師
探討武術後合影

大力支持戴氏心意拳申遺的
太原市勞動局局長胡德照在晉商
鏢局與作者合影

原國民黨少將吳弼中在晉商鏢局與作者合影

作者在靈石首屆散打王擂臺
爭霸賽得獎後留影

作者與日本師弟合影

武當山主持王理生（後排右一）
在祁縣渠家大院鏢局與作者合影

作者在香港馬鞍山體育
館迎奧運杯奪魁留影

作者練功照和比賽照

雍正至光緒年間的戴氏家譜

戴氏祖塋天順年間明帝御制碑

承文尚武　心意相通

一脉九总福荫子孙

闫朝晖

二〇〇九、四、十二

◈ 作者簡介 ◈

　　陳振家，1949年生，山西省祁縣洛陽村人。祁縣節水辦主任，自來水工會主席，祁縣晉商鏢局教練，國家一極裁判。

　　幼年喜愛武術，13歲跟本族爺爺陳懷珠和陳懷慶學拳，同時還向陳懷璧、王河根及練長拳的戴老五、練潭腿的陳威富前輩們討教過武術，算作是一種啟蒙。

　　1969年應征入伍、退伍後頂帖跪拜第五代傳人王映海為師，成為戴氏心意拳第六代入門弟子。在師父言傳身教下，刻苦習練，於拳術上有了很大的提高，在太原省級，洪同全國，太谷、香港國際武術比賽中各得金牌一枚；在平遙、靈石、北京等地的武術套路和擂臺搏擊賽中均得過銀牌、銅牌及前五名優異成績；在山西永濟市全國武術邀請賽上榮獲優秀裁判員獎；並協助中央電視台「走遍中國」欄目成功塑造了形意拳代表人物李洛能。其培養的徒弟高利文、苗林平在65公斤級擂臺爭霸賽中獲前三名優異成績，被北京保安總部高薪聘請並服務於2008年奧運會會場。

　　在習武過程中，廣泛搜集拳譜、秘笈和手抄本，積累了大量的資料，在師父的指導下，逐步理解了其中的奧秘。在王理生、王占偉先生的建議下，在師父的指導和朋友們的幫助下，克服種種困難，幾易書稿，將秘不示外門人的拳經拳譜和盤托出，終於成鉛。他說這是他幹得最有意義的一件事。

◆ 前 言 ◆

　　武術亦稱功夫。我國拳種繁多，門派林立，有的拳種廣為流傳，有的拳種鮮為人知。但無論哪個拳種都有自身獨到的見解，並能將人體的潛力發揮到極致。

　　此書，將為讀者介紹一種養在深閨人未識的拳種——祁縣戴氏六合心意拳（以下簡稱心意拳）。

　　心意拳屬內家拳，其拳理與太極，八卦兩拳種對陰陽五行的引用大體相同，具體到手、眼、身、法、步卻差異很大。六合為規寸步、寸拳、寸勁及束展斜正，是該拳區別於其他拳種的顯著特點。心意拳動作簡約短捷，架勢低沉，肢隨體動，體隨丹動，肢體伸縮開合幅度小，關節旋轉開合角度大，對體力要求不高，以貼身靠打見長，角度刁，取位毒，力道集中，自我配合精巧，常勝彼於無形之中，不過初練時無論樁功走架均錙銖必較。

　　心意拳寓養生與搏擊為一體，是一個十分值得推薦的拳種。本拳種由於歷史的原因，和關鍵處師徒口口相傳，不落文字。直接影響和阻礙了心意拳的發展，作者對此十分憂心，這也是我斗膽編著此書的重要緣由。如果把祁縣戴氏心意拳放在整個武術或整個內家拳中加以論述，勢必涉及面太廣，難以把握，即便牽扯到祁縣以外的心意拳門

派，本人也實難下筆。

筆者編著此書所遵循的原則是：

注釋從詳，探討從簡。

擊技從詳，養身從簡。

文字從詳，圖片從簡。

引經典故從詳，自我發揮從簡。

筆者人微言輕，悟經不深，竊道不精，但認為，余學之於名師，得之於正途，再者其拳養身與搏擊可取之處甚多，獨到之處甚精，故鼓其氣，將收集到的拳譜、拳經、手抄本和師父口口相授作拋磚之作，強編為篇，對譜、經、手、口中的要語警句不憚繁瑣，反覆詳言，奉獻給廣大讀者。由於水準的局限，只能就此拳論此拳，當然仁者見仁，智者見智，或貶或褒，筆者都將洗耳恭聽，讀者能從中得到裨益是本人最大的欣慰。

◆ 序 一 ◆

　　我與陳振家是在2003年北京舉行的全國形意拳邀請賽上認識的。這幾年，我們沒有再見過面，只是電話上互相有問候，今日，我到太原出差，約他相見時，陳振家提出讓我為他的新書《原傳戴氏心意六合拳》作序，實屬突然。

　　說實話，他的書還未脫稿，此時作序有悖常理。閱稿時間這麼短，況且書稿也不全，此種作序有失謹慎。即便如此，我還是欣然接受了他的提議，原因有三：

　　其一，弘揚中華民族武術，人人有責，地方拳種習練者人數少，理論與實踐的探索相對滯後與脫節，發掘整理尤為必要。陳振家對武術執著程度和這種熱情及責任感值得欽佩。地方拳種是中華武術的個性體現，百花齊放才能欣欣向榮。鼓勵和成全別人，也是你我為弘揚中華武術的應盡之力。

　　其二，人們習慣上把文與武對立來看。一說練武之人，便想到赳赳武夫，四肢發達、頭腦簡單。其實中華武術的形成，各門各派的創立，不僅是體力上的超越，更是智力上的昇華。在那次邀請賽上，陳振家的一套棍術十分搶眼，與他交談時，他的一些尺寸勁節，勁道理法之論頗

有獨到的見解。這次，他又和我談到出書，更加深了我對戴氏六合心意拳的理解，給我留下了很深的印象。陳振家是個肯動腦的人。他說要掌握武術精髓，實練是基礎，動腦是關鍵。

其三，要發掘進取，不能故步自封。武術需要一代又一代的傳承，這種傳承是不斷發展、不斷豐富和完善的。然而，一些故步自封，不吸收別人長處的陋習，影響著武術的傳承和發展。比如，盲目自信、過度自傲。說到這兒，我想起一個寓言故事，說鳳凰受百鳥恭維，又自視清高，它們非五色穀不食，非豐泉不飲，非梧桐樹不歇……最終鳳凰為清高累死了。陳振家的新書《原傳戴氏心意六合拳》，不論成功與否，總歸是一次積極、有益的嘗試。

以上是即興的感悟，也算為陳振家新書作的短序。

祝祁縣戴氏六合心意拳興旺發達，祝新書出版成功，祝讀者從中得益。為陳振家新書寫序實感榮幸。

吳　彬

2005年4月23日於太原福源大酒店

◈ 序　二 ◈

　　見到師兄振家《 原傳戴氏心意六合拳 》一書的初稿，很為師兄高興，為他給戴氏心意拳的傳承所作的貢獻而感到欣喜。

　　戴氏心意拳是從南宋名將岳飛的岳家拳脫胎而自成一家的，數百年來，升降沉浮，榮辱興衰，坎坷傳承，一言難盡。南宋岳飛創心意拳，操兵練將，在抵抗金兵中提高搏殺技能，後傳入民間，經發展完善成為融技擊、養生於一體的上乘功夫。因創拳者是抗金英雄，所以在金人所建的元朝一直被禁練，只在少數人中間秘傳，後逐漸演變成為一種家傳武藝。

　　隨著時代的變遷，明清時期習練其拳者不斷增多，並成就了一批名師高人。清代山西祁縣戴隆邦家族秘練其拳，並在其拳的基礎上，引用了道家的丹田功，更加注重內外一貫，以內催外，更加講求簡約疾捷兇狠的技擊方法，成就了一個新拳種——戴氏六合心意拳。

　　戴家使用此拳開設過當年全國六大鏢局之一的廣勝鏢局和山陝會館，名聲遠播武林內外，由家傳變為外傳，經歷了漫長的年代。傳承中習練者多數教育程度偏低和目不識丁，就是有學識者，口口相授也是練此拳的主要途徑，

導致傳播速度相當緩慢，習練者寥若晨星，面臨失傳危境。好在新中國成立後，國家對武術傳承的重視，特別是改革開放後的30年間，戴氏心意拳又煥發了青春，此拳的魅力引得了習眾者不斷增長，並已遠傳國外。

現師兄著《原傳戴氏心意六合拳》一書，它對戴氏心意拳的傳承起到不可小覷的作用。我對本拳的真諦雖然理解不深，習練不精，但我願與師兄和為戴氏心意拳傳承積極努力的同仁一道，作出自己的貢獻。是為序。

景信杰
2001年中秋寫于武宿本宅

◈ 序 三 ◈

祁縣是晉商的發祥地，由於歷史的原因，當時的商業、金融業與武術有著千絲萬縷的聯繫，在冷兵器時代，好的拳腳對保護商人的生命財產至關重要。祁縣戴氏心意拳刁鑽狠毒，為商家青睞，更因其不張揚，多為後發制人，而被習武者與商人所推崇，從某種意義上講，祁縣戴氏心意拳也是晉商文化的組成部分。

祁縣除喬家大院外，還有何家、許家、李家等鉅賈大賈，居住在縣城的渠家更是顯赫一方的名門，人們稱渠半城。現在利用渠家大院開辦的晉商博物館，其中有一個展院布展鏢局，為了讓參觀者領略昔日押鏢情景和戴氏心意拳的風貌，我們聘請了本地習武者扮演保鏢拳師，本書的作者陳振家師兄就是這四大保鏢拳師之一。

師兄振家性格開朗，為人豪爽，他對心意拳情有獨鍾，刻苦鑽研武藝並善於弘揚，讓國內外諸多參觀者對心意拳留下了深刻印象。

我作為祁縣晉商博物館館長，最初只是把鏢局展院當做一項工作來抓，但在與師兄振家的交往中，特別是看到了他的書稿後，我漸漸地喜歡上了戴氏心意拳，托人引薦正式投師學藝。一個後學者的我，為他的書稿《原傳戴

氏心意六合拳 》作序實屬勉強，但作為同門，我對這本
書的喜愛毋庸置疑。

其書深入淺出，圖文並茂，既可作初學者的教材，又
為進一步研究此拳提供了古譜、原訣。他幾易其稿，矢志
不渝，讓人敬佩。

以上感言充當作序，願師兄振家再有好作品問世，願
祁縣戴氏心意拳發揚光大。

喬俊海
丁亥年孟春于喬家大院

◈ 目　錄 ◈

◈ 第一章 ◈

沿 革

亦文亦武亦精神　彪炳千秋萬代
非勢非形非物質　遺傳四面八方

　　譜曰：梯航萬國頌承平，奮武撥文事事精。繕性葆真
詢可樂，行將雀鼠世無爭。

　　心意拳之鼻祖為岳夫子，雛形拳法以為數不多的象形
拳為基，故人有名心意拳為岳家拳。至於夫子之師，即周
侗是也。據傳周侗之藝學於希夷先生。希夷先生姓陳名傳
字圖南，他學藝於隱士牛道士。余之心意拳學於王映海師
父，而師之藝學於戴魁公，魁公學於其父良棟，良棟從學
於其族侄文熊，文熊學於其父隆邦。

　　從歷史的角度分析，戴氏心意拳創於岳飛，弘揚於姬
龍鳳，南支定形於馬學禮，北支定形於戴隆邦，充實於牛
希賢、李貞、金師魁，創新於戴文熊，傳承於戴良棟，發
揚於戴魁公、戴宏勳及直隸人李洛能，山西太谷車毅齋，
河北郭雲深等人。

　　繼續傳承並發揚光大的，從祁縣來講是第五代及第六
代傳人，在文字方面留給後人有據可查的有戴隆邦、戴二
閭、戴良棟、戴魁、郭映田、高降衡、王毅、喬俊海、陳

晉福、郭瑾通、岳春民、李秀寧、段樹雄、段樹棋、袁培
超、李景福、岳建祖、曹繼植、郭瑾剛、董立義等人。

有關戴氏心意拳傳承一事,祁縣人高降衡編著的《形
意拳基本行功秘法》一書做了比較詳細的闡述(高降衡,
祁縣東高堡人,畢業於天津南開大學,任並州學院會計
長,山西國術促進會秘書長等職)。

戴氏心意拳除以上所闡述外,隆邦的前輩戴廷栻為明
朝護危定傾,於清順治十七年(西元1660年)在祁縣城
內南街建一座「海內聞名」的樓閣,取名丹楓閣。由傅山
(山西陽曲縣人)題寫匾額,在後面加了一段跋,戴廷栻
本人又寫了一篇《丹楓閣記》(此匾現存於祁縣民俗博物
館,跋與記現存於祁縣圖書館)。此閣建成後,傅山、顧
炎武(江蘇昆山人)廣泛結交反清復明文武仁人志士,此
閣一時成為南北反清的聯絡點,北方的活動中心。戴家與
顧炎武在祁縣與鄰縣建立了多家鏢局,與有武藝的人切磋
武藝(此段文獻均出之光緒八年版《祁縣誌》),這樣又
促使戴家拳向前發展了一步。

戴隆邦

一戴宗師鳳起隆邦五行六合承心意
三庙弟子苗生雨後萬壑千峰繼蔥龍

戴隆邦字興國,約生於雍正十年(也有推測為康熙五
十九年,卒於嘉慶年間),享年89歲。這位傳奇之人,對

他的闡述，由於年代較長，又無較詳細的記載，證據乏如，軼事多樣，很難確定準確的生卒年代及平生事事，別說一語破得，就是探佚起來也比較困難，但也不是毫無線索，因他遭遇了常人難以想像的經歷，所以大體還可探佚出來。我們可以斷言，無論蹲猴勢的心意拳，還是三體式的形意拳，均是他和兒子所傳。隆邦到十七八歲時，文可中舉，武可奪魁。

戴隆邦祖籍代縣，老祖成忠移居祁縣戴家堡，生三子：長子，友憐；次子，友顏；三子，三老。祁縣城內、任村鄉壽莊、曉義鄉戴家堡和古縣鎮小韓村均有家業。戴隆邦是戴家大門中友憐的後裔，生有長子文良，乳名大閭，女金鳳，次子文熊，乳名二閭。到他這一代是19世。

在明清兩代，戴家是祁縣人在京做官、在全國經商的官商巨賈一體的富豪。清代中期，著名武術家戴隆邦就出生在這個封建大家庭裏。目前，有關戴隆邦的唯一文獻就是乾隆十五年荷月在河南洛陽馬學禮書屋寫的《六合拳序》及少量手抄本，如「緩則工農，急則士商」等片斷。從《六合拳序》中推斷戴隆邦是馬學禮的師弟，均受業於姬龍鳳的徒孫安徽池州人曹繼武名下。曹繼武受業於鄭氏，鄭氏受業於姬龍鳳。姬龍鳳功成於岳飛拳譜。此拳在戴隆邦一系，前承姬龍鳳，後啟李洛能、戴魁。

戴隆邦主要活動於清乾隆年間，自幼秉承家傳武學，他的先輩光啟、運昌、廷栻直到父親都是文武全才的人。戴家不僅有他們所練的家拳，當時官居二品的戴光啟（戴巡邊）經常和抗倭名將戚繼光、俞大猷、唐荊川、童教

師、喬教師等人切磋探討拳械之術，萬人敵之法。廷栻又學了傅山先生返本還源的養身功。

戴隆邦繼承家傳拳械之術及養身功後，又拜解甲歸田的曹繼武學習岳家拳，藝成後廣交武術名家，潛心各家原拳法的精闢之處，及導引吐納煉丹法和陰陽五行六合及《黃帝內經》中的醫理等法，又結合硬氣功門的用氣法，創造了具有獨特風格的戴氏心意六合拳。

此拳從戴隆邦到戴文良（大閭）、戴文熊（二閭）傳至本縣人，妻侄郭威漢（祁縣溫曲人）、賈大俊（祁縣王村人）、王德熊（藝名拳老五，祁縣洛陽村人）、溫老六（諢名黃毛田園則，祁縣城內人）、孫術論（祁縣孫家河人）、李洛能（祁人稱老農民，河北深縣羊窩鄉竇王莊人）、陳大、陳二（祁縣祁城村人）。

以上人員除孫術論一人沒有介入鏢局，連同李洛能均為廣盛鏢局成員，個個武藝高強，例如，祁縣文史資料有一段記載說，陳大陳二回祁後入了天主教，在光緒二十六年義和團滅洋人殺教民燒教堂，在同年7月20日慈禧和光緒從北京逃出，8月15日逃到祁縣賈令，住在了祁縣賈令鎮東陽羽村張家。等慈禧和光緒走後，祁縣義和團集中南下齊集祁城村，並攻打祁城村教堂，此教堂中有陳大、陳二兩個教徒，因武藝高強，攻打多日，義和團未能攻進教堂。此後年事已高的陳大、陳二授徒多人。

隨著社會經濟的發展，銀錢資貨的來往增多，因此興起了專門以武裝保衛行旅和財物的鏢業，商家需要鏢局的保護，鏢局需要商家的養護。當時河南的佘旗鎮是南北貿

易的集散地，因此戴隆邦到佘旗鎮十家店開設了前飯莊後車馬店，取名廣盛飯店。後經師兄馬學禮的倡議又增加了鏢局行業，使廣盛飯店成了集飯莊、車馬店、鏢局為一體的大飯莊，成大飯莊後易名為廣盛鏢局（現稱山西祁縣老鏢局）。

戴隆邦為人友善，重義輕利，有諾必踐，並以德立局，以儒治局，以儒治生，以儒處世，誠信立身，使廣盛鏢局人才遒健，成為全國六大鏢局之首。京城的官商、聰明的杭浙二商、文化深厚的徽商、財大氣粗天津衛的洋商、誠信的晉商，均與廣盛鏢局有了相與。經由十幾年的鏢局生涯，在武術方面，他大力提倡一處拜師百處學藝，反對定於一尊，例如與陝西牛希賢學輕功，河南李政學步法，山東金世魁學螳螂拳，以達到知己知彼為宗旨。在拳譜中他寫下了「不是飛仙體自輕，具然電影令人驚。看他挑起犄橫勢，儘是旁通一片靈。」的經驗之作（旁通在此指掌握他門之拳）。

按他的說法，吾人學技，對門宗、派別不可歧視，凡與吾拳有關係之學說，皆宜薈萃研究，精益求精，以達成功之目的而後已。

是書採取他書之論述十之二三，經吾師口授十之四五，由己發揮十之二三，為內中最切要之講究。對外門之拳術，切不可持蠡測海，以管窺天；要觸類旁通，用抽釘拔楔之法，洞察領悟其中之堅，方合旁通之意。

他不但擴大了武術的知識領域和鏢局的承接能力，而且使本拳在武林中和武術史上有了重要的位置，特別是他

練武先學德，萬事德為先的宣導，被世人所接納，這樣的武學思想構成了他的人格力量，奠定了他的武術底蘊，使他成了一代武術名家，世人稱他為戴氏心意拳鼻祖在情理之中。

戴隆邦是一個文武雙全、德藝雙馨的賢人，在文武二壇上均有深遠的影響，武術界和商界稱他為大雅君子。武術方面，他在他父親的傳承下練成了「美人掛畫前步功」，即平步上牆功和壁虎遊牆功。

在文壇上，他所著的《六合拳序》字字如珠璣，他留下的心意拳要語，更是一字一句，一篇一書，字字理明，句句成章。他所編著的拳譜不但詮釋了萬法歸一在武術中的運用，而且還談到了若干做人的準則。

對初學其拳者他宣導立得定志，操得定心，知之必好之，好之必求之，求之必得之。又引用了古人提倡的，大直若曲，大巧若拙，大辯若訥，大智若愚及自控三思，克自不作不齒之事等大含細入的名言。

在武壇上，開拓創新，自稱一派，特別是他所創造的五行拳，重規嚴矩，錙銖細立意深邃，大有趁勢落篷之勢，一拳生萬殊，萬殊出一法之綱，真正地體現出拳者皆無強無弱。六合拳序中曰：演武者同乎、不同乎。

其拳沒有靚莊刻飾，身形也算不上優美，可它是一種外在實用，內在自我調節的拳法，凡學此術者都會有裨益。戴隆邦祖師曰：「只有運用其拳者，才知其奧妙；只有知其奧妙者，才知其修煉本拳法之必要；只有知其本拳法修煉之必要者，方可知其拳的生命力；只有知其拳的生

命力者，定知吾的一番苦心。」並在拳譜中留有格言、忠言、精言和俗言。下錄部分四言。

格言：家資千萬，不及薄藝在身。學術何須博，運用不在多。守道不封自，擇交如求師。勤能補拙，人一己百。

忠言：務博而荒，求繁而亂，見小曰明，守柔曰強。未學武藝先學德。一藝求精百倍功。

精言：以心制人，以意廢人。以神聚氣，以形阻人。以假誘真，以虛控實。勝一人用此式，勝人人亦用此式。用心意一本者也，啟形意萬殊者也。用我一心一意，借它萬形萬法矣。善作者善成，善創者善繼。

俗言：小忍小讓不為已甚，多思慎言不為已悔，萬言萬旦不及一默，交友學人長，處事克自短。知為知，不知為不知，知。毀譽不干其守，饑寒不累其身。學必有師，師必授德。心事宜明，才華須韜。

註：「心事宜明」是戴隆邦引用了古人洪應明在授受弟子的做法。心事宜明指師父教徒的心，猶如青天白日不可使徒不知。「才華須韜」，意謂師父的才華不可使徒易知。

戴隆邦祖師晚年還著重強調了「心意自古無雙傳，切要奧妙在其中。設若傳授無意人，招災惹禍損壽元。今朝留下真妙訣，知者不可輕傳人。」戴隆邦祖師臨終前又留下了「拳是惹禍根苗，寧可失傳，不可濫傳」，及三教三不教等內容。

戴文良

鏢護明清天下　　商通蒙藏民間

戴文良乳名大閭，生卒年不詳。生一子仲榮。大閭為人忠厚老實，專長輕功，除繼承了家傳拳之外，主要學拳於陝西的牛希賢，後又同二閭在廣勝鏢局與馬學禮的徒孫李政學河南心意拳腿法，於山東金世魁學螳螂門的闖勢等法。戴文良在有生中協助他父傳授過戴文熊、郭威漢、賈大俊、王德熊、溫老六、李洛能等人。

殘匪圍困戴家大院，他上房突圍時被漫天網擒住，用馬馱到了潞安匪首墓前。因戴家練的是岳家拳，殘匪用殺害岳飛的披麻鋸之法並又增點天燈一刑，將大閭害死在匪首墓前。

戴家傳外姓有八大弟子：郭威漢、李洛能、王德熊、溫老六、賈大俊、孫淑論、陳大、陳二。以上人物都受過大閭的代傳。

戴文熊

旗開山陝會館　　滄州美人掛畫
義聚蒙俄商途　　祁縣戴氏揚名

戴文熊字葉夢，排行老二，乳名二閭，享年96歲。生

二子一女，長子仲明，次子仲舉，女兒花奴，在清咸豐間因剿匪有功，被榮為靖國禦難之士。外界有人認為戴隆邦與二閭是一人，有人認為二閭文熊是隆邦的侄兒，其實戴二閭是隆邦的二兒子。

二閭從小勤奮好學，善解人意，孝順非常，長大後文武雙全，文武二術均在父輩之上。

學武者遍訪名師有之，可是三個師父同授一個徒弟卻實少見，由於戴二閭天資聰明，陝西牛希賢傳於他輕功，山東金世奎傳於他螳螂門拳中的盤井劍（亦稱蛾眉刺）、鐵筷子和螳螂闖勢，河南郟縣南門外人（有一種說法為魯山縣南門外人）李政傳於他河南心意拳腿步法之精華。他遂將戴氏心意拳二十幾種步法變為三十多種，由此而成為遠近聞名的武術大家。

據傳二閭年輕時就練成了美人掛畫的輕功絕技，這有牛希賢很大的功勞。這個絕技他很少顯露，除喊鏢過滄州外，在本縣人眾的情況下也只用過一次。

在原祁縣縣長曹煜主編的《祁縣票號》一書中有這樣一段故事情節。祁縣孫家河元豐玖票號的財東孫郅將大批硬貨運回孫家河，要啟用一家鏢局給他看護這批硬貨，慕名請來戴家鏢局的二閭，要二閭和孫家從西藏重金買回的兩條狗比試。孫質說，假如你不被狗所傷，咱們的事就成了。孫引眾人上明樓觀看，獨留二閭在大院等候。家人打開鐵鏈，兩條狗齊向二閭撲去，人們正為二閭擔心時，只見他輕輕一躍，貼掛在丈餘高的牆壁之上。孫見此，方知二閭確實身懷絕技，當即以上賓款待，並請來喬家大院的

喬財東做引薦人，讓其子孫述論叩拜二閭為師。

除以上所述之外，二閭巧遇在孫家當帳房先生，比他年齡還小許多的族叔戴良棟。後良棟辭去帳房先生一職，跟隨二閭下河南執鏢局旅店業。

戴隆邦謝世二年，正在守孝的戴二閭接見了登門拜訪的喬家大院在中堂後人喬致庸（注：喬家共有六堂：在中堂、德興堂、保元堂、寧守堂、三友堂、一力堂）。喬讓戴二閭為他家護銀子。起因是喬致庸由入股借貸重振口外商號，從借集處運回喬家大院數額巨大的銀子，由於露了白，喬家得知專吃走西口之路的「飛駱駝」要到他家殺人越貨（此人是電視劇喬家大院中的劉黑七）。

喬致庸多次拜請戴二閭護銀，戴二閭應請而前往。入夜「飛駱駝」帶人而至，戴二閭與其明暗交手，並告知本人就是戴二閭。「飛駱駝」聞知戴二閭插手此事，留下「後會有期」，即帶人而退。戴二閭為喬家保住了銀子。當時如沒有戴二閭擊退「飛駱駝」，也就很難有現在的喬家大院了。

有年，殘匪偷襲戴家大院的混戰中，二閭發現在河南傳授他人以十二形為代表的戴氏心意拳在技擊方面已被來人破釋，二閭便到祁縣境內南山壽莊（本地人稱此村為戴家祖墳），在原來拳法基礎上自我淘汰，自我更新，另闢蹊徑，結合實戰，以多次流血為代價，創出了現在祁縣人所練的十大形心意拳。後將此拳傳於戴良棟一人。數年後，戴二閭發現陌生人在戴家院周圍窺視，為不再給戴家及村人添麻煩，入夜吞金而終，享年92歲。

李絡能

內外兼修求六合　心形相映自一門

　　李洛能37歲時帶藝投戴家學藝。因菜比本地人種的好，時有村民討教，李來者不拒，細心傳授種菜之法，日久本地人送李雅號「老農」。

　　戴二閭喊鏢過滄州和武林豪傑尹玉文結為莫逆之交，在武林界傳為佳話。李聞知後，告別家人，從河北到河南佘旗鎮十家店廣勝鏢局拜戴二閭學藝，不遇（因戴二閭有三年回祁縣老家一趟的慣例），隨後到祁縣小韓村登門投師，多次被拒納。李便在離小韓村二里之外的溫曲村和小韓村之間租地數畝以種菜事之，並廣交當地人為友，特別是練武之人更為熱情和尊重。他打聽到私塾先生郭威漢是戴隆邦的妻侄，便主動登門拜訪以武會友，在交往過程中與郭威漢成為摯友，跟隨郭威漢學戴家形意拳，並四季為戴家送菜無隙。

　　初次送菜洛能瞅準戴二閭到河南廣盛店之機，找到廚管說：「二閭已給了定錢，您一年四季要什麼菜言一聲就中，我會天天將菜送到府上的。」

　　從此以後，洛能只與廚管接觸，送菜基本在戴府沒有開門掃街之前就將所需之菜放在門口，不辭而別，這一送就是三年。三年後二閭從河南回祁，管家捧出三年賬簿，二閭見三年來沒有菜的支出，便叫來廚管詢問。

廚管說：「送菜之人說您早以將菜錢預付給了他。」

二閭問：「此人是誰？」

廚管說：「此人是郭威漢的致友，您將郭表弟叫來一問便知。」

二閭請來表弟郭威漢，郭將洛能之事說了一番，二閭方知是三年前投門學藝之人。鑒於李在祁三年行端情誠，感動了戴家上下，又有郭威漢的舉薦，在母親的授意下，二閭遂將他帶到河南。到河南後，二閭收洛能為入門磕頭弟子。

據祁人高降衡在民國二十四年所著的《形意拳基本行功秘法》一書中記載：「四人日究其技，行功弗輟。」（四人指大閭、二閭、郭維漢、李洛能）在此書中又有一段描述：咸豐間，山西通往河南的必經之路潞安有捻匪作亂。山西和河南多次配兵聯合剿匪，不但無果，每每損兵折將。後清帝派兵和派多家鏢局前往剿匪，廣勝鏢局也在其中。廣勝鏢局所剿溝壑是捻匪總寨，交戰中二閭生擒匪首，論功行賞，四人具有功焉，二閭為最。清帝賜黃馬褂以表其功，被喻為靖國禦難之士。這一壯舉受到官方的獎賞，商人和百姓的讚揚，卻樹立了勢不兩立的仇家，也由此為戴家埋下了禍根。

不年，鏢局全體人馬返祁，退出江湖。他們四人雖高情厚誼，可也不得不各行其是。郭威漢被本村請出，重擔私塾先生。賈大俊回歸故里，收徒高降衡。王德熊到太谷看家護院，又將李洛能也介紹到太谷孟家看家護院，此時洛能已年過50。在太谷孟家護院期間，李下傳太谷人車毅

齋，宛平人宋世榮；回本土後，又傳本縣人郭雲深、李太和、新安人李鏡齋，堯陽人白西園，榆次人李廣亨，祁州人張樹德，高陽人劉曉蘭等人。在弘揚戴氏形意拳上，他們師徒都有不可磨滅的豐功偉績。

在捻匪殘部夜襲戴家大院事件後，戴家對在潞安參與平匪人員做了妥善安排。此時洛能早已拜告戴家，辭去護院一職，從太谷縣回了河北老家。二閭專程到河北找到洛能，告知加以防範，並送洛能戴家帖子一封，勸其暫投友人，以避不測。洛能為避免家人受牽，不日告別家人出走，不知定處。

有年，他人送洛能親筆書信一封，內容為見到此信時本人就木西去，等等。家人到送信人下榻處，送信人已走多時。家人覓送信人多日未果，擇日埋衣冠之冢以至悼念。據祁縣人口傳，李老農從老家出來後，拿上戴家的帖子投奔到壽陽傅山先生住過的五峰山龍池道觀安身，直到謝世。以上多為口傳。

郭威漢

承文尚武心意相通　一脈九總福蔭子孫

祁縣溫曲人，生於乾隆三十八年（1744）。據傳從小跟隨姑夫戴隆邦學心意拳，他所練的十二形以蛇形最為拿手。年輕時在本村擔當私塾先生，並傳授學生武術。當年他結識了從河北專程到戴家學拳的李洛能，並傳授李洛

能戴家拳三年，後同李洛能一起跟隨戴二閭到了河南廣盛鏢局。年老後回到本地，受他人聘請擔當私塾先生。在當私塾先生的同時傳授了若干弟子，又創出了別具一格的溫曲武秧歌。

在武術傳承中，除本族外，他的弟子出名的有呂海根、范海珍等人，他的後裔郭映長、郭映盛、郭占華等人，現在也是武藝全面，子弟眾多。

戴良棟

合吾一聲通四海　春點數語過千山

戴良棟，約生於1834年，卒於1915年，享年81歲，40歲又得子戴魁。一生傳徒有二，傳子戴魁，傳侄戴宏勳（戴宏勳乳名明禎兒）。祁縣人稱明禎師傅住城內東馬道戴家祠堂，丹楓閣東北面。戴宏勳先生傳徒城內人范生、陳元龍，西關人段仙等。

戴家大家族共分三支，俗稱三門，戴良棟與戴隆邦皆為戴家大門中人，老祖先成忠從代縣移居祁縣戴家堡，後移居城內。良棟的先輩光啟的兒子為光啟立祖建墳後，良棟一支的祖先沒有移居小韓村，而是以舊居住城內新道街。他文勝於武，武於二閭齊肩。在戴氏心意拳的傳承中，他又增加了「三和明」及以和為貴等中庸之道的訓誨。他幼年時到小韓村跟隨戴隆邦學拳，成年後當過帳房先生，當過捕頭，跟隨隆邦執過旅店業、保鏢業。

良棟先師擔任捕頭的起因是，祁縣縣衙大印丟失，當時任捕頭的祁縣白圭村人渠海昌多日破案無果。在舊時有「官憑印，虎憑山，女人憑的男子漢」之說，因此說官失印何須了得，故出告示貼於四門。告示曰：「本縣丟失鎮衙之寶一件，於民於官極為無益……如有能在十天之內可破此案者，即升為本縣捕頭。……為慎重起見，本縣謹擇於某年某月某日在東門外設雷台一座，當場裁定。擂臺奪冠後，捕頭服飾憑證置於城頭箭樓之內，可設關三道，每關有二人把守，過此三關後，服飾置於城樓中間桌上，憑證掛於箭樓月梁，自行取之。取後騎馬戴花穿城過街，到衙上任。」

良棟一路過關斬將，奪魁後用壁虎遊牆術上了城頭，過了三關取了服飾，用蠍子倒爬城之術上月梁取了憑證，走馬上任。

上任後趕一轎車出發，車到了交城的葫蘆峪，良棟用精湛的功法、寬厚的仁德征服和感動了寨主耗子魁，耗子魁寨主隨良棟到祁縣縣衙結案，又協助京機大內征服了西關段門燕子李三式的人物三咳呀。

若干年後良棟辭去捕頭職務，跟隨戴二閭重操保鏢執店業，平匪後歸故里城內新道街居住（現長裕川茶莊舊址右鄰）。戴良棟將改編後的拳法只傳給兒子戴魁、侄兒戴宏勳。在此間，他以家傳槍、劍、棍譜為藍本，結合戚繼光的《紀效新書》，編著了槍法、劍經、棍法一書。此書給後人留下了值得研究的一頁。

戴 魁

祁風尚武功歸戴　秦廢崇文過屬贏

戴魁先生乳名祥雲，據傳，生他時，碧空如洗，萬里無雲，此時飄過來一塊五色雲，由此而取名祥雲。本地人稱他武散仙，口外人稱怪俠，清末秀才。生於1874年正月初三，卒於1951年正月十一，享年77歲。娶妻兩房，後妻生一女。他的一生是傳播武術的一生，也是以武養生的一生。據傳戴魁先生年幼時喜文厭武，他的武術是他父親用多種手段逼迫而學成的。

1904年（清光緒三十年），天合元商號財東，祁縣南社人喬殿森在本縣北關開辦益晉染織有限公司（現山西建材機械廠前身），用工人500，到1909年春，安裝了德國西門子發電機，職工發展到千人（1937年，日軍侵佔祁縣，將此廠強行軍管成為日軍軍需廠）。安裝發電機期間，喬見德國人辦事認真，管理獨特，遂聘請德國人管理工廠。德國人提出讓工人做早操與工間操。由於女工較多，東家看不慣德國人擰腰擺臀的體操，便請了本縣高城村練長拳的師傅武榮華先生和城內戴氏心意拳嫡系傳人戴魁先生教拳，以充早操和工間操。

這年，有魯村人高升貞，乳名等壽兒，在他父親的陪同下求友引薦，戴魁先生收他為頂帖磕頭弟子（高升貞拜師時16歲）。隨後以擋車工趙萬躍、電工邢德勝為首的

一批青年工人也求人引薦，戴魁先生收他們為頂帖磕頭弟子，學習心意拳。

同年，還有一些社會上的青年也跟隨戴魁先生學心意拳。例如，本縣城內人何聚蘭（祁人稱何九少）、陳雲玥等。何聚蘭是由喬殿森引薦拜戴魁先生為師的，拜師時請客三天並唱了三天大戲。他學識很高，悟心特強，對人誠實，經常代師授藝。

據傳他對心意拳練用雙馨，不過只與本門師兄弟拆拳過招，一生沒有和外門人接過手，對外從不承認他學武，只講鍛鍊身體而已，戴魁先生對他非常賞識（祁縣當時學武術的還有跟隨太谷縣李家弟兄學形意拳的喬九少，因很多外地人將二人誤為一人，所以多此一筆）。有關戴魁在益晉公司教戴家拳一段順口溜：

戴魁出了家門口，習武之人滿街走。
不管男女與老幼，人人都能蹲猴猴。

戴魁先生首次到口外是1926年年初。在趙戴文的批准下到各縣聘請練武術者，戴魁先生從益晉公司去了太原，和練形意拳劉曉蘭弟子李偉夫先生等十幾個人於正月十六在太原開始集訓。在太原集訓後，由閻錫山簽注將他們倆分配在商震部隊任武術教官（後戴魁先生成為武術總教官），此時史雄霸在商震部下做副官，拜戴魁先生為師（史雄霸，山西偏關人）。

這年臘月，戴魁先生在史雄霸的陪同下回祁探親，在

探家期間，於1927年正月初六收城內人段錫福、子洪人高樹聲為頂帖磕頭弟子。

1928年，戴魁先生在口外收徒若干，因故與本地武術高手「六十二」交手得利，一週後「六十二」謝世。起因是史雄霸一次外出，在大昭寺遇到賣藝賣藥在他未投軍前曾與其學過拳的「六十二」。「六十二」詢問史近況，史談及在戴魁先生門下學心意拳。「六十二」提出咱爺倆比試比試，邊說邊拿起兩把木刀。史一起手用老虎出洞剪爪之法，只一下便剪了「六十二」手腕。「六十二」當場罵史不地道。史扭頭便回到了督軍府。「六十二」追到門口被衛兵攔住，此後每天給戴魁先生下戰書。戴魁先生知道後，囑門衛不要理睬。

1928年二月初六吃罷早飯，門衛報告「六十二」又送戰書一封，眾副官說不如放「六十二」進來，讓他們比試比試，一來「六十二」也不用再送戰書，二來也見見戴教官的真本領，於是就將「六十二」引到了戴魁先生門前。

戴魁先生開門迎出問什麼事？「六十二」說了與史雄霸的事情經過後提出與戴先生比試。戴魁先生婉言推辭。但此時眾副官和待衛也圍著讓比，最後戴魁先生無奈勉強答應，只提出不要在兵營比試。

一行人出了兵營來到大昭寺，戴魁先生說：「李師傅，請您先動手吧（「六十二」姓李名錚，生他時，他爺爺62歲，當地人稱他六十二，或劉師傅）。」請字還未落音，「六十二」已撲到戴魁先生面前。此時戴先生將含在口中的小銅煙鍋剛拿離口中，便順勢用煙鍋咀點向「六

十二」的肋間，由於二人已呈膠著狀態，「六十二」當即
揪住戴魁先生的衣襟圍著身子轉了半圈即癱在腳下，此時
「六十二」將湧到口中的鮮血硬咽了下去（此時是1928
年二月初六上午十來點）。戴先生說：「失手了，失手
了！」忙叫人將「六十二」送到家中，並親自配藥數副送
給「六十二」。「六十二」堅決不服藥，並說：「戴師
傅，不礙事，不礙事。您的情我領了，我自個有藥，不勞
您費心。」過後戴魁先生說劉師傅真豪橫。

　　用本門同輩人張玉宸師伯的高徒戌象耕的觀點講，這
一事件是人生的悲劇，武術的欣事。此事件後又收和史雄
霸在一個部隊供職的團參謀長郭映田，字雲飛子的人為頂
帖磕頭弟子。郭映田山西繁寺人，畢業於清華大學。1933
年調任長治任城防司令，家眷安居在沁源縣西關。

　　1929年正月收本縣人馬二牛為頂帖磕頭弟子。拜師時
二牛師傅20歲。隨後收任榮、任大華、昆仲、柳奐陰（柳
原為「六十二」的徒弟，祁縣元台溝村人）為頂帖磕頭弟
子。在此後收天津人張玉宸、北京人葛登甫、山東人李蘭
秀、黑龍江人鄭中宇等人為頂帖磕頭弟子。

　　1929年，祁縣西關商人安汝生集資購置俄國汽車12
輛，用12屬象名命車名，開辦了晉宏汽車公司，從事長途
運輸，主要路線是祁縣、太谷、平遙三縣到包頭至呼和浩
特及恰克圖。後汽車又逐步增加到二十餘輛，由於影響了
駱駝隊的生意，路上極不安全，特別是汽車到了包頭和呼
和浩特後，不時遭受哄搶和強行要錢，雖請若干人保護，
但不測之事時有發生。

　　1930年年底，在親朋的建議下，安托人請戴魁先生為他兼護車保貨的領班，戴先生提出須辭去武術教官，方可為他擔當護車保貨的領班。安托史雄霸和郭映田為戴魁先生去辭武術教官，真好此時商震大部隊奉命入川，便答應了他的請求。

　　戴先生不讓安接他回祁，在1931年春節後帶上徒弟馬二牛師傅徒步返祁，師徒二人路經賈令村小憩時，練長拳又練弓力拳的高茂德先生、楊福成先生學拳的岳溫忠師傅（乳名貴銀）聞名而至。師徒二人被邀請到岳溫忠師傅家。飯後馬二牛師傅和岳溫忠師傅切磋過手。時隔幾月後，岳在高茂德師傅的引薦下拜戴魁先生為師，由於未給高、楊兩位師父磕頭，戴魁先生遂收他為頂帖磕頭弟子，時為1931年季春。

　　戴魁先生回祁後的當天便帶領汽車上路。在去包頭和呼和浩特路上的殺虎口、雁門關、豐鎮廳等處設點，到了包頭和呼和浩特，由留守部隊郭映田配兵負責安全。這一年他的第一房妻子去世，妻子忌日滿三年又續取會善村段氏女為妻。

　　這護車保貨的領班一職幹了六年，這六年間收了本縣杜家莊人原德勝（乳名金寬）、城內人祥雲集、夥計李如壁（乳名補祥）等人為入門磕頭弟子。在這護車保貨六年空隙中，他經常到徒弟們家居住，以住岳蘊忠師傅家為主，特別是前三年。

　　1937年11月8日，日軍入侵祁縣後，汽車由華北交通株式會社太原鐵路局自動車輛管理處控制，服務於軍事侵

略和經濟掠奪，從此他不再做護車保貨的領班。

1938年，閻錫山的部下李復膺部，從大同開赴抗日前線，招收了一批民間武士到部隊任武術教練，戴魁先生應山西國術促進會的邀請，和戴宏雄的介紹，到李部大刀隊傳授戴家刀法。據傳教的刀法招數極簡單，第一老虎出洞剪爪，即起手用刀砍拿武器之手，再一擰一扣便可，即用刀背磕槍桿，刀刃順槍剃向握武器之手。

1939年7月，李給所有非軍隊人員帶上路費回家，回家後口外的徒弟和若干青年公推任大華的哥哥任榮再次請他到口外居住授拳。他帶領何聚蘭和岳蘊忠到了包頭並和迎接他的人照了相，相片上題有歡迎戴老師蒞包攝影紀念，落款是民國二十八年八月二十八日。

在包頭住了月餘，因家眷身體不佳，同岳蘊忠和口外的幾個徒弟一同返祁。何九少因熱病住在包頭。戴魁先生回家不日家眷謝世，辦妥家事後，隨口外來祁的徒弟又重返包頭，在包頭又收了山西文水縣水界村人李森與當地若干青年為項帖磕頭弟子。這次在包頭前後住了15個月，回祁縣後和口外的絕大多數徒弟成了永別。

1940年11月他回到祁縣，這年臘月，口外的徒弟們又要將戴魁先生接到口外過年。祁縣的徒弟們因恐戰亂，從祁縣火車站將他截回，不讓他再去口外。他小姑姑見他獨自一人，又絕不續弦，就讓他變賣了房屋家產，在過舊年前被接到了祁縣北梁村的大戶開明紳士李鳳庭姑夫家（當時稱二李兄弟即李鳳庭、李順庭，李順庭為大盛魁總經理），在北梁村收了三家村人王全福的父親王德威（乳名

等祥則）為遞帖磕頭弟子。

當時社會上流傳的一句順口溜：「戴魁的徒弟驚怕人，豬林（高樹生）、等祥、三得勝（邢德勝、原得勝、王德勝。也有人將原德勝誤傳為閻德勝或袁德勝。據傳王德勝為戴魁先生大弟子，也有說馬士龍或程象山為大弟子，受過良棟先師的傳授）。

這「驚怕人」三字緣於原德勝，起因是祁縣東山通往榆社和左權根據地的要道太谷縣箭鏜岩村，駐紮在祁縣的日本人為了不讓榆社、武鄉、左權的抗日人員到祁縣的平川和平川的抗日人員進山，在此修了兩座炮樓。一個日本人出了炮樓追趕從炮樓裏逃跑出來的姑娘，這姑娘叫梅蘭則，祁縣子洪鎮人。追到杜家莊，這個日本人被原德勝打翻在地，捆了雙手等到夜間押送到當時縣委縣政府的所在地——東山的上莊村，交給了獨立營的劉文（祁縣梁村人）、郭光輝（祁縣洛陽村人）、崔南周（祁縣會善村人）、閻逢時（祁縣北建安村人）等人手中。

後經獨立營營長，兼祁縣抗日政府縣長武克魯派人將日本人送到左權麻角村，日在華反戰同盟會辦事處（武克魯，祁縣夏家堡人，送走日本人後也跟隨戴魁學戴家拳。閻逢時，後調到平定縣四區任區長，新中國成立後任太原南城區區委書記等職）。

戴魁先生移居曉義村起因是，1941年十月初八，北梁村趕廟會認識了姑夫的世交朋友曉義村大戶程占元。程占元對戴魁先生早有耳聞，就邀請戴魁先生到他家，教他及家人學拳。戴魁先生答應後，不日程占元用轎車將戴魁先

生從北梁村接到了曉義村他家，收程聯鳳、田九元等人為
遞帖磕頭弟子後，住在了程聯鳳家，之後搬到曉義村聖宗
廟居住。

　　據原祁北區副區長兼武工隊隊長、新中國成立後歷任
祁縣副縣長、祁縣第一任縣總工會主席、祁縣第一任武協
主席郭鳳山口傳，戴魁先生是1942年夏秋之交，從程家移
居到聖宗廟中的。戴魁先生住聖宗廟，是他和有關領導開
會研究同意後決定的。當時考慮到戴魁先生孤身一人，教
拳可以做掩護，為了工作需要，他和曉義村村長、中共地
下黨員曹永光、村副田九元做通戴魁先生和程占元、程振
武及程聯鳳的工作，搬出程家住進了曉義村的聖宗廟中。
當時對戴魁先生以善友對待，號稱戴善友，並將廟中的十
餘畝土地也歸他耕種，並和村長、村副制定了種此地由村
裏支差。

　　戴先生住進廟中，此廟成為榆太祁聯合縣及祁北區抗
日的秘密接頭點，和戴魁先生制定了單雙日接頭暗號。從
此聖宗廟成為地下抗日交通站，戴魁先生在此廟中開始收
徒傳拳，並分批傳授郭鳳山帶領的除奸小組隊員和武工隊
隊員戴氏心意拳，郭風山也跟戴魁學戴氏心意拳（郭鳳山
曾於李復禎的徒弟陳德際學過形意拳）。戴魁先生也不時
到各徒弟家中盤住幾日教拳授藝，不過以徒弟們到廟中學
藝為主。

　　此時郭映田已調到長治任城防司令，將家眷安頓在沁
源縣城西，並經常請戴魁先生到他家居住，並教他手下練
拳。戴魁先生到他家常帶著高升貞、胡青蘭、高樹聲等

人。

1944年2月9日，有中央首長赴延安參加七大會議，在八路軍總部同蒲支隊的護送下途經祁縣祁北區，祁北區抗日民主政府接上級命令，派出了精幹的除奸隊員由副區長郭鳳山帶隊。郭鳳山請示了相關領導，請戴魁先生與他一起去完成護送任務。當晚在祁縣夏家堡村堡壘戶過夜，睡覺時將戴魁先生安住在外間。首長和戴魁先生及房東進行了親切交談。第二天經豐固村渡過汾河交給了晉西北抗日武裝人員。在同年10月開表彰會時，得知護送的中央首長是陳毅。

在同年的7月，郭鳳山請戴魁先生與他去榆社，接應新任祁北區區長兼區委副書記石瑞到祁北區上任（石瑞原名白雲，太谷縣人）。上任後，石瑞不時到廟中和相關人員接頭開會。

1946年11月11日，縣委縣政府在來遠鎮的東峪溝窯頭角村召開第二屆群英會，獎勵一百多名英雄和模範，72歲的戴魁先生因護送過陳毅，接過石瑞，又交了數額較大的愛國糧，也成為模範中的一員。在郭鳳山的陪同下，他參加了這次表彰大會，散會後受到南鳳溝前莊村太行區模範工作者，民兵大隊長許大珍的邀請（許在新中國成立後擔任祁縣副縣長等職），在南鳳溝的前莊村傳授三大溝民兵月餘戴家拳（三大溝指祁縣境內的南鳳溝、東欲溝、上莊溝）。之後，郭鳳山將他接回曉義。

回到曉義後，他受石瑞和郭鳳山的委託，又分批傳授戴家拳王峀生（王峀生姓武）帶領的路西武工隊二中隊和

護村保家隊。戴魁先生謝世後,已調到外地主持工作的石瑞托人送來四十萬元(舊幣)。

1947年9月12日,縣委組織二、三、四區民兵和武工隊,配合四十團在拂曉時圍剿向三區板山、侯家莊進犯的「沁武奮鬥團」。二區的民兵和武工隊接到命令後,從二區各村繞道到曉義聖宗廟集結。這次戰鬥大獲全勝,並抓住了營長倪國華。事後敵人知道了武工隊和民兵在聖宗廟集結之事,暗中對聖宗廟和戴魁先生進行了嚴密監視,並要對戴魁先生下毒手。

郭鳳山得知這一情況後,告訴了村副田九元。田九元與程聯鳳將戴魁先生秘密轉移到程聯鳳家;在程聯鳳家住了一段時間後,又將戴魁先生秘密轉移到了田九元家。直到1948年7月7日祁縣全境解放,戴魁先生也一直住在田九元家,直到1951年逝世。

戴魁先生從聖宗廟住到程家後,在傳授他人拳時,更進一步打破戴家百年家規禁忌,把戴氏心意拳更完整、更系統地傳授於外姓人。在他的口授下,讓郭映田著書一本,並親自審定,在扉頁上寫有雲飛子字樣的為正本。此書戴魁先生讓人抄了三本,後又讓本縣瓦屋村一個有學識的徒弟從另一個角度寫了一本戴氏心意拳譜。這兩本書比較詳細地寫出了戴氏心意拳的練用之法,這是戴魁先生弘揚國術的又一個偉大之舉。

王映海

王映海及同門師兄弟在本地和祁縣以外均有收徒授藝，然今在世者寥若晨星，在本節只表王映海一人。

王映海，乳名桃園，祁縣曉義鄉北堡村人，出生於1926年農曆八月十五中秋節。按《山西武術名人錄》一書中記載，王映海，男，漢族，山西省祁縣人。祁縣武協副主任，祁縣心意拳協會副會長。王映海從20世紀40年代初開始習武，拜戴魁為師，學練心意拳，幾十年如一日，勤學苦練。他學拳又授拳，培養徒弟一百餘人，還教授輔導了許多武術愛好者，多年來為發展心意拳做了很多工作，為武林人所稱讚。

1941年臘月，15歲的他與族叔王步昌（乳名福狗）在曉義村村民程振武的引薦下，同時拜心意拳泰斗戴魁先生為師，以符養生之旨。他們是眾多弟子中最年輕的兩個弟子，也是最後入門的頂帖磕頭弟子，俗稱關門弟子。他們習練戴氏心意拳後寒暑不輟，由於對戴魁先生恭謹誠勤，很快得到了戴師爺的若干真諦。他們叔侄二人經常搭手磨藝（這搭手磨藝長功特快，例如原高樹聲的弟子，後傳到高聲禎名下，心意高手銀棟、占昌也是如此。銀棟大名許初寬，占昌大名王秀華，二人均為祁縣郜北村人）。王映海叔侄藝成後開門收徒，前來學藝的有公安人員、武警官兵、工農商學、外國友人，對弘揚晉商武文化，他們叔侄二人起到了傳承和傳播的作用。

今年85歲的王映海師父雖然鬚髯皆白，壽眉長掛，可他精神矍鑠，思維清晰，腿腳俐索，動作敏捷，是一位健康的長壽老人。他一身酷嗜武術如一日三餐，習武70年來未有多日間斷，深得個中精要，每有國術賽事均踴躍參加，從民國年間到中華人民共和國2008年，無論刀術、棍術、拳術及雜器類均名列前茅。

花甲之年在蘭州與馬二牛師傅代表山西隊均得銅牌一枚，他演練的三棍三刀，受到了總裁委員會的一致好評。古稀之年在北京、上海、太原、河北、河南等地的各次賽事中，均得多枚金牌獎。耄耋之年到香港、馬鞍山體育館獻藝，在武術界起到了轟動作用。

2008年農曆八月，受日本人邀請傳授戴氏心意拳，受到了市長級接待，在他就位的主席臺上放置了中華人民共和國的五星紅旗，日本市長一方放置了日本國旗，隨後與日人交流切磋武藝，讓日本人驚歎不已，稱此拳種為不敗之拳種。他收授徒弟除本國人外，於1983年收日本徒弟4人；在2001年收美籍華人李泰良；2008年收俄羅斯弟子3人。以上外籍人員均為入門磕頭弟子。他的孫子王喜成、王喜忠在他的悉心傳授下，刻苦磨鍊，已基本系統地掌握了本拳的核心。王喜成跟隨他爺爺兩次到香港，四次去日本，一次去俄羅斯傳藝，爺孫均滿譽而歸。

王映海師父傳授徒弟是學藝先學德，即使成了入門磕頭弟子，只要違犯三不教中的任何一條，就會切拳不授。他傳授徒弟拳術因人施教，拳譜拳經、口法秘訣、架勢同步而行，傾囊而授。

在他的徒弟中，他協助王毅出版了《戴氏心意原傳器械功法》一書；又口授身授，親自把關促徒弟陳振家寫出了《原傳戴氏心意六合拳》一書。此書在他的指導下，有關身心各式無不旁證曲引，詞簡義賅，句句切要。他為人師，首先是人正為範，因此徒弟們對他的追隨如雲翔而影從。這位將近七十年學戴氏心意拳不輟的老人，雖然教育程度不高，可對武道的理解極為透徹。他在教徒弟時手把手傳授，按他自己的說法，只有這樣教才放心。想得到王映海師父傳授，還須有德高望重的人引薦，因老人不但堅持傳統的頂帖拜師規矩，而且還堅貞不渝地堅持「寧可失傳，絕不濫傳」的拳訓。

《山西晚報》2007年8月1日第二版，本報記者張立宇以《有他們在武魂不滅》的報導，高度評價了武道高深、武德至上的王映海老先生。

2008年，他萌生了給戴隆邦祖師以及戴魁先生等自籌資金，立碑樹傳的想法。

2009年，他攜門下全部弟子實施其事。他本人首先出資一萬。委託作者全權經辦。此事抄報到縣武協主席龐祥瑞、縣體委主任程安興、副縣長閻朝暉、縣長李丁夫，依據喬家與戴家有很深淵源，故批示將其紀念碑安置在喬家大院德興堂。從收集資料到實施，在多人協助下，經過一年零三個月，圓滿地在第一展室展出了戴隆邦家族的文字、實物及現代練戴氏心意拳練功照和若干墨本手抄本、口傳資料。這真是前人所講，六朝古都慶昇平，武事乃隨文事精。前人功績今人頌，留下美德育後人。

◈ 第二章 ◈

闡 要

闡要是練用戴氏心意拳的細則。

一、根據中醫學說，人身左為血分所居，其行也緩。右為氣分所居，其行也速。所以練本拳均先動左而後動右，此要者為調整氣與血的平衡耳。

二、家生家云：天有三寶日月星，地有三寶水火風，人有三寶精氣神。三寶在人體中非常重要，所以練內家功時，架子、吐納、意念三者合一為旨。練時內七外三，或大內小外。

第一節 要 語

一、束展呼吸，束身吸氣，展身呼氣；吸氣則氣升內合，呼氣則氣降外開。

二、練功內家三派均須知，心意之束抖，練陰陽魚兩眼。八卦之捷變，練陰陽魚外圈。太極之方圓，練陰陽魚頭尾。

三、初練者用勁宜大，架勢宜大。功深者用勁宜小，

架勢宜小。

四、練功時找一雅靜之地，擇一清靜之時。以不炫耀為宜。

五、事在行而不在言，拳在心而不在形。

六、與人交技有三打四不打。三打：進步打，貼身打，敵打我亦打。四不打：步不進不打，身不貼不打，彼不打不打，見空不打。

七、打時拒之則虛，不拒則實。

八、與彼交戰以步為先，步打七手打三，寧可無手，不可無步。

九、以圓備勢，以氣催形。內圓吐納，外圓抖擻。內圓鼓蕩，外圓構形。束身圓直，展身直中。

十、內家技擊必求其中，太極空中，八卦變中，心意直中。太極渾然無間，八卦縱橫矯變，心意攻人之堅。而不攻人之暇，並一式兩用，隨其來體，不離不拒，在應變中至柔至極，持膊如嬰兒，忽然用之，雖無所明施其勇，隨勢有力化為無力，有手則為無手。

十一、攻動乎九天，則來而不可備。守藏乎九地，則幽而不可知。能達此境，則攻守之法得矣。

第二節　心意手足法諺語

心意拳，無絕招，巧招妙招皆熟招。形意拳，無絕手，巧手妙手皆熟手。心意蹲，形意站，心形二藝戴家傳。起四更，養靈根，先學武德後練功。嘴要貴，腿要

勤，先熟拳理後練形。練樁功，有經章，三杳一升吊靈
光，頭頂天，足抓地，心定神寧丹田氣。進步提，踩步
高，退步拔，先弓腰。足打七，手打三，五行四梢要和
全。和身輾轉不定勢，無拳無意謂心意，只要悟得嬰兒
玩，方知本拳天生成。

心生意，意領氣，心意相連全盤戲，心是懸膽鏡，意
是江河水，拳似一扁舟，足為隨心車，手是如意鉤。心不
妄動動必應，拳不亂出出必準。心意不相連，必定技藝
淺；手足不連環，接手有險象。

有摩精，有摸勁，咦呵連聲陣雷聲。摩則明，摸則
靈，明謂心和眼，靈謂手和身，要練摩摸龍蛇行。有摩
脛，有摸鏡，摩脛剪子固，摸勁意與心，摩脛摸鏡重輕
靈。

有攻勢，有退勢，起手落足三戰機，出手奸，回手
滑，打者強，肘拐平心擺又撞。

養氣法，要三杳，頂心下杳到手心，手心下杳到足
心，真氣發起到天門，從頭到足虛又靈，束身之法本屬
陽，氣走督脈過三關。

用氣法，要三頂，足心上頂到手心，手心上頂到頂
心，真氣降下歸靈根，再往下降到足心。展身之法本屬
陰，氣走任脈往下行。氣和心意隨時用，硬打硬進中節
攻。非手長，氣難達，非手短，難貼身，此謂練功楞中
精。

練丹田，養穩固，練身法，押海舟，束身裹肢似猿
猴。若慢練，練細節，若快練，練勁節，若提足與膝齊，

起膝望懷先提氣，只要二提雙到位，猴勢一法自然至。進步似槐蟲，起身如挑擔，若遇人眾多，三搖與二旋。足要進，頭須領，硬打撐進似追風，渾身呈弓後腿蹬，肘打去意腹沾陰，好似返弓一力勁。

起足鑽，落足踩，看退反進嬰吃奶。心猛虎，吃人意，束謂老虎撲物勢，動為犁牛直項至，我拳場中不定勢，隨高就打高，遇低便打低，打遍天下似老雞。頭打落意隨足走，足打落意後足蹬，胯打中節鬓相連，肘打去意胸膛前，腹打沾黏陰對陰，好似反弓一力精。

頭打等，胸不挺，肘不離肋起膝頂。手望眉，攔挎入，雙手捋撥丹田出。手與足合常相連，雙手就在懷中變。手隨足，順與拗，起足須從肚裏掏。身與手，隨心動，手足連環一氣用。後手藏肋還未上，真氣先沉後腿彎。束身蹲，陰陽翻，身法入陰而負陽，進身頭手抱斗彎。看人似小草，打人如走路，雙肩鑽一孔，有手作無手，打人如打偶。

君與臣，將與兵，一氣佔先蓋乾坤，兵戰殺氣無不克，拳打一氣無不勝。蛇吸食，視如鼠，布氣神往奪如虎。仙猿蹲，見如處，追形飄移脫如兔。拳似炮，手占中，知進不伸中節攻，追風趕月不放鬆。呈五弓，龍折身，束鑽身平頭要領。遠用踐，近用寸，足進手起身貼身，拳打三節不見形，如要見形藝不精。

眼要毒，手要奸，足踩中門襠裏鑽，武藝相戰閉日光，天地交合雲遮月，雞手橫掃眼先慌。遠近一丈步為能，急若騰兔追其形，兩頭回轉急相迎，要知回轉這條

路，只在眼前一寸中。死中活，活中死，三回九轉是一勢。退中進，進中追，三搖二旋拳中貴，起而未起搶中央，槍住中央占中央，占住中央神手難。

應他人，先顧自，六合印整內外意，手起莫要望空落，回足莫要望空閃，肘打去意占胸膛，兩手隻在洞裏藏，左手不過右邊去，右手不到左邊來，出手不超足尖外，肘夾兩肋手在懷。手向前出不露肘，肘要後頂不露手。心意只憑蓋世去，萬法皆從束展求。驚四梢，疾打冷，舌捲成橋山亦撼。

手為規，足為矩，兩肘夾肋手不舞。兩肘不離肋，兩手不離心，出洞入洞緊隨身。兩腿剪，不開門，遇敵爭鬥束全身，束鑽踩撲手占中，手不占中肘占中，肘不占中肩占中，占中直起貼彼身，丹田催射內勁崩。前足帶後足，後足踩前彎，後足趕前足，前後緊相連，飄若似仙不見忙，胯打中節環連環，起手好似虎撲羊，或是括橫一邊走，後手就在肋下藏。錘打起落頭手擋，翻若似蝶內藏奸。惡手為陰出手柔，善手為陽出手剛，陰陽剛柔一齊上，蟄龍未起霹雷響，一枝動，百枝搖，猶如水中按浮瓢。束身手起柔中沾，身展手落剛中放，一絕皆絕忙中閑。

出肘吸，起肘托，肘拐平心當胸擊，雞手反下陰中襲，肘起平，拳下藏，肩打一陰反一陽，後手就在洞中藏。去意好似捲地風，消息全憑後足蹬。見如婦，如持嬰，奪似虎，一口吞，拳似炮，龍折身，遇敵好似火燒身，急若吞吐魚抖鱗。要打人，節節明，上節不明招人

擒，中節不明自身空，下節不明被人盤。上節不明擒拿忙，下節不明足走繁。三起不見形，三落不見影，勢占中央臂不伸，與人交勇無虛備，陰陽相合必自然。

近成功，遠枉勞，打的遠，臉對臉，打的美，嘴對嘴，打的脆，起隨追，眼與目合內勁催，六合印整聲如雷。束身進，頭打等，外胯打人魚打挺，裏胯強步變勢難，臀尾打人不見形，猛虎坐窩藏洞中，背尾全憑精靈氣，起落進退自分明。

身未動，先知情，靈蛇撥草用嘴叮，膝打幾處人不明，好似恕牛闖木籠。攻與顧，束而鑽，鑽提足，不提膝，束身提肛不提腹，進身提氣不提肋，提足束鑽隨勢擊，提肛打人不用力，提氣進身勝虎撲。內要提，外要杳，氣要沉，尾要正，萬氣歸田足釘釘，氣不歸田足無根，踩撲搓如浮萍，和身輾轉勢不定，左右橫順任意進，進步顧擊龍蛇行。

你也知，我也知，總歸心乖打心癡；你也有，我也有，神仙難逃滑狸手；你也進，我也進，斜避翻，偏拐隱，足落踩蹬步犁行。步步犁行剪子固，束鑽踩撲逆水行，把把鷹捉發雷聲，身子未動擒捉意，六合貫注一氣行，未曾開拳先打顧，後打上法動五行，起落二字與心平，悟透起落進退精，一事精湛萬事通，眼觀耳聽語中精，閉住動容永不凶。蓋世一字是團身，只要團字占了中，一身免禍又離凶。身似弩弓手藥箭，能要不是莫要停，上法首要先上身，手足齊到繞為真。

要取人，先動根，牆倒容易推，天塌最難擎，風順暴

雲歸，雨灑灰塵淨，熊出洞，虎離窩，好似穿澗過大河，
犁牛直項有所去，老虎閉勢有所取，內提外隨起要橫，落
順靠打肩井崩，截心截手截四梢，截意截面截五心，截手
硬崩摘豆角，截足寸踩胯貼靠。

下用押，上用挑，裏裹外挎中獻桃。彼不動，咱不
動；彼若動，咱先動。能用一思進，莫要一思存，說話三
思必無錯，武藝犯思必有凶。能在一氣前，莫在一氣後，
式式出拳均似炮，把把回手如火燒。起橫不見橫，落順不
見順。起不起，何用起，落不落，何用落。低之中望卻
為高，高之中望卻為低，高低起落與心齊。只怕人間多一
齊，一齊多了為一精，一精精湛萬事通，萬事只要團了
中，以靜制動柔也雄。

胸中空，腹中實，丹田一動蛇吸食。丹田久練靈根
本，五行合一見奇能，好似綿裏藏了針。蹲猴勢，真氣
升，一氣佔先定乾坤，身束展，有經章，束提穀道落回
丹，綿裏藏針柔中剛，觸似棉，如護嬰，陰陽翻轉錯骨
筋，架梁閃折不在重，稱小打起千百鈞。氣與力合起炸
雷，空胸實腹氣貼背。學者要知拳中義，風驟火烈思水
意。

行善事，不為弱，虎狼威，不為凶，多行善事不圖
報，虎狼淫威要祛掉。遇事三思無自悔，保住身體現今
福。不孝之人何學藝，不知起落枉伶俐，不知進退枉學
藝。未學武藝先學德，無德學藝實無益，都遇賢人卻也
少，若遇賢人似禾稻。牆比山高萬不能，可惜奇才不多
生。自所功淺欲不達，不可張口強人難。父母恩情不用

恨，名利無邊禍有根，眼前父母能孝敬，不必涉遠敬佛神。

行三孝，須留後，要樹德，需務慈，除惡務本行善事，只要萬事歸了善，何用精細去哄人。君子要習心意拳，思吾道，依吾言，未學拳腳先學言，三和明，要記牢，不孝之人不可交。頂帖入門勤而恭，不可有始而無終，日磨時練勤又誠，尊敬師父寸步行。釘頂毒狠弓催放，束身直進虎撲羊。祖師留下真妙訣，知者傳人細選人。武藝只怕見識淺，言不明，藝不精，最怕誤導世上人。自心明來萬法滅，照破世間無罪孽。世事人心都一般，明起求通也不難，只看人心專不專，只要鑽心恒磨鍊，練明心意九將通，練明心意萬法終。九將通，萬法終，自有賢人歸吾宗。

注　釋

1. **三孝**：第一孝，生而事之；第二孝，死而葬之；第三孝，葬而祭祀。此意謂你長大成人了，父母在世時，父母的事就是自己的事。父母謝世後，盡心盡力辦好後事。辦好後事後，要辦好各祭祀節，謂之三孝。三孝做到了，沒留下後，也不抱養，被視為最大不孝。如運用到武術界，沒有留下徒弟，亦稱無後為大。

2. **滑狸**：野貓、山貓。

3. **九將**：九將者，仁心、義肝、禮肺、腎智、脾信，另有步將、騎將、猛將、大將。

拳譜曰：夫，將才有九。

道之以德，齊之以禮，知其饑寒，悉其勞苦，此謂仁將。

事無苟免，不為自饒，有死而榮，無生以辱，此謂義將。

貴而不驕，勝而不恃，賢而能下，剛而能忍，此謂禮將。

奇變而穩，動應多端，轉禍為福，臨危制勝，此謂智將。

進有厚賞，退有嚴刑，賞不逾時，刑不擇貴，此謂信將。

足輕戎馬，氣蓋千夫，善用短兵，慣使長戟，此謂步將。

登高涉險，馳射若飛，進則先行，退為殿後，此謂騎將。

氣高三軍，志輕意強，不齒小戰，勇戰大敵，此謂猛將。

見賢若不及，縱諫如順流，寬而能剛，簡而能祥，此謂大將。

4. 入陰而負陽，頭手抱斗彎

入為抱，負為背。陰包含著陽，但反其不能說陽也包含著陰，因以陰含陽是客觀規律。陽是主導性，發動性。陰是包容性，制動性。在本拳中指陰中有陽，陽中有陰，如蹲猴勢，頭的額顱與枕骨、下顎的動作是陰出陽收，而整個身軀是陰收陽出，從內講是真氣從足上升至頭。

5. 非手長不可達氣，非手短不可貼身

前一句，主指如要達氣遠擊，須用把把鷹捉發雷聲。後一句，主指如要貼身靠打，須用行行出洞老熊形。

6. 桓桓老熊形：指熊羆威武猛悍。行行老熊形：指進步貼身如同熊羆行走，腿隨腰動。謂非手短不可貼身的主要步法。

第三節　釋眼耳手足法

眼有監察之神，如水逝也；手有撥轉之能，如電擊雲

捲舒也。足有行程之法，虎之踐，箭之射也。耳有聞聲之靈，如風馳也。四者練到神化，臨敵無失機也。其中裹括動靜、輕重、軟硬、快慢、攻守、中庸，放膽即成功和有欲生巧，無欲生妙，及短打身法等法的詮釋。

1. 動　靜

靜在含機，動在變機。靜如冰清無情，動如驚龍有意。靜若坐佛落台，動若驚鴻起飛。動靜一意，在本拳中靜者養內、養心、養意、養腦；動者養外、養骨、養筋、養皮。無論束靜的外相猴勢、內站丹田，或展動的外相虎撲、內射丹田，均靜非靜，猶如大冰河外靜而內洶湧。譜曰：「周天循環貌似冰，椿功不動內洶湧。」

2. 輕　重

舉重若輕，舉輕若重。重若山崩石滾，輕若和風拂柳。重若驚天動地，輕若踏鼓無聲。重動勢法清、實力生而生顚勁。輕動一葉不負而隨其勁。靈動觸毫毛驚全身，而一決皆絕，總要硬崩摘豆角。

3. 軟　硬

軟若棉絮，硬似鐵。軟為隨，硬為動。

4. 快　慢

快若眨眼，慢若等人。快若箭飛練其用，拳打來回人不見。慢若抽絲氣循環，猶如蝸牛爬土牆。譜曰：「拳至難防因其快，箭來難躲因其疾，泥流難堵因其猛，狹路相逢勝者因其勇。」

5. 攻　顧

攻動乎九天，從天而降，則來而不可備。顧藏乎九

地，深藏不露，則幽而不可知。攻者打虎截爪，打人亦然。顧者而其主旨以一個心眼為要，顧要主動顧，謂顧中有攻，此意謂沒有主動的顧就不會出現強勁的攻。顧的真意旨在後發制人。譜曰：「顧中有攻勢不丟，攻中善顧對手愁。」

6. 中　庸

韜先以示拙，大勇以示怯。古有「隆隆者易絕，炎炎者易滅，昭昭者易汙，驕驕者易折。」又中庸者謂致中和，拳譜中有「孟子所謂直養無害，皆此氣也，其與氣力一道，純任自然，合乎中庸之極，則內家拳法之上層也。」

7. 放膽即成功

古有：羊質虎皮功不就，雞膽鴻毛事難成，放膽怒從心頭起，放膽惡向膽邊生，心與膽合謂膽正。炸雷落耳不慌神，地動山搖心不驚，拳到眼前視無物。知進則進得其利，知機當斷不亂自，拳動猶如氣浪滾，拳落斬截虎也驚。爭鬥任憑風浪起，擒虎放膽即成功，心中雜念剔除盡，保持一顆平常心，消除妄為達無為，無畏無懼方成功。

8. 有欲生巧，無欲生妙

有欲生巧，為肩打一陰反一陽，兩手只在洞中藏，兩肩鑽一孔，順勢手落襲陰間，鵉入林，虎搜山，謂有欲。

無欲生妙，為拳打三節不見形，若見形影不為能。高從九天下，低出從九泉。狂風吹起蒲公英，蹤跡皆茫無定蹤，無中生有，視不能為能，謂無欲。

第四節　短打身法

　　百拳之法，以眼為先。反察前後，求察陰陽。渾身著力，腳跟乃強。起伏進退，得先為王。拳無寸隔，沾衣便亡。腰無少主，巧終狠狼。如釘若矣，緊倚門牆。自頂至足，節轉輪防。接應變換，無仇為良。八峰不撓，隨顛隨狂。

注　釋

　　1. **百拳者**：指諸家之拳，指本拳的全部招式。**以眼為先**：謂精神巧處全在眼，以眼為尊察四方。眼猶如天上明月無不照耀於人，對敵均要一眼定乾坤。

　　2. **反察前後，求察陰陽**：謂人立足立身之法，指人束展擰身轉體之間均須有陰有陽。

　　3. **渾身著力，足跟乃強**：謂無論練用，應當察其用力，自頂至足，均要著力。著力時全身重心前一後九，謂足跟乃強。

　　4. **起伏進退，得先為王**：謂勢所動之法，拳無寸隔也好，沾衣便亡也罷，而我卻不可遲了。

　　5. **拳無寸隔，沾衣便亡**：謂貼身觸體而發勁，沾敵體後我之動作絕不緩衝。

　　6. **腰無少主，巧終狠狼**：謂動靜皆屬於腰，若腰無所主，為拳中大病。無論練用均以腰為主，否則雖有至巧之法，難撼對方，亦無大用。

　　7. **如釘若矣，緊倚門牆**：謂無論練用，定要封閉自

身門戶為如釘若矣，縱技有掀無揭，外事徒勞，所以足著地如釘釘。緊閉內門，含胸拔背，猶如靠牆而立，為緊倚門牆。

8. **自頂自足，節轉輪防**：謂人體一動猶如轉輪，指凡人動身，動以立勢，靜以潛形。直為進步，閃為退進，二者均要節節轉換，猶如轉輪之狀。在此主指身如擰繩，而四肢在身軀上猶如繩繫。身如龍身，九節互應，謂自足至頂節轉輪防。

9. **接應變換，無仇為良**：謂與人技擊言必接應，互換相連，為應用之玄機，為接應變換。彼來入門，順人之勢，接勢入懷，為無仇為良。

10. **八峰不撓，隨顛隨狂**：謂我有手、肘、肩、臂、臀、胯、膝、足為我之鋒，以我堅峰凸出部位擊彼軟部，雖顛而實不顛，一顛而收；雖狂而實不狂，內狂而外靜。

第五節　傳意篇

隨機應變，靈活運用，運用之妙在乎心，一決皆絕意中定。你也知，我也知，總歸心乖打心癡。以上諸說即心意。譜曰：心意者，心眼也，靈活之心眼也。與人技擊制勝之訣固在於藝，而尤在於意。蓋因有藝無意謂之死藝，有意之藝乃是真藝。昔孫賓減灶以誘龐涓，孔明增灶以怯仲達。及聲東擊西，指南北攻，炸聲咻敵敗聲示怯，非用意莫致也。昔少林寺某僧學藝於其師，藝成後辭師外出，途中遇以猴賽武者，與之角弗勝，慚而歸，見寺壁人與猴

角圖，其先敗於猴，繼繪人以帽擲空中，猴驚奇，仰視，人乘機擊之，將猴擒捉。僧以此法，覆於猴角，卒勝猴。觀此事例，傳意一著，實為重要。

心意訣竅：天君居室座，意念運周身，後升與前降，循環莫時停，華池生玉液，過關如雷鳴，修持莫間斷，玄妙難以容。

第六節　動　靜

心意拳外站猴勢而立，動靜之機，內站丹田為母。動似雪飄，靜如雪人。動為開、為發、為迎。靜為合、為斂、為等。動極生靜，靜極生動，隨落就起，隨起就落。起為動，落為靜。身落蓄氣意引，身起氣催形動。靜為練氣，動為練形。以上之法還須五行為用，六合為規。拳經曰：靜中寓意，意中蓄氣，氣中蓄動。動中氣沖，曰開氣路，曰開氣竅。

第七節　周身秘訣十二項

頭一訣：頭者身之魁，直豎頂千斤，隨身法而相應，高仰有仆後之病，低視有仆前之虞，宜凜之。

眼二訣：眼者身之主，宜精神注射，故認腿認勢，無論上下左右前後，均賴乎眼。

頸三訣：頸為頭目之樞，以靈活為主，隨身法相轉。

肩四訣：肩為一身之前鋒，與膝相對，不可過膝，亦

不可不及膝。

臂五訣：臂乃人身之門，宜夾不宜開，用時不可獨用。

手六訣：護門圍堵，長短伸縮之玄。

胸七訣：胸乃我之牆壁，宜成其一片。

腰八訣：腰為身體樞紐，宜撐旋，不可歪斜。

臀九訣：下身負重在於臀，百法收來無空間，宜與肩相應而成一齊，兩肩隨臀擺，腰陡然相衡而帶下，之勁節緊貼彼身，謂百法收來無空間。

腿十訣：管足之挽力，宜活而硬，並要循腰藏陰，而帶曲尺樣。

膝十一訣：下盤門戶，宜平分內裏，自壓跪勢內扣，不可外敞。

足十二訣：足係一身之根，足趾扣釘行抓搓。

以上之訣雖不必拘泥，亦不可偏離。

第八節　心意問答歌訣十三款

據傳，心意問答歌訣，除心意一問為本門之法，其餘均為借鑒他門之問答

問曰：取名心意何也？

答曰：心想事成。心為猛虎，意為吃人。心意一詞出於《莊子讓王》一書。莊曰：「余立於宇宙之中，逍遙於天地之間，出泰然後可心意自得。」古人曰：心者，謂心如眼，洞察領悟，遙見倉桑，不聞其言，乃神聚也。意

者，謂意如耳，意融神洽，跡象縹緲，不盡其意，乃形阻也。神聚謂心宜於鎖，形阻謂意善於拴。以心為本坐靈台，以意為法下遙池。此為意由心生，心之動曰意，意之所向為拳，蓋閉眼、塞耳、入魂、進魄、藏神，猶如古人甘繩學射，庖丁解牛，如土委地之合，實乃以心為本，以意為法，以拳為術矣。

問曰：勢雄足不移何也？

答曰：在勢去意。勢若去時要硬進，意旋回身步法穩。步穩硬進無差漏，一熟機關用不盡。百骸筋骨一齊收，氣沉後腿腿彎中。手便翻送何須愁，束展斜正尾閭求。

問曰：弱勝強敵何也？

答曰：偏閃騰挪。偏閃化解拔山力，騰挪乘虛任意入，讓中不讓乃為佳，看退是進何地立。

問曰：下盤勝上盤何也？

答曰：伸縮虛實。由縮而帶身靠人，以實擊虛貫下盤，足管下盤手中入，足踩中門真難敵！

問曰：斜行並閃步何也？

答曰：避直逃街。避正飛斜勢難擋，逃直非閃焉能防，用橫用直急起上，步到身旁踩後方。

問曰：裏裏與外裏何也？

答曰：圈裏圈外。圈裏自裏裏打開，圈外自外裏入來，拳掌響處無間歇，骨節摧殘山也禿。

問曰：拳短勝拳長何也？

答曰：短易閃入。長來短接易入身，入身跌撥好驚

人，裏裏打開左右角，外挎打入窩裏尋。

問曰：步法能打人何也？

答曰：用步隨跪。前足前寸後足箭，前足如失後足線，用肩推靠不能搖，墮跪勾搭隨人變。

問曰：身法能壓人何也？

答曰：排山倒海。一身勁節在眉頭，帶靠緊貼山也愁，翻身用個獅回頭，縱然狂浪也平休。

問曰：拳法克敵何也？

答曰：披竅道竅。一身勁節有多般，百法收來無空間，誰能熟透其中妙，恢恢游刃有何難。

問曰：掌起百響何也？

答曰：陰陽變化。陰變陽，陽變陰，反托順拖不容情，手外撥纏懷中變，兩手搬開身靠前。

問曰：勾能進前何也？

答曰：柔能勝剛。掌出腿來勢勇洶，勾分並挽柔勝剛，若人犯著勾挽法，進身橫托不用忙。

問曰：用膝可敵人何也？

答曰：頂上擺下。兩手相加亂擾攘，無心無思到下盤，橫直撇膝六合間，縱然英雄也著忙。

問曰：輕勾可以倒人何也？

答曰：在手配足。承手牽來將次顛，用足輕勾也自然，足勾妙在定上盤，微微一縮望天掀。

問曰：跌能顛翻人何也？

答曰：乘虛用勢。乘虛而入好時機，見勢顛跌效更奇，一跌不知何處去，體重千斤似蝶飛。

問曰：拿法能奪人何也？

答曰：反筋錯骨。臂力千斤真可奇，筋節乘外任意施，緊拿不可鬆又慢，神迷牽來關節返。

問曰：抓法能破體何也？

答曰：便捷快利。進退輕跳梢更捷，伸縮圓滑快利間，體破血流閉日光，十指到處盡痕斑。

問曰：正當身法如何操持？

答曰：捲束收放。常收常放時操持，束少捲多用更奇，一發難留無變計，不及常守在心頭。

問曰：練法如何得竅？

答曰：會意用力。筋力人身本不變，在於用法莫蹉跎，意在何處力隨往，上下一線似金梭。

問曰：拳法何以得精？

答曰：嫻熟不多。拳法千樣與萬般，何能精透沒疑難，須知秘要先熟譜，譜中自有精要綱。

第九節　形形論（原文）

形形之意運取諸物之心，察貓捕狗逐兔脫鷹搏之奇巧而運用於拳術之中。師曰：凡有形可指者皆謂之物，而形形則獨指動物動作言耳。動物之動作於拳術似無涉，而言拳術者動言形形何也？誠以天演久例，適者生存，苟無自衛之能力，豈能生存斯世！各動物得於生存於斯世者，以其有自衛之能力故耳。今取各動物自衛之特長，像其形而專其情，傳其神於拳術之中，以此化出種種之絕妙拳法，

而為攻守之資，方達無堅不摧，無懈可擊之境也。

此形形之所以為學拳術者不可忽也，此種形形之理不僅拳術有之，六韜之命名內中竟有龍虎豹犬之名，先輩之傳形形之技運用於拳術之中創自岳忠武王（王岳其姓也，諱飛字鵬舉，河南湯陰縣人）。謂王為將被困山中（湖廣牛頭山），日盤桓山間江旁，見有龍虎猴馬鼉雞鷂鷹燕蛇鳥台熊等動物，或其進退之連續，閃躲之靈活，分閉之工順，打法之毒狠，步法之穩捷，上法之準靈，頭法之敏銳，身法之和順，隨其特長之勢而粹於拳術之中，以教帳下健兒，卒成勁旅得以大破金人。今心意拳所練各種形形即武穆侯爺所傳也。

拳術之取形形或會其意或寓其形，將意與形潤於拳術之中，非有一形即練一套，即便一勢之內亦包含多形形之術意。如樁功紮勢，取雞腿、龍身、熊腰、鷹膀、猴背、虎抱頭。

如身法抖擻：取魚龍之形，即魚之抖鱗、龍之擻骨。

身法之進退：取熊虎之猛，即熊出洞、虎離窩。

身法輕巧：取水鮐燕猴之形，即鮐之滑步，燕之抄水，猴之縱跳。

身法疾速：取鷹鷂馬雞之形，即鷹之捉，鷂之翻，馬之奔，雞之鬥。

頭法攻閃：仰頭上觀似乎熊，低頭下瞅形同鷹，左右轉頭像個猴，頭向內縮貓頭形，左擺右磕形同牛，前則尉遲恭碰禁門，後則老和尚撞金鐘。譜曰：英雄頭。

總而言之，取形形能耐，取法不一。

取腿法：步法。取雞腿輕靈，虎踐，馬奔，猴躍，蛇竄，鼉翻身，鮐浮水，滑行，站停。

取身法：臀法。龍升騰及龍跌脊撒骨。

取頭法：虎抱頭，伏身離窩，備勢尋機。猴縮束、顧盼。

取手法：膀法。鷂束翅、束鑽。燕劈翅、斜正。鮐豎尾、犁翅。鷹下瞅，鷹捉。熊豎項、出洞、下坐、轉腰。

取用法：狸貓上樹，遮日閉月。鯨吞魚抖，吸食三搖。背角走林，肩胯同用。鮐形豎尾，頭手同攻。鼉形取食，六勢一用。兔兒踢天，敗中取勝。蜘蛛出入，手纏足絆。

取連法：一式三拳，三拳同用，一步三拳，三步一勢。烏牛擺頭雙貫耳，白鶴亮翅擊側方，喜鵲登枝掏心腿，蜂鳥摘蕊中扎針，獵豹搶食不留情，雞撲狗閃寒雞步，鷹眼猴爪狐狸心，等形形之法。如將各種形形之法研究精熟，按其性質借化運用於我拳術之中，則拳法達精中精，拳術達上中上。昔戴隆邦先師曰：「吾人察一切形形之物均須留意，果能如岳武穆靜觀領悟，則物物之形均可取也！」

第十節　九　歌

九歌者乃三體之九事。分條研究以資熟練。

其九事即身、肩、肱、手、指、股、足、舌、穀道是也。

一身：身欲中正，前俯後仰者其勢不勁，左靠右倚皆身之病。應正而似斜，視斜而似正。

二肩：頭欲上頂，肩須下沉，左肩成拗，右肩自隨，勁力到手，肩之所為。

三肱：左肱前伸，右肱在肋，似曲非曲，似直非直，曲則不遠，直則力弱。

四手：右手在臍，左手齊心，後者勁杳，前者力伸，兩手皆覆，用力宜均。

五指：五指各分，其形似鉤，虎口圓開，似剛似柔，力須到指，不可強求。

六股：左股在前，右股後撐，似直不直，似弓不弓，腿雖為支，每每雞形。

七足：左足直出，倚側皆病，右足勢斜，前踵對脛，二尺距離，足趾扣定。

八舌：舌為肉梢，捲則氣降，目張發堅，丹田愈壯，肌肉如鐵，內堅腑臟。

九穀道：穀道內提，氣貫四梢，兩臂纏繞，兩氣繚繞，臀部交低，低則氣散，故宜稍高，內中股足，稍有不合，全身皆折。

第十一節　內功外用

內外。**內**：心不妄動動必應。**外**：手不亂出出必準。

丹田：練內，丹田養穩固；練外，身似押海舟。

呼吸：呼從心頭起，吸至丹田來。呼則形鬆似落雁，

吸則勁順似兔騰。呼：伸勁拔力，柔軟換剛，回穿之連。吸：鬆勁換力，渙散換合，如繩繫物。

行氣：前任後督氣行滾滾，井池雙穴發勁洶洶。吸氣納丹田，呼氣出肺經。氣轉還須圓，行氣週而復，真氣升於頂，復至降俞口，沉至海底基，復從襠下出，杳於足心底，復上兩胯外，又進海底基，一升復一降，一沉復一起，一出復一入，融洽不悖息。氣行分兩肋，升於脊椎腦後入，進泥丸，降印堂，轉山根，穿頰車，過鵲橋，下重樓，到海底，沉湧泉，週而復。

三煉：四更練拳誰人知，精養靈根此時宜。煉精體實，煉氣體壯，煉神體輕。

頭足：頭要進足為隨，足要進頭為領。頭正練起落，膝屈練伸縮，襠深練裏藏，肘開練頂漲。足動步，足下扣，膝中扣，頭上扣，前陰縮撩，虎抱頭。

配合：配合基礎在丹田，手眼身法步為先。沉肩垂肘配動步，逼腎沉心配起膝，圓襠裏胯配束鑽，含胸拔背配氣循，鬆肩配發勁，提骸配引領。氣自六腑轉，勁從臍下出。

規矩：沒規矩尋規矩，尋見規矩守規矩，規矩上身破規矩，破了規矩尋規矩。一出手，雙目視虎口，前頜用力始，穀道正平提，脊柱用力杳，杳到無縫隙。一動步兩手虎眼極力向外，委中大筋極力繃直，膝蓋極力弓屈，沉肩極力抱裹，手伸與眉齊，肋似魚鰓動，胸雖出而不挺，手雖閉而不束。用力以意出，頭步提勁在肋，中步踩勁在足，下步搓勁在腹。

　　方法：非手長不可達氣，非手短不可貼身，非手短不可擊人。丹田呼吸，椿功穩根，一吸則斂，一呼則攻；氣催動步，動步動身；動身動氣，動氣心靜，心靜神緩，神緩眼疾，眼疾心緩，心緩手疾，氣緩步疾，外緩內疾，以緩擊疾，以敵擊敵，以神擊神，以氣擊氣，以形擊形；神受神攻，氣受氣攻，形受形攻；外柔內剛，起柔用剛，弓曲伏虎，展伸騰龍，翻猛虎豹，轉疾隼鷹。手長虎踐馬奔，手短老熊步行。

　　攻法：手在懷中變，足從肚裏掏。前攻用手，後攻用肘，橫攻用足，同攻用膝。遠攻束鑽，近攻斜正，臀胯作地，束展局成。仰則若望，尻尾掌向，身未動形，知動知靜，知靜為靜，知動為動，靜極生動，心先入攻。

　　練法：慢練細則，快練勁節。慢則勢法清實力生。快則勢法靈顛勁踉。

第十二節　遊藝引盤根

　　一盤根：盤根三步豈無因，配合分明天地人。要把其身高位登，先從本實煉精神。

　　二旋轉：丈夫學得擎天手，旋轉乾坤名不朽。豈止區區堪小試，宏功大業何難有。翻身向天仰射手，左右旋轉名不朽。剛毅既稱豈小試，唐臣褒鄂功亦有。

　　三旁通：不是飛仙體自輕，居然電影令人驚。看他挑起犄角（橫）勢，盡是旁通一片靈。何爾一瓶載若輕，詼諧上殿寺人驚。任憑施盡弓弩法，仙籍旁通出變靈。武衰

勇力冠群生，奪得崑崙無夜行。直疑將軍天外降，沖空霹靂使人驚。

四沖空：一波未定一波生，彷或神龍水面行。忽而沖空高處躍，聲光洶湧令人驚。

五翻浪：從來順理自成章，逆則難行莫強梁。寄語聰明人學藝，水中翻浪細思量。落花流水亦文章，韜略無須畏強梁。八陣翻浪千載仰，須失變化孰能量！

六熊意：行行出洞老熊形，為要提防膀不伸。得失只爭斯一點，真情奇與有情人。桓桓寫出老熊形，山麓藏身意欲伸。祁父爪牙瞬一試，群驚辟易萬千人。

七鷹勢：英雄處事不驕矜，遇變何妨一學鷹。最是九秋鷹得意，擒定狡兔便超升。

八虎風：撼山容易撼軍難，只為提防我者先。猛虎施威頭早抱，其心合意細心看。

九鵬情：一藝求精百倍功，功成雲路自然通。扶搖試看鵬飛勢，終識男兒高世風。

十雷聲：奪人千古伏先聲，聲裏威風退萬兵。孰是癡情天不怕，迅雷一震也應驚。

十一風行：為學封夷刀最神，折花切柳轉風輪。饒他七處雄兵至，一掃空生一路塵。

十二保真：六朝全盛慶昇平，武事乃隨文事精。安不忘危危自解，與人何事更相爭。梯航萬國頌承平，奮武揆文事事精。繕性葆真洵可樂，行將雀鼠驗無爭。

十三麟角刀：鋼經百煉始成刀，良將爭功膽氣豪。真玉圖形麟閣上，方知利器得名高。刀添一角妙無窮，隱隱

祥麟慧愛衷。殺異濟仁人得普，秋霜原不礙春風。

十四風翅鐺：軍中兇器忽呈祥，兩翅居然賽鳳凰。凡鳥似禽還羽化，古來陣上一翱翔。師真誰見鳳來儀，有器先呈祥盛機。欲媲岐山鳴瑞美，洗兵天苑太平時。

十五盤根：根株相帶陣固盤，盤結多端賴有人。猿臂封喉雖可限，千鈞一舉見此神。

十六鷹勢：風塵同處曷容矜，飛攫蒼茫似學鷹。勢起空拳同踴躍，雄心似欲化峰升。

十七虎風：風雲成陣又何難，環衛儲胥士卒完。蒙馬虎皮成霸績，陳師牧野可參同。

十八鵬情：武穆天成百戰功，不煩傳授自然通。翼雲忠似金牌並，鵬亦因情轉世風。

十九風行；颯爽英姿信有神，騰驤無礙軼雙輪。試看行止真假真，擋顧風生淨麴塵。

二十雷聲：誰將旗鼓壯軍聲，凱唱歡呼退敵兵。豈是空談三捷武，聞雷失箸自應驚。

第十三節　名　命

斬　截　裹　挎　挑　頂　雲　領

第十四節　拳法總論

起手橫拳似南照，展開四平前後梢，步步行動剪子固，把把鷹捉要平身，式式射丹起雷聲，身子未動眼先

到，六合貫注一氣行，未曾開拳先打顧，後打上法動五行，學者要習六合意，尊敬師父寸步行。

拳法不空回，空回總不奇；不空回，回也打，回時兼帶顧並含分閉挦挎之法，此乃落也打、起也打之意。至於顧法本分左右，顧外則用挦挎，出手須從上，謂分閉法；顧裏則用擺裹，出手須從下，謂閉法。

見空不發足，恐有埋伏；發足不打人，欲待時而突動。見空不上，見空不打。空者，是我與敵交技角鬥之時，中間有空隙，敵擊我不著，我亦擊敵不著，此時雖擊，亦徒勞而無功，猶如畫蛇添足之舉，故不上不打，以觀此變，以養銳蓄氣，靜待敵動，待敵到而未到之時，我卻截而出擊，其法為不打不上。

先打顧法：顧法即分閉，分是開，閉是合，分是起，閉是落，顧法以身法顧為上，步法顧為中，手法顧為下。

後打上法：束鑽貼靠，依本心隨機應變，身催手腳，腳隨頭進快如追風，強追十連緊追，欲閃裹挎相迎，打時丹田為中心，渾身皆用勁，隨高打高，隨底打底，只要打皆須身抖手撒方為正方。又足起手不起不能打人，手到足不到亦不能打人。氣餒心不勇更不能打人。如要打人還須眼到心到手不停，顧進連環如摔繩，總要為截心、截意、截手。截心謂彼有動意我先到。截意謂彼以出手我中截。截手謂彼手蝕我我顧攻。

打法定要先上身：此法謂上下進而中節攻之要義。身為五臟六腑經脈氣血勁力諸發的總機關。心不動則臟腑皆平，意無所生。故心一動丹田動，丹田一動渾身具動。外

動借內動之效，內動助外動之力。只有這樣先上身才有的。

手足齊到繞為真：手足皆為三節之梢節，手足齊到重點是一個合字，因人之勁力發源於根節，變化於中節，釋放於梢節。如若不合手中的封閉開打，刁領擒捉不能隨心所欲，拳譜中有：手去足不去，未得真藝；足進手不進，實乃藝不精。總要手足相隨，陰陽翻轉跟身進，才能叫做繞為真。

拳如炮，龍折身：拳如炮，主指其勢猛烈迅速，手足突然射出，猶如彈丸飛行，其勁須丹田吐發出最大的射勁來。龍折身，指形有起落縱橫，氣有吞吐出入，吞為縮如膠黏，吐為放似落石，吞吐合一，以退為進。進退有三曲之意，猶如龍蜇虎伏蛇盤。

遇敵好似火燒身：在放長擊遠或發寸勁擊人時重點突出一個疾字。此要義是身一抖手便攃。

拳打三節不見形，如要見形不為能：此意第一對自身講謂節節貫穿；第二指與對方交手時，制住一節，三節皆失去攻顧能力。譜有打人亦同行醫，下病上治，上病下治相同。

練本拳須知拳法之精微，這精微須要功夫到十分，然有了十分功夫而拳法仍不精微何也？答曰：因法有缺。這精微之法中有三要須細究，這三要謂，探步之法，殺手之神，刻入十分。

1. 探步之法

其法在於探步與尾調，此二法一可觀其虛實，又可進身貼靠，探步為打探虛實，尾調為用兵殺入。凡與人敵對時，在走盤中無須左盤、右盤、半盤、外盤、卡盤，均以我足尖對敵足尖不可過近，須離三五寸為規，因過近則翻身不便，過遠則翻身不滿。

如走左右盤，除以上法則，足要探入彼足外邊，並深探一步。如走中盤，足要探在彼足裏邊，亦以三五寸為規，前足前寸。總之，走盤的探步之法均宜快宜活，雙足宜輕，前足宜浮。

2. 殺手之神

其神在眉尖，比如幹活，雙眉下彎；比如深思，眉根收縮；比如疼痛，雙眉帶蹙。在技擊時雙眉跟隨動作縮展，所以說殺手之神在於眉。

3. 刻入十分

指我之精神，例如與人技擊，即便將人打的射出數丈，不能說是刻入十分。刻入十分不一定非將他人射出，只要射入他人心肝肺膽之內臟即可。

這三者合一能得神氣，也是本拳總論的精微秘要。

◈ 第三章 ◈

功　法

第一節　身　法

本拳身法是肢體依照拳理需要，透過長期訓練所達到的理想狀態。為實現這一狀態的訓練方式有多種叫法，如嬰兒樁、子母樁、整身法、發快勁、蹲猴猴，亦稱蹲猴勢等，本書取猴勢這一稱謂來概括以上樁功。

猴勢這一樁功以束展（長）斜正貫穿始終，與道家修煉內丹一樣有著豐富的內涵。束展的束外練蹲猴勢，內煉氣上升。束展的展外練牟柱形，內煉氣下行。束展合練有凝聚散氣，滋養靈根，自調平衡，清本正源，返本還源的功效，也是本拳練技擊的核心。其法行功可練其外，養道可修其內。猴勢束展的基礎性決定了它的重要性，這一姿勢既是練小周天的法則，也是練大周天的姿勢。用此法三個月，可將小周天練得圓滑無滯，三年可將大周天練得承上啟下，所以有三年猴勢之說。

下面將練習步驟、注意事項做較詳細的陳述。猴勢由

以下六法組成：(1)蹲丹田；(2)搬丹田；(3)砸丹田；(4)奔丹田；(5)養丹田；(6)身體各部位練法（附蹲猴勢膝蓋保護法）。

以上六法均需按外三合內三合的要求去練。按外三合的要求練叫演練，練外自整飾的渾圓一體；同時還練肢體身軀的技巧性、協調性及肢體的緊湊相隨，以達到身似押海舟的效果（身似押海舟，指與人角鬥時，自身猶如海中扁舟水起我升，水降我落）。練時無論束展斜正，雙臂雙手隨身起落，譜稱「兩肘不離肋，兩手不離心，出洞入洞緊隨身」。

按內三合的要求練叫修煉，練內自印合的混元一氣；同時還練內在的衍生性和互連性及脈絡的遠端活躍，以達丹田養穩固的效果。丹田養穩固指聚氣煉丹時，自身猶如木雞置於庭中無人無己，無天無地（呆若木雞，指與人斟時自身猶如庭中所置木雞，彼不動，我不動，彼若動，隨彼動）。練時內外天地陰陽翻，翻時要先內天地翻，帶動外天地翻，譜稱「要知本拳真妙訣，全憑內外天地陰陽翻」。丹田一動渾身具動，以上之法既是煉精化氣養靈根的法則，也是啟用丹田真氣敵將的法則。

以上法則可練出精神意氣一貫，及丹田養就護命寶，由此達到三圓：第一，精圓，精圓為滿，精滿現於牙齒，牙齒健固；第二，氣圓，氣圓為足，氣足現於聲音，聲音洪亮；第三，神圓，神圓為旺，神旺靈光吊眉，二目有光。三圓練成後是精圓不思慾，氣圓不思食，神圓不思寢。除此外，練猴勢另有八要，即起落、進退、反側、收

斂。此意起落者，起為橫，落為順。進退者，進步提，踩進高，退步拔，先弓腰。反側者，反身顧後，側身顧左右。收縱者，收如貓伏，縱如兔脫。只有這樣，才能充分發揮出身法的遠踐、近貼、黏靠、短打之特長。短打是立身立足立拳的中心法則，無論起伏進退、顧擊拔撥、旋轉裹挎、斜正接化皆以猴勢為基。猴勢顯現時，我需內狂而外靜，目光聚焦，還須將拳譜中的心意八步驟，也稱心意立法，除其外，還有用氣法、引氣法、周天法、得真法等內意外形全部捋清，才可練猴勢外形的束展斜正、內意的吞吐導引，按口傳講叫攜帶上。

　　總之身法的束，猶如蟄龍伏地，養精蓄銳，蓄到一聚而無不凝。身法的展，猶如龍驚升天，將精銳發放到一決而無不絕，拳譜叫做「束展二字一命亡」（亡在此處指圓），這樣才會藝高勢隆。譜曰：「危難之時顯猴勢，猴勢一顯身自明。」只要猴勢上身，就可進退裕如。練完猴勢之後還須練手中訣竅，亦稱十六把氣功，此法有鬆肌、舒筋、開骨、暢氣的功效，輔助猴勢出功的重要一環。

一、蹲丹田

　　由束身法、展身法、不出腿射丹田、束展合練法組成。

（一）束身法

　　由內站丹田、外站猴勢組成。

1. 內站丹田

　　內站丹田由立法、引氣法、養氣法、用氣法、周天

法、得真法、十字法七法組成。

(1) 立法

立法與平時一樣，頭頂天，足抓地，先定心，是入靜的法則，行功的步驟。練時衣冠必整，容貌必莊，視聽必端。還須寡事、寡言、寡思、寡念。因寡事養神，寡言養氣，寡思養精，寡念養性。下附立法歌訣。

心定神寧，神寧心安，心安清淨，清淨無物，無物氣行，氣行絕象，絕象覺明，覺明則神氣相通，萬氣歸根，合為一氣。

釋 義

心定神寧：心，指猿跳。定，為入靜功夫，也指守竅入靜的方法。譜有定者，妄念不生，情意不起，內不見身心，外不見世界，節候純陽，神歸大定。心定可移陽神入上丹田。意斂不亂謂心定，心定不慌謂神寧。心為大腦，神謂意念。此意是練猴勢時先把心定下來，把神收回來，外形安詳，內意安逸。

按拳譜含義講，為靜蹲收心之際，神凝氣斂之時，精氣澄澈，漸入混沌虛無之意境，達無人無自，無天無地，極虛極靜，至無至寂之時，神光獨湛，一靈獨露，不起雜念，使心定於一處，無為自化，清靜自正，心定意不亂，神寧心不慌，六神有定位。謂心定神寧。

神寧心安：心安，此意是鎖心猿栓意馬，約束克制自身慾念和提高自控能力，克自不做它事，將心定於一處，聚精會神，不受外界困擾，保持心態平穩。一意不散，萬慮皆寧謂心安。

心安清靜：清，心定守一，守一恬淡，恬淡制念，制念定一，遠離怒氣與煩惱，專精養神，無它牽掛不思念，謂之清。淨，不為物雜所累，返神復氣，安而不動，制念以定志，眼不視心不想，謂之淨。清淨，除以上合而為一外，這清靜合起來又有一層含義，曲徑通幽，屋雅院靜，靜神守一，伏而不動，化為烏有，猶如龜藏蛇蜇，神氣相抱，永鎮下田，按道家之論謂馬陰藏相。丹光生輝，無它雜物，謂清淨。

清淨無物：無，指沒有。物，指練功時出現的雜念。無物，指排除了雜念。

無物氣行：氣行也稱行氣，道家的行氣謂深則蓄，蓄則伸，伸則下，下則定，定則固，固則萌，萌則長，長則退，退則天。

按內家拳的行氣法講，以意領氣，吸至丹田，呼之肺經，打通丹道，自感丹田氣機漸漸流動子午循環。此後以神馭氣，吸至足踵，呼至丹田，真氣流布暢通，全身無阻。丹田部位自感空洞無際，上無覆，下無基，中含一物。此時自感如在母腹，恍恍惚惚，不知不覺入於混沌，上則呼吸復起，下則衝動陽關，謂氣行。

氣行絕象：絕，指沒有或清除。象，指幻覺。此意是排除了雜念又出現了幻覺。絕象，在此處指練功時將出現的幻覺排除掉。

【排除的方法】出現幻覺時意守丹田，視而不見，聽而不聞，心靜似止水，不大驚小怪，其怪自敗，就能排除幻覺，沒有了幻覺稱之為絕象。按拳譜講為恬淡虛無，真

氣從之，入靜成之。按八步驟順序講為清淨則無物，無物乃入靜，入靜氣穿行，氣行便絕象，絕象入太空。

絕象覺明：覺明，覺為心聽，聽到了；明為心視，看清楚了。此意為內視時能看清五臟六腑之氣，循十二時鐘，過竅位，走丹道的概況。此為玄關自顯，不見而知，不知而覺，已不拘泥於著象。習到此處猶如春眠醒來忽然開朗。這是已經達到天人合一高層次的境界。這覺明的含義除以上所敘外，按道家養丹功講是運用內視觀想法，自查氣走丹道之法。

此法用三種練法組成：①五行相生法；②骨骸吊拉法；③太極圖轉動法。下將三法略解。

① 五行相生法

用內五行——心肝脾肺腎來述。內五行以色而相生，腎屬水，黑色；肝屬木，青色；心屬火，紅色；脾屬土，黃色；肺屬金，白色。

② 骨骼吊拉法

亦稱骨骼觀想法，在本拳法中稱虛領。此法是用意念想像本人全身的肌肉筋血皮從腳到頭慢慢隱去，只剩骨骼，並且想整架骨骼被吊起來，全身的關節，特別是脊椎被一節節拉開，拉到似連若開，讓整架骨骼從意念和動作上失去壓力。

③ 太極圖旋轉觀想法

練功時把小腹看成一個太極球，此球可向各個方向轉動。如向後轉，氣沿督脈上升；如向前轉，氣沿任脈降下；向左右轉，氣沿帶脈穿行等。

練 法

蹲猴勢時把小腹看成一個太極球，可向各個方向轉動，轉動時想像本人只剩骨骼，懸掛五臟六腑，此時閉目內視，目光下照兩腎，用意念將黑水匯合於後腰命門處，在猴勢的作用下，黑水從命門而出，然後進入肝臟，將黑水變為青色，猶如山溪清清之水，涓涓曲流入心臟，此水在心臟中逐漸變成紅色蒸氣，進入脾臟，進入脾臟變成金黃色液體，金黃色液體流入肺部變成白色氣體，集於中丹田凝固，猶如花瓣上的露珠。此珠從中丹田流出，沿主心骨進入關節，從上到下，從左到右，從前到後，見縫必入，流淌自如，潺潺有音，待流走到命門時，將此水分為兩股，進入左右腎臟，還原化作黑水。此為練小周天法。如練養丹田，可將流到命門之水直接引歸下丹田，略停片刻，用意念導引法降到足底，用太極圖觀想法實現大周天循環，就會將自身的氣路和內五行變化的走向瞭若指掌，內視清晰。此為覺明，也指神氣相通，更是萬氣歸根的總概念。

此法按拳譜順序講為靜中沉，心定；心定守，神寧；神寧心不慌，心安而清淨；清淨卻無物，無物氣穿行；氣行便絕象，絕象顯長明；長明入神寧，神寧散氣聚；氣聚復固神，固神卻長明；長明神氣通，氣通皆朝元；朝元合一氣，一氣歸下根。

此步驟是，腎水入肝臟，腎斂升與降；肝水入心臟，肝吹擺撑奔；心氣進脾中，心沉常入靜；脾光入肺中，脾入定斂備；肺氣集心窩，肺凜隨時動。此意是心要常沉入

靜，肝要吹擺擰奔，脾要入定斂備，肺要隨時動凜，腎要聚精降升。

古人歌訣曰：

　　咽津引氣是人行，津精為藥造化生。

　　甘露降池二六通，咽津引氣歸下根。

覺明則神氣相通，萬氣歸根：則，指只有這樣。神，指元神。氣，指元氣。相通，指神氣相合相潤，丹道皆通。萬氣，指人體中所有之氣。歸，指回到。根，在此處一字二意，第一指元氣；第二指下丹田。此意為後天之氣，歸附先天之氣，在下丹田凝聚結丹。古有先天之氣為炁，後天之氣為氣，二氣相潤沉歸下丹田，謂萬氣歸根。

合為一氣：後天食物精微之精氣，充實於先天之元氣，謂合為一氣。

(2) 引氣法

眼觀鼻鼻對臍，處處行氣不可移，撤開二六連環鎖，一點靈光吊（布）在眉。

釋　義

眼觀鼻：是本拳借鑒道家的「鼻端有白光，我自長觀之。神不外馳氣歸之，心駐靈台氣自定。練的紅丸化玉酥，觀鼻溫養三百日」引用於猴勢之中。練猴勢束蹲，將兩眼餘光集中於鼻尖或鼻根，稱眼觀鼻。

鼻對臍：兩眼餘光集中於鼻根或鼻尖之後，此時鼻尖對準肚臍眼。此法是練身軀中正的要法，練意守丹田的外形姿勢。道家稱守一。

處處行氣不可移：人體內各主要竅位，器官在一晝夜

十二時辰內，也就是24小時，都有它固定的活動規律，無論老幼、健康病弱，從不改變。處處：指十二經絡竅位。行氣：指元氣流布十二竅位，也稱氣行。不可移：指真氣流布十二竅位是先天的，不可改變的。

　　真氣流布各竅位的時辰是子時元氣從會陰穴開始流布，氣至尾閭穴丑時，命門穴寅時，靈台穴卯時，天柱穴辰時，玉枕穴巳時，百會穴午時，印堂穴未時，水溝穴（人中穴）申時，天突穴酉時，膻中穴戌時，氣海穴亥時。以上為先天流布及小周天十二時辰真氣過竅位流布法（也稱「十二時鐘降下池」）。

　　【大周天十二時辰真氣過竅位流布法】：子時—人中穴，丑時—天庭穴，寅時—喬空穴，卯時—大杼穴，辰時—太陽穴，巳時—日倉穴，午時—脈腕穴，未時—七坎穴，申時—丹田穴，酉時—白海穴，戌時—下陰穴，亥時—湧泉穴。以上亦為點穴的時辰與竅位，也是神藏氣內通丹道的路線。

　　以上二法均是氣歸氣海週而復始，先天真氣按先天循環法循環，用十二個時辰，將真氣在人體十二竅位旋轉一周，所以稱為處處行氣不可移。這十二竅位也是點穴的主要竅穴。

　　「不可移」這三字在此處含兩層意思，第一層意思指先天的，恒行不移的；第二層意思是懷疑的意思。此意是指這種先天布氣法，也就是元氣行布法，能不能變快或變慢？如能改變這種處處行氣不可移的狀況，用什麼方法？那就須遵循上一句，運用「眼觀鼻，鼻對臍」的法則和遵

循下一句「撤開二六連環鎖」的法則來改變。

運用這二法便可一吸氣，元氣轉完向上的六個竅位，一呼氣，元氣又可轉完向下的六個竅位；也可以十二個時辰也轉不完這十二個竅位，所以講處處行氣是先天的，可移是後天的。

撤開二六連環鎖：撤開的「撤」，前輩做拳時引用道家和醫家對撤開二六的本意比喻打通了的意思。「撤開二六連環鎖」這句真言在心意拳界和形意拳界說法甚多，按本門口傳，撤開指打通丹道受阻之處。二六連環鎖，在本拳有三種講法（其實為一種內容）：

第一種：二六連環鎖的「二」指陰陽，「六」指十二時辰（時鐘）的六陰時、六陽時。連環鎖：十二時鐘真氣循環的小周天，小周天循環有上下兩處斷層，道家將子時竅位稍後的尾閭穴下鵲橋的斷層稱玉鎖或下鎖，午時竅位泥丸宮的上鵲橋的斷層稱金關或上鎖。

第二種：二六連環鎖的「二」在本拳指任督二脈，「六」在此處指任脈統領的六陰經和督脈統領的六陽經。連環鎖：此意指任督二脈在上下交匯處各有一個斷層，下部的斷層在督脈的尾閭穴處和任脈的會陰穴處有九分之隔，為一斷層，上部的斷層在督脈的齦交穴和任脈的承漿穴有一分之隔為一斷層。這下部斷層任脈之氣不能進督脈的尾閭穴，上部斷層督脈之氣不能降任脈的承漿穴，這上下二斷層猶如兩把鎖，一上一下鎖住任督二脈的交匯處，導致此二脈的真氣不能媾通，所以稱為連環鎖。

第三種：二六連環鎖的「二六」，從本拳原傳的拳譜

和口傳的含義講，借鑒了《易經》中乾坤二卦是眾卦之母的義理，和乾卦統六陽爻，坤卦統六陰爻，按天干地支十二時辰成圈之法，應天地的六六之節，人身六六經脈，像日月一升一降，循環往復，長生長消。在道教養生文獻中記載了明末道士程羽文的《二六功課》一法，該書稱：「今二六時中，隨方作課，使真氣流行，身無奇疾，以一天十二時辰中，各行攝養之法，其法不繁，務實卻用等。

撤開二六連環鎖也稱氣沖三關通丹道。束身下蹲真氣上升，道家稱進火，為火燒開玉鎖，為純陽，此為開上鎖。展身上起濁氣下降，稱退符，為水衝破金關，為純陰，此為開下鎖。

一點靈光吊在眉：一點，指範圍不大，凝聚集中。靈光：道家指陽光、神光，白色、紅色、黃色、金色毫光。吊在眉：丹田結丹後兩眉中間出現的白色、紅色或金黃色毫光。譜有「靈光不散，自覺常明。」此謂任督二脈通暢後，會陰穴之氣，沿督脈上升於腦，與目視鼎之目光聚會片刻，會同口液，以意送降下丹田，存守一會兒，元氣一現，真氣循環，心腎相交，一呼真氣入丹田，一吸真氣入腦海，此時任脈統六陰脈之氣，督脈統六陽脈之氣，循環成圈，乾坤交媾，元神之光懸於山根之上的天目之處，即謂「一點靈光吊在眉」，也是神氣相通的顯現。

歌 訣

四象會射玄體就，五行全處紫金明。

脫胎入化身通聖，無限龍神盡失驚。

元陽不走煉真氣，均憑丹田立根基。

丹田養就長命寶，靈光吊眉顯其神。

(3) 養氣法

精養靈根氣養神，行功養道見天真。丹田養就長命
寶，萬兩黃金不與人。

釋　義

精養靈根氣養神：精指元精與津液。靈根指丹田。養
靈根指調整呼吸，凝聚真氣，導引真氣歸下丹田，不射丹
田並寡慾。氣養神：將精煉成的氣浸血進髓，補泥丸，養
髓海，謂氣養神。氣指元氣，神指元神。《黃帝內經》中
指出，神故生之謂之精，兩精相搏謂之神。這氣養神指精
和神及肉體皆要由氣的出入，才能得到調養；也指下丹田
積足的真氣沖通督脈的三關，進入上丹田，聚氣存消息養
泥丸。有關精氣神說法，譜有「純一不雜為之精，融入血
脈為之氣，虛靈活動為之神。」

行功養道見天真：也講得氣真。行功指練。練時，猴
勢束蹲六合下勢，起展釘頂不歪斜。一蹲即展，一展即
蹲。養道指修，束蹲抱頭守一，蹲而略停，展而定心。養
道的道指天地育萬物，在本拳指猴勢謂道。養道也指加
深功力。見天真：見，指來了，有了，此處指上丹田來了
消息。天，指九天。九天指中天、羨天、縱天、昊天、長
天、廓天、咸天、上天、成天，合成九天。真，指九真。
九真指上真、高真、太真、神真、玄真、仙真、天真、靈
真、至真，合稱九真。九真主要指腦神排列的方位，此方
位分中央和四正四隅，譜中的行功養道見天真，指天真比
其他八真難練，天真是最後練出來的，此意是只有練中

修，修中練，練到竅開藝精，精滿氣裕，元神與陽神不走，存住消息，才能修煉出天真。

拳譜中也有「元陽不走得其真」之說，此意指元神蓄力，育生機，一靈獨覺，獨立守神，先天真氣凝聚於泥丸宮見此真神。

此處的真神指九真，此意單純地講，真氣進入上丹田不要循環不停，而是要存住消息，叫做元陽不走，就會九真齊現，此處的「行功養道見天真」和「元陽不走得其真」中的見天真和見其真是字異理一。

歌 訣

> 督升任降無始終，上升降下猴勢功。
>
> 蹲則為陽展為陰，意存消息見天真。
>
> 發神蒼華字太元，腦神精根字泥丸。
>
> 同服紫衣飛羅裳，泥丸九真皆有房。

丹田養就長命寶：丹田指上中下三個丹田。養，指練丹田功的三部曲。第一步，閉其外三寶——口耳眼，養其內三寶——精氣神，以其法來積累精氣，疏通丹道。第二步，練自我排除雜念，高度入靜，調整呼吸，意守下丹田。第三步，引氣歸根，聚氣結丹，靜心斂意，以養為主，就會真氣歸丹田，丹田結丹。就，指成就，成了，成熟了。長命寶，是道家對丹的愛稱。丹田結丹後，下丹田如水涵珠，中丹田腎間氣動，上丹田月華湧現，此時外五行自閉，外邪難侵；內五行自調，內疾自除，人體健壯，並可延年益壽，所以稱丹田結的丹為長命寶或護命寶。

萬兩黃金不與人：指丹田結的丹和生命一樣寶貴，不

可買賣。

（4）用氣法

眼上翻屬陰，陰氣落在枕骨。鼻一掐屬陽，陽氣落在腭角。脾氣緊，心氣沉，肝氣頂，肺氣行，肺氣一努落腎經，心氣一沉自然成。

釋　義

眼上翻屬陰：指束身之法目視頂中的陰出陽收。

陰氣落在枕骨：陰氣指魄氣停駐在玉枕穴，等待督脈之陽氣上升，二氣匯合，陰中含陽，陽中有陰，如動在起展中運用，如靜在意存消息中體會。

鼻一掐屬陽：指束身。

陽氣落在腭角：指束身下蹲，頭頂，閉嘴，舌頂，腭角肌肉包滿。

（5）周天法

緊撮穀道內中提，尾閭一起皺節骨。尾閭夾脊玉枕關，三關難逾目視鼎。

來到丹田存消息，意存消息氣後旋。旋出天真到橋頭，往前下視鵲橋路。

出督入任降重樓，十二重樓降下池。鎖住心猿拴意馬，十二時鐘降海底。

一時快樂無窮盡，返本還源心自知。久練自成金剛體，百病皆除如童子。

周天法，是本拳引用了古代天文學中的二十八宿及諸星宿，一日一夜循天右行一圈為一周天，同時古人把人體氣血沿脈絡循環一圈也視為周天循環，而且還分出大小周

天，如真氣沿任督二脈循環一周稱小周天，如真氣沿全身十二正經、奇經八脈轉一圈稱為大周天。本拳練周天法是按以上之法進行。

緊撮穀道內中提：此法是內提氣外提肛。提氣不提肋，提肛不提腹，勾尾不提脊。

尾閭一起皺節骨：練本法提肛收臀的同時，尾閭向前上兜轉，提肝縮腎收小腹，將尾巴骨向內勾回。尾巴骨勾回時，身呈五弓（丹田為弓，雙腿為弓，雙臂為弓），同時脊椎骨全部活動，呈一大弓，叫做尾閭一起皺節骨。後縮尾時前撩陰，此謂氣沿督脈搭下鵲橋，開任督下斷層之鎖，又指督脈氣路行走三大關的第一關。

尾閭夾脊玉枕關：三個大穴，亦稱三關。這三大關與中醫三穴字通穴異，三穴，指督脈中的三穴。三關，指尾椎直通大腦髓管中，有一處無明顯髓腔，有兩處明顯窄狹，真氣通過時明顯受阻，所以稱為三關。

【尾閭關】指尾骨的髓管，由於尾骨無明顯的髓管，骨腔為蜂窩狀組織，氣出玄竅難以進入髓腔，所以稱為第一關。

【夾脊穴】中醫稱華佗夾脊穴，分佈於脊椎兩側，每邊十七穴，兩側共三十四穴，為醫用之穴位。此穴在拳譜中指尾椎直通大腦的髓管，這條髓管由二十四節椎骨和一塊骨、一塊尾骨組成，連成一條髓路，這條髓路稱為轆轤關。從頸椎數至第十四椎處的髓管比較窄狹，此窄狹處稱夾脊關。

【玉枕穴】中醫指人後腦勺左右各一凸起的小包當

間，為玉枕穴。而拳譜中的玉枕關，指脊椎和頭骨接銜處的一節骨頭叫茜根，髓腔比較窄狹，稱玉枕關，亦稱鐵壁關。

三關難逾目視鼎：目視鼎指心視。譜有眼看為看，心看謂視。對鼎的稱呼是道家將頭尊為煉丹法器，稱頭為爐，稱泥丸為鼎。

真氣出尾閭，上夾脊過天柱骨到達玉枕穴時，這玉枕穴由於窄狹阻力加大，真氣難以逾越，用目視鼎一法將來到玉枕穴受阻的真氣用虎抱頭姿勢，舌頂上腭之法，以鼻呼吸，用束蹲的釘，起展的頂，真氣就會衝通玉枕關，進入泥丸宮。此意是用縮尾撩陰等法將下鎖打開，導引真氣沿督脈上升，上升到髓管窄狹處受阻，要想除阻氣升，均用虎抱頭，目視鼎來完成。

來到丹田存消息：來到，指真氣進入泥丸宮。丹田，指上丹田。存消息，是依據陰陽一氣的媾通變化圖，顯示出日月交會合壁的十二消息。運用於本拳，將人體的五臟加入心包經，合為六臟，此六臟與六腑之氣相合，稱本拳的十二消息。這十二消息入督脈上升，進入上丹田停留靜養，叫做來到丹田存消息。

意存消息氣後旋：指真氣進入上丹田養神補腦充髓後，出上丹田過鵲橋降任脈。降入任脈時，此真氣不是直接從頭的前額降下，而是出天真從腦後位置旋出到達齦交穴，所以稱氣後旋。

往前就是鵲橋路：往前，指真氣出泥丸。就是，指很近。鵲橋，有上鵲橋與下鵲橋之分，上鵲橋指舌頂上腭，

下鵲橋指勾回尾閭，也指提起陰蹻穴（會陰）。此處指上鵲橋，指真氣進入上丹田，從天真的位置旋出，從督脈的齦交穴出來過舌，進入任脈的承漿穴。由於督脈的真氣是通過舌而進入任脈，所以講往前就是鵲橋路。此處指舌為鵲橋。

歌　訣

　　　鵲橋有路通玄關，立鼎按爐自不難。

　　　四象和合憑藉土，三花聚會返還山。

　　　子初運入崑崙去，午後周流滄海間。

　　　更待玉壺點化後，氣行滾滾大周天。

三花聚頂：三化之物入泥丸宮。

十二重樓降下池：十二重樓指氣管。十二重樓的重指雙的意思。人的氣管，常人為二十四節，所以稱氣管為十二重樓。重，也指氣管與食管，兩管均為細長器管，在氣管行氣時還須食管降津液才能引動丹道行氣，只有雙管配合才能真氣降下池。兩管相加為二，所以也稱重樓。十二重樓樓頂道家指玄膺穴部位，玄膺穴位於喉頭小舌頭的後面，下接氣管。降下池：此處的降下池，是指津液從食道咽入胃中。此意謂真氣化甘露，甘露引真氣。真正含義是煉精化氣，煉氣化神，煉神返虛，一脈通帶動百脈通時，沒有津液下嚥做導引，真氣會停而不走，只有用津液下嚥降池法來導引真氣循環。此法常練，不但能導引真氣循環，而且還可使真氣上通內腎，下通外腎，走上竅存消息，降下竅補腎修命，使身內濁精化清氣，清氣生津液，津液引氣行，氣行精裕充。

十二時鐘降下池：十二時鐘也稱十二時辰，古人把一天分為十二時辰，並用十二地支代表。此處的十二時鐘是專指小周天循環，除此外還須應十二竅位。此意是引用時辰轉動法應對十二竅位行氣所用的時間，十二竅位是依據天人合一的義理應合十二時辰。拳經曰，天是大人生，人身一小天，一天有黑白，分十二時辰；人身有任督，分十二竅位，十二竅位應十二時辰，真氣在人身中的十二竅位行布用十二時辰，所以把行布十二竅位的時辰稱為十二時鐘。

十二時鐘在任督二脈的十二竅位中，天目穴在上稱乾宮，會陰穴在下稱坤戶，乾宮應午時，為中午十一點至一點，以下以此類推。坤戶應子時為夜間二十三點至凌晨一點以下以此類推。真氣沿督脈上升為丑時、寅時、卯時、辰時、巳時。真氣沿任脈降下為未時、申時、酉時、戌時、亥時。此為練小周天法，行布路線稱子午線。降下池，不但指導引真氣啟動，更重要的是導引真氣降池歸根海底，循環成圈（海底指陽泡，池指胃）。

下附道家咽津納氣法歌訣

　　　　咽津納氣是人行，有藥方能造化生。

　　　　鼎內若不存消息，猶將爐火煮空鼎。

　　　　消息上沖斡天罡，何患連環二鎖關。

　　　　呆若木雞神不動，清淨無物氣歸根。

鎖住心猿拴意馬：古有心猿不定，意馬駎馳之說。鎖住指定心，心猿指識神。在此處指將心似猿跳、神不守舍的「心」專心制機，凝神相融，由氣固神，用慧劍斬心

猿，制服識神。拴指寧神，意馬指元神。即將意似馬奔、雜念叢生的「意」專注，使意不外泄，由心斂意，用智劍斬意馬，制服元神。

要到丹田海底基：指萬氣歸根。海底基，男，督脈通蛋為海底；女，督脈通會陰為海底。此意指練養丹田功，須將真氣引入陽泡，不可引到丹田就停而不走。

一時快樂無窮盡：指練得終於撤開連環鎖，打通任督二脈，萬氣歸根，下丹田真氣步漸充盈，自我高興。

返本還源心自知：返本指本根，還源指原來。本拳返本指胎吸，還原指童子功。此意謂雖然不是童子了，可是能練出童子功的功效。常規思維到了停止狀態，自身消失與天地合一，此時氣血鼓蕩蒸騰，丹田部位真氣跳動、滾動，丹田發熱，三心發熱，特別是頂心發涼，體有飄升感和下沉感。這是煉精化氣，氣返血的徵兆。從內講氣返血後也稱返本，從外講對景無心也稱還原。還原在此處又指胎吸，是指練功者如同沒有了呼吸，此時的呼吸較平時呼吸更深、更緩、更勻、更細，似有似無，感覺到正常的口鼻呼吸停止，進入了肚臍呼吸和皮膚毛孔呼吸。肚臍和毛孔吸氣時有涼的感覺，呼氣時有熱的感覺，此為胎吸再現。從內講胎吸再現謂還原，從外講靈光吊眉謂還原。總的講，返本還源的總概念是胎吸再啟，內氣充盈，真氣循環暢通，精神飽滿，神裕入虛，靈光吊眉。

心自知，自己清楚練到了那個層次。

久練自成金剛體：久練為常練，年代多了自成金剛體，指練本拳要知竅道竅，紮實磨鍊，練到元氣充足，身

在氣中，氣在身中，氣循神旺，浩大至剛，包住元神，即可成為金剛不壞之軀。

歌　訣

　　群陰剝盡丹成熟，跳出樊籠金剛體。

　　不識玄中顛倒顛，產個明珠似月圓。

（顛倒顛─逆呼吸）

百病皆除如童子：百病皆除，指前任後督氣行滾滾，外邪難以侵入，內疾自行消除，全身自我修補。如童子指童子功。此意是練本功的猴勢可以出現年雖邁而氣不衰，形雖朽而精不枯的仙道境界，猶如童子功在身。功有兩種稱呼：奶奶功與童子功。女孩在14歲之前，男孩在16歲之前，天癸未至所練的功稱奶奶功，天癸至青年世代或未破身之前所練之功稱童子功。

(6) 得真法

混元一氣吾道成，道成莫外五（吾）真形。真形內藏真精神，身藏氣內丹道成。如問真形須求真，要知真心合真形。真形合心有真訣，真訣合道得澈靈。養靈根而靜心者修道也，養靈根而動心者敵將也。

釋　義

得真：取偽存真。猶如去沙留金，得到了你所需的東西。在本拳指丹田真氣鼓蕩。

歌　訣

　　時磨得真一日成，古仙垂語實諶聽。

　　若言蹲三搬二年，還須靜心慢練功。

混元一氣吾道成：混元一氣指構成天地萬物的基本素

質，在本拳指父母先天真氣及後天水穀精微精氣和空間清氣合為一體，稱混元一氣。吾道成：吾，指本拳；道，造化的本源，發展的規律，事物的變化，治國養生的主張，可概括為道家的人法地，地法天，天法道，道法自然。道在本拳指猴勢，指混元一氣的形成是猴勢一法完成的；也指混元一氣集神於心，聚氣於身，由練猴勢而達到的。

此意按《易經》的義理講，「道」指先天一氣尚未分化的狀態，也指若干氣混然合成。吾道成的道是借鑒了道教義理論道之法而練猴勢的，其道指有物混成，先天地生，寂兮，寥兮，獨立而不改，周行而不怠，可為天下母，為道；又道是天地萬物共有的根源，是最基本、最精微的存在，其大無外，其小無內，充塞天地，實乃萬物生成的基礎。道歸自然的哲理為道，天地育萬物曰道，在本拳指猴勢為道。

本拳借鑒了《道德經》的義理，運用於本拳的猴勢之中，加以定型定法，故將猴勢稱為本拳之道。此謂「至道不煩道存真，泥丸百節均有神」。

道成莫外五（吾）真形：吾真形指猴勢。道成，指練成的猴勢。莫外，指就是。五真形指《洛河原理說》中的陰陽，消長進退，遂有五行金木水火土。五行實乃一陰一陽之精凝節耳，故五行者，五真形也。此意是練猴勢的內五行，外五行皆要遵循金木水火土相生相剋的循環規律。

真形內藏真精神：真形指猴勢，內藏指原本就有。真指元氣，精指元精，神指元神。此意是成年人的精氣神溝通遲緩，流損甚大，對健身延壽非常不利，所以用猴勢一

法將本身原有的精氣神通達，互循互合，煉精化氣，煉氣化神，煉神還虛，以此來強體壯身，為練武術打好基礎。

神藏氣內丹道成：神藏氣內指煉精化氣後，神氣相通，神氣相潤。丹道成，指撤開二六連環鎖，任督二脈媾通了，髓腔管窄狹處打通了，大小周天循環了。丹道，主指髓管，次指脈絡。成，指髓管通，脈絡通。大小周天皆可循環謂丹道成。

如問真形須求真：真形指外像猴勢。求真指內站丹田。全句應合拳譜中「武藝雖精竅不真，費盡心機枉勞神」，對本法提出的要語而總結的一句話。此意是要練成真形，就須先知什麼是真形，真形是由什麼組成，真形是怎樣練成的？如不重視以上三問，那你的武藝雖然精湛，你的架勢再好，也算不上真形。要真正達到真形的標準，必須竅真，才能有真正的藝精，才能將猴勢稱為真形。竅真指拳理的真正掌握，而此拳理主指陰陽、五行、六合。

藝精指練猴勢的四法：①心意演義要義；②行拳姿勢；③身法六要素；④身法底稿。

要知真心合真形：要知，指必須知道。真心，指內站丹田。「真形」指外像猴勢。真心在本拳的內站丹田要乾坤相合，四象相和，五行攢簇，精神魂魄意等意念歸一心。又真心指主竅，拳譜曰：主竅者，空虛靈透，虛靈不昧，不昏不暗，也為真心。真心也指返本還源的心。人的真心本是無妄的，是天地萬物之本源，因此無論是行功，還是養道，應在真心上下工夫，而不待外求。修煉到復歸太極，進入無極，返回到生命之初，達無思無慮的狀態，

也稱之為真心。合真形，合指內外相合；真形是本拳運取
諸物之心和運取諸物之長而粹於拳術之中，或相此形，或
會此意，或含心於身，或寓形於拳勢之中，用真心專其
精，傳其神，用形形化出種種手法，然後心形相映，將諸
法化入外象猴勢之中。將內站丹田運用於諸法之中，成為
養身和攻守的法術，叫做真心合真形，也就是內站丹田，
外站猴勢合二為一了。

真心合形有真訣：真心，內站丹田為真心。形，外站
猴勢謂形。真訣，練時指陰陽、五行、六合、引氣、養
氣、用氣的拳理。

歌　訣

猴勢的道在丹田，引氣養氣循周天。

精神意氣須一貫，內外相合心合形。

真訣合道得澈靈：此口訣是猴勢的指南。練猴勢必須
遵循拳理，以理法引拳法循序漸進，才能明白猴勢的底
蘊。真訣又指本拳借鑒佛家的禪義、道家的道義、醫家的
醫理、儒家的一貫，本拳的武事乃隨文事精。練外象猴
勢，內站丹田與練功真訣合而為一後，謂真訣合道。

得澈靈的，得，謂得到了。澈，在此處指明白。靈，
指妙。

養靈根而靜心者修道也：其為養不厭精。練此功，猶
如修道。養，指靜；靈根，指下丹田。此意為練功者內視
自己每條經絡的精氣流歸下丹田，待諸氣流入下丹田後，
凝神內視丹田，細察流入丹田的精氣，無論黑色、黃色、
紅色或橙色，須繼續加重意守丹田的意念，直到各色煉成

一塊玉白色的丹。不射丹田，還須有慧不用，知而不言，這叫精養靈根。此法也稱守一養丹。

【靜心者】靜為守，心為神。此意是萬物芸芸，各歸其根，曰靜。靜曰復命。靜心指入靜。入靜指克服各種雜念。雜念指煩惱、貪婪、色慾。此意是人生在世，難免被各種煩惱、貪婪、色慾所累，七情六慾所苦，要想練本法，必須除去所累、所苦，用智劍斷煩惱，用慧劍斷貪婪，用意劍斷色慾，用心劍入無極，收此眼光，調此鼻息，閉其口，逸其身勞，鎮此意，固四肢，心充實，斷絕諸妄念，內靜似止水，外偶似木雞。此為靜心。

【修道也】修道謂養功。道在此處指功力。此意指外像猴勢，內站丹田，引氣歸根，真氣循環，一脈通帶百脈通。聚氣養丹田叫修道。靜心者修道，簡單地說，就是用以上之法養生、健體、延年、益壽。

養靈根而動心者敵將也：其為動不厭細，猶如棋逢對手。養靈根，指下丹田氣裕結了丹，不發整勁，不射丹田。動心者，指五行合一驚起四梢，發整勁射丹田，催動全身以力易勁。敵將，敵指應戰，將指大將。此意指運用猴勢之法，去射丹田發整勁，使肢體威力增大，敵住將才之人。簡單地說，養靈根一法為兩用，你要是養丹田，練的是養身益壽；你要是射丹田，練的是功力倍增。

(7) 十字法

靜、斂、定、引、匯、凝、養、貫、催、循。

靜：靜心靜氣。　　斂：斂意斂氣。
定：定神定慧。　　引：導引氣機。

匯：彙聚散氣。　　凝：凝神蓄氣。

養：抱丹守一。　　貫：內外合一。

催：意到氣到。　　循：真氣復始。

以上內站丹田之法詳釋細盡。下述猴勢具體練法及內修外練的具體要令。

2. 外站猴勢

外站猴勢由立正法、預備勢、束身法、身法要義、姿勢、六要素、身法底稿、不動姿勢、鬆裹垂縮、十字法、練法共十一法組成。

(1)立正法

身體中正，雙腳併攏，膝蓋後挺，肩下沉，兩臂貼身，手心向裏，十指微屈，中指貼於褲縫，目平視。練立正為的是集中神志，振刷精神（圖3－1、圖3－2）。

圖3－1

圖3－2

歌　訣

壯面凝神身軀正，並足並膝肩下沉。

集中神志內外齊，振刷精神此為始。

肩沉頭正脖頸挺，收腹挺胸傘柱形。

全身內外皆警驚，目視前方練立正。

(2) 預備勢（陰疊手）

預備勢在拳譜中也稱立正法，區別為預備勢是手抱丹田的姿勢。此法用無極和太極的雙重義理去練。練時用心定練出神寧，並喚起筋骨皮肉及內外五行的準備動作；也就是先盯住一個目標站一會兒，再進行下個動作，目的是要治住一切心，沒有一切心，不用一切心。

預備勢先入無極境。此時三際心斷，四相飛空，心志超然，如入太空，一切富貴貧賤、生死恐怖之心均無。由此境入太極境，將靈性守定寶座，念慈在慈，神志不分，靜凝其神。再由此境入兩儀境，拳譜曰：兩儀者陰陽也，呼為陽，吸為陰，吸時宜長，呼時宜短。此為貫氣運行法。貫氣用行法是由鼻吸氣入腹，用意念將氣送到丹田，呼氣時由肺用意念將氣送出鼻孔。注意，呼吸時尚意不尚力，久而久之由弱變強。練時其氣出入，不緩不急，綿綿若存，有用之不盡的感覺。行此功夫時，齒宜合而唇微啟，舌尖舔住上天盆，牙宜合而不緊，以鼻出氣存提腎心，即吸氣時束身心沉，呼氣時展身，並用意念將心與腎上提。練此功法時忌雜念，最忌氣下泄出虛恭，因氣泄則功夫丟失。動作時先以輕柔為主，後以靈活為用。

注意事項

呼吸時不可循主觀而練，而是純任自然，熟後才可調成逆呼吸的束吸展呼，鑽吸剎呼。預備行拳是指蹲猴勢之

前內意的收斂之法，並借鑒了道家《易經》中的若干義理。如無極、太極、兩儀、三際（三才）、四象等。下面逐一注釋。

釋　義

無　極：無極含一混沌不分之氣，此氣謂先天真一之祖氣，氤氳無形中有一點生機含藏，名為先天之本，性命之源，生死之道，天地之始，萬物之祖，陰陽之母，四象之根，八卦之蒂，太極之源。又無極指混元，在理論上指鴻蒙狀態，什麼都不分。古有天地混沌如雞子，盤古生其中；萬八千歲，天地開闢，陽清為天，陰濁為地，盤古在其中。無極一詞引用到自然界不分天地人，引用到本拳不分蹲搬砸。

無極在《易經》中指天地人未分，一氣聚之。無極在本拳練功中，指一葉扁舟泛巨海，呆若木雞置庭中。

太　極：太極氣形質之本，謂太易、太初、太素、太始、太極。太易未見其氣，太初氣之始，太素質之始，太始氣形之始，四極變一謂太極，太極無生有，有無相生，無窮無盡，謂四象兩儀之母。又太極為極，俗稱兩頭，在本拳指運動狀態，引用盤古開天闢地，每日天高一萬里，地厚一萬里，向兩極發展；在本拳指猴勢束蹲的釘與起展的頂。

兩　儀：兩儀是太極流行綿綿不息，分散而生，太極左伸為陽儀，右伸為陰儀；陽極必生陰，陰極必生陽，陰陽相生，出現生生不息的陰陽相合。又兩儀為端，指天以高到極致，地也厚到極致，天上的清氣降到地上，地厚

載物，使地有了三寶「水火風」；地上的濁氣上升到天上，天行健仁德，將濁氣變為清氣，使天有了三寶「日月星」，天地之精氣相媾使中間有了人，人為天精地氣所成，既接受天精，又接受地氣，所以人身有了三寶「精氣神」，也指天地人同壽。在本功中指內外陰陽，天地翻時要大陰大陽地翻，翻到至極謂兩儀。

三際：三際指天地人有三層關係，也指三才。三才在人身指上中下三個丹田。在自然界此意為上天下地中間人，上天指天才，謂陰陽；下地指地才，謂剛柔；中間指人才，謂仁義。在易說卦中以立天之道曰陰陽，立地之道曰剛柔，立人之道曰仁義。此時又指返回無極狀態，一氣之中。三才在本拳指天地人。天指四季八節，即在什麼季節多練什麼拳，練拳時多注意什麼。地指食物營養，青少年、中壯年、老年應該多吃什麼，怎樣吃。人指運動，指怎樣順從自然，戰勝自我。如單純地追求四季八節怎樣練拳，那叫做天人合一；如單純地攝取營養養生，那叫做先天地生；如單純地運動，那是苦行僧。

拳譜曰：「盤根三步豈無因，配合分明天地人。」此意謂只有天地人緊密配合，才能練好本拳。用白話講，就是四季八節代表天，食物營養代表地，如何運動代表人。運用三者練本拳謂三際，然後三者混沌歸一去練本拳，謂三際心斷。心斷：在拳中指沒有了天地人，出現忘自無異，心不裁判，無心無意，獨養獨尊。

四象：四象飛空：四象指四方；在本拳指四方八角十六棱。飛空指沒有了四方。心志超然指超越自我，如入太

空，人和大自然融為一體，稱天人合一。此為天地正中間，左右分兩儀，上下定三才。在拳中指圓，謂無論哪把拳，不能像東南西北那樣有方有位，練預備行拳也須如此。預備行拳的姿勢非常簡單，主要是練意識方面的轉變。將雜念叢生的心練成清淨的心、無慾的心。此意是入無極，進太極，返回無極，返回無極後先拆開意中的連環鎖及練出防六賊。意中的連環鎖為眼看，耳聽，鼻嗅，舌味，身淫，意馳。拆開意中的連環鎖，在練功時為目不視，耳不聞，鼻不嗅，舌不味，身不淫，意不馳。

防六賊：防眼賊，練目視鼻，不上看，不遠看，練時不看自身動作，用時不看對方舉動，只盯住對方雙眼，這叫做撤開眼賊，不中他人飛沙；防鼻賊，不要有意聞香味，自身味道也不聞，這叫做撤開鼻賊鼻生精，中不了他人的麝香飛氣。防舌賊，忌五辛，舌頂上腭顯奇能，五氣朝元過舌峰，撤開舌賊舌生津，中不了他人水中計。防身賊，不觸軟酥緊，一切失忽全要防，否則功夫用不上；撤開身賊靈龍身，蜜蜂花調一處，成其為蜜人羨慕，中不了他人的金蟬脫殼計。

在此情況下，還須結合儒家的存心養性，培養真性；道家的修心練性，養心養性，顯靜心守性；佛家的明心見性，悟自心本性；戴氏心意拳的靜養靈根氣養神及靜心者修道的法則，將意念存於一心，守於一處，用於無意。

此法從心的角度講，謂「茫若扁舟泛巨海」；從形的方面講，謂「呆若木雞置庭中」。拳譜曰：「事事之事事，萬緣止住第二念，清淨安逸斷煩惱，拆開意賊心澈

明，意靜心明萬法滅，中不了他三十六計七十二變化。」
本拳無論練用，均要將以上諸法為先，均順天地之自然
後，方有得也。

除以上所敘外，練預備式還須掌握行拳宗旨。行拳宗
旨，指練本法時要遵循陰陽、五行、六合。因拳術之法講
陰陽，其有變化之靈；講五行，其有無端之法；遵六合，
其有免危之功，運用陰陽五行六合，謂行拳宗旨。

練　法

在立正的基礎上，大臂不動，小臂在兩肘不離肋的前
提下貼身抬起，抬起時肩不可聳，肘不可架，右手在下，
左手在上，雙手疊住。左手的大拇指起到臍的下邊沿，雙
手向內翻回，右手手心向裏，貼於臍的下邊沿部位，左手
手心向裏，扣在右手手背上，左手大拇指指尖和右手大拇
指根關節部位對齊，左手的四指相併，蓋住右手四指的根
關節以下，此時雙手虎口相對，中間留一三角形空隙。

此法道家稱養丹田，佛家稱結印，戴氏心意拳稱濟丹
田或抱丹田，也稱陰疊手。此時舌頂上腭，然後腳釘，脊
抻，耳根提，脖頸挺，頭上頂，胯裏夾，提穀道，勾尾
閭，依次一鬆一緊，一抻一沓，一提一放，一挺一束，一
頂一落，練到外不露形，專心一意為度。此法既是起勢的
姿勢，更是本拳練成後的標誌。

此處一抻一沓的沓為三沓，此三沓是頂心沓手心，手
心沓足心。頂心沓指束身時頭髮、頭皮、天門穴用意念內
收。手心沓，手心內收。足心沓，重心置於足後跟，十趾
抓地，足心上提。舌頂上腭一為搭橋，二為增多口內的津

液；然後放下舌尖，將增多的津液下嚥，可起到引氣下降及潤喉的功效。以上諸法除手抱丹田外，其餘均動心不動身，或小動不顯形（圖3－3、圖3－4）。

歌 訣

> 手抱丹田傘柱形，此謂太極陰陽分。
> 抱丹漸入無極勢，二目平視要微睜。
> 心定神寧去雜念，輕鬆自然返混沌。
> 外無動形三際斷，內無動意四象空。
> 舌頂上腭備引氣，三才四象不顯形。
> 外形庭中置木雞，內意扁舟泛海中。
> 抱丹斂意虛入靜，無我無異置太空。
> 拳法簡稱預備勢，陰陽之理謂無極。

圖3－3

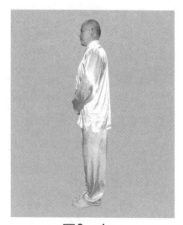
圖3－4

（3）束身法

束身之法屬陽，從外形講，是身落手起，起為陽；從

內講，是依據身落氣升，氣走督脈上行而定。此法依據
《易經》八卦陰陽升降說，以明人體氣血運行規律和升降
的次序，拳譜中的「束身好似離中虛，為兩陽一陰。展身
好似坎中滿」，為兩陰一陽。在本拳束身為氣升，屬陽；
展身為氣降，屬陰，故束身之法屬陽。

束身法外練全身緊湊協調，內練氣聚循環。外練還須
明白裹鬆垂縮和形形論等法，練內還須掌握心意養氣學、
心意養氣之功用和心意養氣之法則；內外合練時又要加入
八字訣，束身之法才算完善。

(4) 身法要義

身法是本拳眾法之首，是本拳中的道，這道就是理，
是本拳中必變、所變、不變的大原理，也是闡明本拳知
變、應變、適變的大法則。從細講，它又是練本拳細則要
義的總概括。身法要義依照拳譜是一杳腰，二縮肩，三扣
胸，四頂，五提，六橫順，七起翻落鑽。

杳腰時尾閭上提內勾；縮肩時兩肩向回抽勁；含胸時
空胸實腹；頂時頭頂、舌頂、手頂；提時穀道內提；橫時
用起，順時用落，落為橫之始，起為橫之終；起翻，丹田
向內翻，落鑽，丹田向外翻。

(5) 身法姿勢

姿勢即抱肩、裹胯、縮尾。抱肩則膀合，胯裹則襠
合，尾縮則內實，如此則胸如屋瓦而身法出。又用力吸回
穀道，用力勾回尾巴骨，一為內實，二為通關，還可避免
出虛恭。此法最關鍵的是真氣打通督脈三關。

(6) 身法六要素

雞腿，熊腰，猴背，鷹膀，虎抱頭，龍身，也稱六形合一勢。虎抱頭最為要。

雞腿：雞腿練摩脛與剪子固，主練穩與靈，在束身中練膝尖與腳尖齊，展身中純用腿勁將身軀頂起，無論行走、獨立、站停、溜腿走步均要進退有序，身軀平衡，提高步法的穩定性和靈活性，在瞬息變化中既可肚裏掏腿，又可利於變位，更重要的是敵不易插入我中門。雞腿在六要素中謂「下思動而上要領，上思動而下要隨」。

熊腰：熊腰練杳腰撐旋，主練直與擰，取杳腰一法臀坐時有力，紮勢時穩固，撐旋時四肢隨腰轉而動。腰在進身定勢或退身變勢中，既是運作的樞紐，又是肢體動作的勁源部位；既是內外天地陰陽翻的坐基，又是技擊中槓杆撅勁的支撐點。學熊腰在練用中謂「上下動而中節攻」（此處的中節指腰），也叫上下動而腰先動。

猴背：猴背練弓背吞胸，主練弓與吞，是練外象猴勢的中心動作，可促進虎抱頭動作到位。這種姿勢可配合杳腰時內天自收，內地自翻，外地自出，外天自收，促進陰陽翻時有序，射丹田時有勁，並且是練空胸實腹氣貼背，壓縮身軀體積和束身弓背的主要姿勢。弓背吞胸能加大人體不動肌功能和能動肌功能的運動尺度。弓背使胸脊骨挺起，促使真氣貼背而上。吞胸使胸部呈瓦形之狀，促使真氣入泥丸順暢。

鷹膀：鷹膀練上根節撐旋成圓，練顛旋，為的是加大肩的旋轉角度，並取其顛簸有勢，起落流暢，促使抱肩到

位，有助於通經絡、暢氣路。

虎抱頭：練陰出陽收，主練驚警。此意謂若言其靜未露其機，若言其動未見其跡，存機警而應變。虎抱頭外練虎備勢，內練通督脈。此法外形取進擊前的動態，內意取進擊前的心態；也是備勢的要法，目視鼎的姿勢，動擊的前提。虎抱頭左顧右盼似靈猴，仰頭上瞅似乎熊，俯首下瞅形同鷹，也稱英雄頭。

龍身：龍身練順隨和合，主練和，變勢運化柔韌與猝剛相合，擻骨抖鱗一氣，是六形合一勢的主要勢法。本法要練出腿學雞腿有跪意，腰學熊腰有坐意，背學猴背有弓意，臂學鷹膀有滾豆成圓意，頭學虎抱頭有警驚欲撲意，身學龍身有三搖二旋擻骨抖鱗意。

(7) 身法底稿

內天地翻與外天地翻。內天指胸上腹，內地指小腹；外天指額頭（天庭），外地指下頜（地閣）。所謂翻，看陰而有陽，看陽而有陰，翻時要做到內外齊動，又舒勢好似離中虛，展勢猶如坎中滿，身下足起同乎舒，身起頭下同乎展。舒勢好似離中虛，展勢猶如坎中滿，舒勢為猴勢蹲，展勢指猴勢展，舒指舒服順當，展指舒展展放。

離和坎是伏羲時代八個官的名字，他們是其中兩位，管火的官叫離，管水的官叫坎。離中虛和坎中滿，入到卦中指離卦由兩個陽爻一個陰爻組成，畫作☲叫離中虛，引用到猴勢之中為空胸。坎入到卦中指坎卦由兩個陰爻一個陽爻組成，畫作☵叫坎中滿，引用於猴勢之中叫實腹。

人的胸腔與腹腔上下不通，猶如離坎對立互不相射，

所以本拳用猴勢一法取坎填離，此意是取水置於火之上，再借離煉坎，也就是用火燒水。如不借坎填離，就會形成火在上水在下之勢，此法是借鑒《易經》義理，取坎中一陽填離中一陰之法來構成水火相濟，乾坤相媾的狀態。借離煉坎按現代語言講是調動可控制的先天資訊，按《易經》中的義理講為知白見黑我自守的運作。

歌 訣

> 取將坎位心中實，點化離宮腹內陰。
>
> 從此變為金剛體，潛藏雌雄總由心。

此意是二者連環運作時腎水在下調上，心火在上調下，腎水的溫，心火的限，對內是內氣上下循環一氣，對外是外形束展吞吐一勢。以上之法前者健本身，後者順本性。

身下足起同乎舒，指蹲猴勢渾身內外同時疊曲弓彎為身下，疊曲弓彎成形後，真氣從腳底上升到頭頂為足起。

同乎舒：無論束蹲展起，外要舒展不抽扯，內要順暢不悖逆。

又束身之法主練五弓，五弓現齊時用意念將身軀逐漸放鬆，下沉，杳住，鬆是思想鬆，肌肉筋骨鬆，鬆到自然自在有舒服的感覺。沉是用意念將身軀內外放鬆下沉，猶如濁水澄清的概念。靜思慢沉。脊椎縫杳，杳到猶如縲紙濕後少隙無縫黏在一起，並體現出肌肉百骸處處無僵，陰陽萬氣氣氣無逆，骨關節節節無縫的意念及動作來。此動作還要依據嬰兒狀為楷模去練，練時兩肘下垂要併，兩肩下沉要抱。

(8) 不動姿勢

「凡事有動必有靜，動者靜之效，靜者動之儲，捨動言靜其失也枯，離靜言動其失也枵，然靜為動之源。」此意練本拳者必先致力於靜，只有這樣才能達到真氣內充而勁力外碩。此為不出步束身行氣法，也是本拳入門必須知道的法則。

(9) 裹鬆垂縮

裹鬆垂縮均在以上九法中體現。

裹：兩手往裏裹勁，勢如手心朝上托物，必得往裏裹勁。

鬆：鬆開兩肩如拉弓，不使膀尖外露。

垂：兩手往外翻時兩手極力往下垂勁。

縮：兩肩兩胯裹根並極力往回縮勁。本拳譜之意此四勁最為要，故錄之。

(10) 十字法

弓、曲、合、垂、鬆、彎、縮、束、裹、收。

弓：肱弓、背弓、前腿弓。

曲：臂屈、脊屈、項屈。

合：內外合一。

垂：肘垂。

鬆：思想鬆，皮肉筋骨鬆，毛髮鬆，內外五行鬆。

彎：膝彎、肘彎、腕彎、指彎、背彎。

縮：頂心（百會）縮、毛髮縮、手心（勞宮）縮、足心（湧泉）縮。

束：臀束、肩束、四肢皆束。

裏：臂裏、肘裏、胯裏。

（11）練 法

在手抱丹田身軀正，入無極預備勢的基礎上，首先做內外天地陰陽翻，並雙手指尖隨身軀的弓屈下垂至膝尖，此時二目平視，雙腳相併，足後跟離開少許，以不磨足踝關節處為度。雙膝雙肘均要相併。此時身軀下蹲，下蹲時一要沉肩垂肘，二要吞胸吸腹，三要仰頭拔背，四要抱肩裏胯，五要沓腰坐臀，六要提穀道撩陰，七要收臀勾尾。勾尾時尾骨中正，此法可使身軀不前俯後仰，左歪右斜，在拳法中稱謂不偏不倚，也就是整個身軀以尾骨為中軸。以上法則皆在丹田一翻，渾身具束中體現。此要意是：

　　　沉肩垂肘氣無阻，吞胸吸腹氣貼背。

　　　仰頭拔背目視鼎，抱肩裏胯氣歸根。

　　　沓腰坐臀搌勁生，提肛內實須撩陰。

　　　收臀勾尾開下竅，抱肩裏胯為圓襠。

注　意

①沓腰能氣順並上下連貫，坐臀也稱臀坐，能穩下盤，給兩足增力。尾骨中正也稱尾閭中正。譜稱尾如稱準（稱準指秤砣）。尾骨中正氣貫頂，尾閭中正才可轉身調頭靈活。拳譜曰：船家調頭在尾不在頭。沉肩垂肘指人身體運動時有聳肩習慣，猶如寒冷時雙肩內收而上聳，此動為拳法重病。無論出拳接掌，如帶有寒肩寒身動作，遲滯有加。

②束蹲時，肩隨身落自然沉，肘隨肩沉自然垂，手隨肘垂自然翻。又抱肩要抱到胸如瓦，收臀裏胯要體現出

尾閭上兜，雙腿夾緊要如剪子固，虎抱頭要目視頭頂，鼻尖、膝尖、腳尖相照對齊，上下三點成一線。舌頂上腭，舌要彎成90°上頂天盆。舌上頂時，舌不可頂住齒根，而且要閉嘴合齒。在射丹田不張嘴發呵聲才舌頂齒根。張開嘴發呵聲，嘴不閉，唇不動，舌不動，將氣吸至丹田，呼之肺經，通過十二重樓，將肺經之氣用發呵音的方法噴出。

外像猴勢蹲好後，兩眼正光還是盯住手抱丹田時的目標直視不移，眼珠只做上下翻轉即可，兩眼餘光集於鼻根。此時腳的十趾微微上蹺離地，和兩腳十趾抓地要循環練習。

練習時虎抱頭要仰到兩耳過肩，頂心與胯及腳的中心成一上下直線，並將全身重心移於腳後跟，出現前仰後合、左歪右斜的感覺方為身軀中正。此謂外站猴勢內站丹田，足起到天門的練法（圖3-5）。下附束身法歌訣。

圖3-5

歌　訣

　　　束身之法嬰兒椿，勢如仙猿蹲山崗。

　　　縮身弓曲往下蹲，猶如造弓先曲中。

　　　屈弓丹田最先動，丹田一動動渾身。

　　　陰出陽收地闊平，頭要微仰目視鼎。

　　　內外天地陰陽翻，身落氣清沿督升。

　　　吞胸弓背肩抱扣，收臀提肛尾閭勾。

　　　後提穀道前撩陰，安內禦外閉五行。

　　　兩手下垂臂貼身，三圓套成屋瓦形。

　　　掌邊相挨肘尖並，肩沉臂旋見手心。

　　　六形齊現真氣升，眼與目合要和明。

　　　全身內外皆放鬆，束身靜守引地功。

　　　臀坐腿跪腳要釘，重心置於後腳跟。

　　　體似嬰兒弓龍身，三尖照齊三彎成。

　　　三沓意念到足心，真氣上升到天門。

　　　意存消息氣後旋，十二重樓降下池。

　　　外像猴勢諸形順，內站丹田氣歸根。

　　　此謂束身養氣法，要想技擊練展身。

　　拳經曰，重動束裹心中藏，輕動自然意中含，靈動縮束一團合，自我空空一念抱。

（二）展身法

　　展身之法屬陰，此法是在束身的基礎上展身，此定義又是依據身起手落、身起氣降的循環規律而定，因降下之氣屬陰，所以講展身之法屬陰。展身之法練反弓一力勁，從外形講猶如彎弓復原。此練法是在蹲猴勢束身的基礎上

展身，展身時用挑擔勁，全身的重量皆在頭領中用腿中之勁頂起，起時猴背展伸反彈復原，雙臂擰旋猶如擰繩返回，與此同時，足心、手心、頂心皆用吐勁。此法又稱三緊，足心緊，手心緊，頂心緊。此緊練時鬆中緊，用時舜鬆舜緊。無論練用皆要鬆而不散，緊而不僵。如與對方技擊爭鬥，彼緊自鬆，彼鬆自緊，左鬆右緊，右緊左鬆，展身時真氣從頂心降到腳心。此法練時用束身法產生的壓縮勁來催動身軀的起展，起展時要勁勁不斷，徐徐起展，勢圓勁柔，慢得不能再慢了還覺快，不過要慢而勁不斷。如運用或射丹田均疾如反弓。此勁要隨彼勁而定我勁，隨彼速度決定我的快慢。如要擊倒對方，須加射丹田的法則。射丹田時，勢大勁直，快得不能再快了還覺慢。

以上二法無論練用皆要慢而不僵，快而不飄。此勢法入兩儀勢謂動心者擊，入無極勢謂靜心者養。練展身法練牟柱形，如納入卦中謂坎中滿，著重體現釘頂，練射丹田按兩儀的義理去練，練養丹田按無極勢的義理去修。

練　法

展身之法在束身之法的姿勢上起展，起展的勁力全部用腿中的力道將身軀頂起，在起頂中要將抓地的十趾鬆開，足心要吐，手與臂貼身，兩肘不可炸開，臂不自抬，隨身起而起，起展的速度與下蹲的速度相同，起展後兩手返回到虎窩前抱丹，並手心展吐，頂心用意念上吐，然後返回預備勢。

注　意

起展中要體鬆心靜，呼吸自然，虛實分明，圓活無

滯，上下相隨，內外相合，協調一致，束展有序，勁斷意不斷，尚意不尚力。在起展的過程中要快慢相間，剛柔相濟，輕靈穩健，外示安逸，內實精神，發勁於丹田，顯形於四梢，只有這樣在抖擻時勁路才能暢通，身軀四肢才能富有彈性，才能將自身勁力傾瀉到對方軀體。

（三）不出腿射丹田

無論練哪一種椿功，雙足相併，直落直起；丹田吸氣，肺經發氣，發氣的同時，口發呵音即可。

（四）束身法與展身法共同練法

束身法稱舒勢，展身法稱站勢。束身屬陽謂釘，展身屬陰謂頂，釘的意念柱地無限深，頂的意念通天無限遠。束身法練外像猴勢以圓構形，練內站丹田以氣通脈。如不射丹田謂養，是靜心者修道的練法；如射丹田謂動，是動心者敵將的練法。束身法與展身法的基本練法：陰疊手、貼身手、引氣手、雙陰手、布氣手、抱球手、千斤掌、連斗手等。

1. 陰疊手

亦稱預備勢，與預備勢動作相同（圖3-6）。

2. 貼身手

亦稱束身法，與束身法動作相同（圖3-7）。

3. 引氣手

在預備勢的基礎上，左手手心朝下上起，起至腮部停住，右手手心朝上拖至肋下，左手朝前伸出並伸直。然後左手拖回到腮部，同時，右手從肋下伸出伸直，並雙手大翻轉，右手拖回到腮部，左手拖回到肋下。左右互練即可

（圖3-8、圖3-9）。

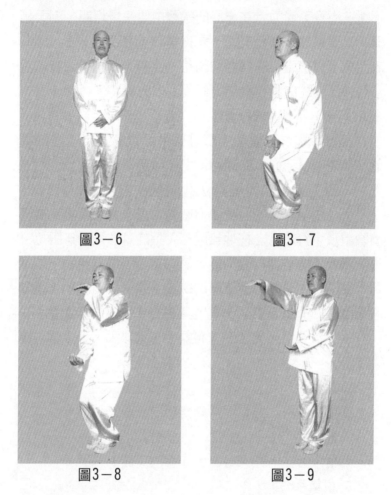

圖3-6　　　　　　　圖3-7

圖3-8　　　　　　　圖3-9

4. 雙陰手

在預備勢的基礎上，雙手手背相靠，從丹田處上升起到下頜處，雙手翻轉下甩，甩到腿上，反彈到丹田部位（圖3-10）。

5. 布氣手

在陰疊手的基礎上，左足向左橫邁半步，與肩同寬。右手向右伸直，然後向上呈160度向左肩窩部下插，沿左臂下面伸出；左手搭在右手臂拖回，拖到肩窩部順乳拖到左乳部停住，右手伸出伸直。雙腿擰地盤。左右互練（圖3-11～圖3-13）。

圖3-10

圖3-11

圖3-12

圖3-13

6. 抱球手

在預備勢的基礎上，右手貼身上起，左手貼於右臂上起，起至腮，兩臂交叉，雙手手背貼臉，呈護腮掌，然後雙手手心貼身下滑，從丹田處向前伸出，手呈抱球狀。同時，右腿抬平，手腿平行。然後上抬之腿落地呈弓形，雙手抱回丹田。左右互練即可（圖3－14～圖3－17）。

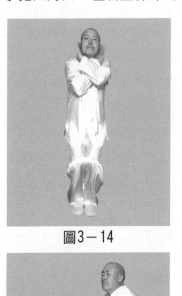

圖3－14

圖3－15

圖3－16

圖3－17

7. 千斤掌（為船指航手）

在貼身手的基礎上，左手指併攏向前點刺（圖3－18）。

8. 連斗手

在為船指航的基礎上，左手手背朝上，右手手心朝上，疊於一處對齊，右手向前伸出，來回翻轉。同時，下地盤，一起一落，左右互練（圖3－19～圖3－21）。

圖3－18

圖3－19

圖3－20

圖3－21

下附展身歌訣。

歌　訣

> 展身之法講虛靈，　釘頂毒狠四梢驚。
>
> 原路返回預備勢，濁氣降下到足心。
>
> 束展二字連環勢，練好束蹲練展身。
>
> 束蹲內練陽氣升，起展外練釘與頂。
>
> 天出地收耳根挺，釘頂反弓毒與狠。
>
> 丹田翻滾通三心，一束一展氣環行。
>
> 氣過鵲橋降重樓，降下重樓任督通。
>
> 反弓催放足底釘，釘頂崩橫意肩井。
>
> 三心催吐隨勢用，靈光吊眉真精神。
>
> 若練靜養沓三心，若練射丹氣催音。
>
> 發音跟隨五音轉，唅咩咦喉呵五音。
>
> 呵為大動起雷聲，咦為小動也出聲。
>
> 呵是令也咦為號，鷹熊二勢喉叫門。
>
> 咦呵配到束展中，束展二字出奇能。
>
> 手濟丹田氣呼盡，長呼短吸不聞聲。
>
> 束展一勢練根本，陰陽始分兩儀中。
>
> 精養靈根氣養神，行功養道見天真。
>
> 猴勢束展天地翻，練精束展再練搬。

拳經曰：「束養展擊靜中動，頂扣圓敏微動間，抱裹曲挺麻熱漲，束展二字本拳綱。」

二、搬丹田

搬丹田用翻丹田出步和加寸步射丹田去練，其法也稱

進身法。練時足起而翻，足落而鑽，此意是束而鑽，身直進，步先手後。上思動下為隨，下思動上為領，上下動而中節攻，練出上下貫注一氣進。此法從束身而鑽，展身而擊練起，練出釘頂毒狠弓催放，束身直進虎撲羊的勁節、勁道、勁氣。

無論催放勁還是猛撲勢皆要在內外天地陰陽翻中進行。進身時，進步足疾提，因提則彌低，踩步靈。技擊踩步高，因踩高彌深，貼則穩。進步寸，捲地風，行如槐蟲，起如挑擔。行如槐蟲用足釘，起如挑擔用頭領。

練　法

接前式，將右足拖一步或原地不動，如進右足，左足以足跟為軸，足呈外八字形，左足提起向前伸出，伸時膝屈而伸，伸而成曲不可直，因直必有僵勁。左足在前伸的過程中，足尖盡力蹺起，湧泉穴盡力外露，足後跟擦地向前滑進，足後跟靠在右腳大拇趾根關節處停住（圖3－22～圖3－24）。

圖3－22

圖3－23

圖3-24

左腿膝內扣，腿彎套住右膝蓋的十成之七定勢。定勢後，左足隨腰進而進，進到本人一足半，足後跟先著地，足掌足尖以次著地，足落地後，左腿膝峰弓出，膝尖與足尖齊，鼻尖與大腿根部齊，步形呈長三虎步型。此時如出右足，首先內外天地陰陽翻，在翻的同時還要杳腰，裏胯，坐臀，腿跪，體現陰出陽收，左足前寸，右足足後跟擦地向前滑進與進左足同樣，足後跟靠在左足大拇趾根關節部位停住定勢，呈虛靈步。在前的左足變為後足，也是遵循上下進中節攻的要法，將右足邁出呈長三虎步型。要求與進左足相同。

不停勢，如此連環往復，一束一展，這就是拳譜中的「行如槐蟲，一波未落一波生，好似神龍水面行」的象形比喻。

注 意

(1)束身下蹲，提肛不提腹，呈虛靈步，提腳不提膝。束身下蹲，內外天地陰陽翻，皆陽收陰出到位。進身時催足不催膝；定步時鬆身不鬆肛。

(2)束身上瞅像熊。屈身時屈如伏虎，用虎抱頭取驚警，沓腰取中節有勁，坐胯取穩，並取防守中有攻擊之意。

(3)展身下看像鷹。展身時展似騰龍，用貓頭形取疾攻。

以上二法為進身之法，這進身之法既是動心的開始，又是步法最初的起點；既是練有手作無手的方法，又是練步打七分手打三的功法。練此法還要突出縱橫高低的技法，縱是極其鑽身一往而不返；橫是裹其力，開括而莫阻；高是揚其身，且有沖長之意；低則貓伏身，且有捕捉之形。總的概念進身要當進則進，殉其身而勇往直前；當退則退，領其氣而回轉，回轉時伏斂靜守，進前顧後，閃左顧右，且內實氣勁，外察形勢。內實氣勁在於意，變通勢法在於心，外察形勢在於眼，運用勢法在丹田。

以上法則還須在頭領、足隨合周身共動之意，統全身而進，具無抽扯，才能體現出從束到展反弓一力之勁。沓腰時要渾身放鬆，臀坐時坐而不坐有坐意，腿跪時跪而不跪有跪意即可。出步時，足起而翻丹，足落而全鑽，不鑽不翻，以寸為先，足起鑽撐，進步踩剎，足落踩時丹田回翻，寸步全憑後足蹬，後足一蹬前足進，前足前寸後足跟，前足帶後足，平起復又進。

又進步時足生兩個吃口，稱陰陽口，亦稱夾子，張陰口時，後足跟離地，足掌與地合；張陽口時，足尖離地，後足跟與地合，足面還須與連韌骨合，足起而翻為陽夾，足落而鑽為陰夾，陽夾為強進，陰夾為截破。

下附展身歌訣：

　　雙手濟丹束曲弓，臀坐腿跪撅勁生。
　　丹田催射心生勇，出腿虛懸動靜中。
　　槓桿撅勁起左足，足跟要挨前足梢。
　　沓腰翻丹呈猴形，前足虛懸後足承。
　　前彎緊套後膝峰，抱肩顯出屋瓦形。
　　重心前移出左足，左足踩出右足蹬。
　　熊腰猴背雞腿弓，足弓反漲縮束鑽。
　　去意吸吞須沾陰，陰陽反弓一力勁。
　　束離展坎連環勢，前足先寸後足進。
　　手翻陰陽虛步形，步眼尺寸一足半。
　　內外皆合丹為根，天地翻轉陰陽中。
　　束弓靜練精氣神，蹬繃起展練真形。
　　起如挑擔勁在根，行如槐蟲屈展循。
　　足起而翻落而鑽，釘頂崩橫足踩中。
　　直進直起釘與頂，長三虎步起展攻。
　　不射丹田勁不停，如射丹田喜鵲蹬。
　　縮束弓屈右足承，膝屈而伸虛與靈。
　　伸而成曲應萬變，出步進身槐蟲行。
　　丹田後扣藏五弓，丹田復原似反弓。
　　窮身而入一意進，進步裹胯捲地風。

譜名榮冠三才勢，四象義理入四肢。

虎踐馬奔勢不停，一寸二踐龍蛇行。

此謂蹲搬進身法，至此搬法算完成。

進身之法蹲搬砸，練精蹲搬練砸射。

拳經曰：「足起而翻，足落而鑽，鑽而行，行而搓，搓而抓，搓抓，抓而釘，釘而漲，曲弓反漲，背項強直，窮身而入妙也。

三、砸丹田

砸丹田由斜正法和射丹田組成。砸丹田亦稱斜正法，是猴勢的綜合體現。本法練內，是練帶脈和沖脈的真氣循環法；練外，是練斜看正卻是斜，練正看斜卻是正，練起斜落正謂擊顧之法，練起正落斜謂截擊之法。這二法既是練出步出手，又是練出拳出肘，出步出手是正中擊，出拳出肘斜中砸。此法先是束中進，後是展中擊，束中進緊湊勢小，入陰而負陽；展中擊丹田鼓蕩，脾氣往上參。

練時外形集鞭之柔，五節要成連；內氣集鋼之韌，八節發勇氣，內外合一，陰陽相合，剛柔相濟，九節帶手彎。步法的配合：如斜正中的進身進手，或挑砸或撥砸，謂放長擊遠，用梢節步配合，謂身手心一動，手足便連環。斜正中的進身出手或黏或靠，謂口對口黏陰，用中節步配合，謂上下來走勢，內藏三戰計。斜身進步槐蟲行，技擊就在斜正中，腳踩中門搶地位，靠貼拔撥斜身攻，拳頭翻滾砸下丹，露出肩峰隨腰轉，用根節步配合，此謂未曾動後手，氣沉後腿彎，陽氣落額角，陰氣落枕骨。

練　法

站預備勢（圖3－25），身落手起肘拐心（圖3－26），身起手落手隨身（圖3－27），身落時束吞，身起時展吐（圖3－28）。斜正束吞一勢，正斜展吐一氣。還須做到慢中求快，快中求穩，穩中求狠。練時以意運氣，

圖3－25

圖3－26

圖3－27

圖3－28

隨氣出勢，從蹲搬的有手作無手，過渡到搬砸的扭轉乾坤驚有手。下砸為驚有手，上起為擎天手。

在蹲猴勢束身之法的基礎上，左腳提起，呈虛靈步。同時，左手貼身上抬，在抬的過程中肩極力向裏裏勁，肘向胸的中心部位拐去，手心向裏起於耳處，大拇指叉開置於耳後，四指併攏貼於面部，呈正面蹲猴勢（同圖3－26）。然後用丹田橫向平移法來斜身調膀，將貼面部的手掌變拳下砸。下砸時小臂和拳頭外翻，翻到手心朝上，拳眼對準下丹田中心砸下（同圖3－27）。

砸要砸實，並在拳頭和丹田觸實的瞬間，身反弓，丹田猛射，右手拉到肋下藏起。同時，呈虛靈步的左腳踩出，呈長三虎步，身軀大斜，頭正目平視，也可正砸。

注意事項

①要有截的意念。

②拳頭砸到丹田處，如練功調氣健身。在展身時，氣不可大出，身擰旋猛展。在砸的過程中，隨呼吸的長短將整個身軀展繃到極限。在展繃中，如慢練將氣徐徐呼盡，如快練將氣噴出。

③如練內勁催外形，在身落手起肘拐平心，手到耳朵的同時發一聲「咦」音，在身起拳落砸在丹田中心的同時發一聲「呵」音。無論發「咦」音或發「呵」音時，音出拳起，聲出拳落。不可拳起音出，也不可拳落聲出。

④屈膝時伏身直鑽，起身斜砸時以根帶梢，反側斜頂。左右互砸時左拳不過右面，右拳不過左面。砸時無論斜正或正斜，皆要進退在步中，轉向在尾中，方向在鼻

臍，斜正在腰肩。以上諸法皆要心一想丹田氣動，氣動歸腰，歸腰奔肋，奔肋行於肩，行肩跟於臂。總之須下蹲杳腰氣升，起展押腰氣降。

以上是猴勢砸的勢法，也是練身形圓活無滯、內外相合、精神意氣一貫的主要姿勢，更是從有手作無手到驚有手的法則，也是開拳的第一步。

歌　訣

　　束身進步不離宗，手抱丹田內外鬆。

　　縮束曲疊斂收提，膝屈而伸足提起。

　　手貼耳根肘拐心，斜正橫順丹為根。

　　屈吞展吐連環用，展身調膀斜正中。

　　正束斜展斜變正，身展尾擺砸用橫。

　　巧手妙手心與意，外動內催丹田氣。

　　斜正自然虛實靈，拳砸丹田用真形。

　　真形內藏真精神，站蹲搬砸練靈根。

　　筋骨人身本不變，在於調息聚丹田。

　　心動意馳氣隨行，氣隨意行發雷聲。

　　形阻神聚靈動間，心靜而後柔克剛。

　　不信此藝學不成，心帥意將反弓勁。

　　行功養道見天真，練就砸法不見形。

　　猴勢諸法三法統，到此砸法算完成。

四、奔丹田

奔丹田由護腮掌和鍾魁穿靴組成。

五、養丹田

做以上動作時不射丹田，束身下杳，略停片刻，徐徐起展，展後略停片刻，再徐徐束蹲，週而復始謂養丹田。養丹田在外像猴勢中看似簡單，但練好並不容易，它除對身體各部位有嚴格要求外，還有許多細節的東西也十分講究，這些講究對入拳十分必要。昔戴師曾曰：「此法初學者技也，所動者力也，而精心磨鍊十年後便可心靜而養神，心動而身隨，動之以身而隨之以心，至於身架則忘矣。」本法又宜精求一藝，忌務博求繁。昔戴師用「務博而荒，求繁而亂」的古訓來教誨後人，所以練本拳又提出了「一藝求精百倍功」，此處的一藝指的是練猴勢養丹田的法則，也就是說只有先練好丹田，才能對本拳繼續深造。因此，即便是老拳師，每練拳前也要用嚴格的標準姿勢練習猴勢。

因猴勢不僅是一種簡單的起落動作，此動作蘊涵了整個戴氏心意拳的底蘊，此法既是本拳的底架，調氣的姿勢，也是練本拳動與靜、虛與實、養與擊全身性的課題，於小而言，可修身正自；於大而言，可謀勢謀局。這看似簡單的練猴勢養丹法，簡而不率，少而不疏；從拳理方面講，卻又是密而不繁，多而不亂；如從生理角度講，它囊括了修身養性，啟動和改變人體生理極限的勢法；如從心理角度講，卻又是雙管齊下的練法，真如前輩所言：「練就猴勢養丹法，為難當頭顯猴勢，猴勢一顯身自明。」用猴勢一法來練養丹田，看似難練，但只要有路對並不怕路

遠，就一定能練好，之後即可得藝忘形。猴勢養丹法的練
習及運用，有代代相傳的十二句口訣。

口　訣

心寧意守勁斷意連，式簡勢單理精法良。
站定入靜混沌忘形，如入太空絕象覺明。
縮束疊曲夾含抱裹，雙夾蹲定舒鬆陰靜。
節節貫穿活躍圓敏，寂靜幽雅空虛廣大。
入靜定慧心動神威，收裹懸頂翻浪排岸。
極靜心練練則工順，丹田催動動則疾狠。
心動意隨意動心審，外動內催內外一貫。
三心吞吐脊骨反弓，一氣聚貫氣行滾滾。
拂引伏牽真假帶奸，虛實蒡化負陽抱陰。
心意連綿抖擻外宣，展節舒長海濤翻浪。
展而未展陽起陰蓋，蹲而未蹲陰出陽入。
束而未束翻丹弓曲，斜而未斜丹田旋移。
沓腰裹胯提肛坐臀，老虎抱頭氣養泥丸。
舌頂上腭釘頂展繃，氣走任脈降池下行。
丹田一法豎立臥倒，上下來復左右旋調。
慢練均勻快練突脫，微頂微扣混元懸上。
柔中居九剛中居一，柔順不弱剛脆不折。
養氣導引練氣循環，借送追變技擊良方。
寒暑易節苦練真形，一處拜師百處取經。
身法之基蹲搬砸循，三法合一身法始明。

註：陽起——身束手起，指蹲猴勢時，身雖縮束而手
起。

　　陰蓋——身展手落，指猴勢展時，身雖展而手落。

　　猴勢蹲：「一葉扁舟泛巨海，呆若木雞置庭中。」練鎖心猿、拴意馬（木雞，來源於《莊子達生》一書，紀消子為王，養鬥雞，雖有鳴者，望之似木雞，謂吉德全矣。異雞無敢應者，反走矣。古人稱木雞是賢德具備，修養到家的人。入本拳喻無物絕象）。

　　猴勢束：外自整飾，內自印合。練六合，真氣入泥丸。

　　猴勢展：外像牟柱，內氣鼓蕩。練釘頂，真氣歸海底。

　　猴勢搬：踩撲裏舒絕，束鑽抖撤剎。練知老知嫩，知近知遠，知寬知窄。

　　猴勢砸：工順勇，疾狠真。練束展斜正、一陰反一陽的到位與發勁的淋漓。

　　猴勢奔：進步提，踩步高。練如踩毒物，足底搓。

　　猴勢養：「束長二字一命亡。」練入靜之極，猶如命不在身。

六、身體各部位練法及注意事項

　　身體部位單練，是為了更好地提高全身部位動作的協調，有聚沙成堆、滴水成河、小巧集大智的底蘊。此法根據拳理三動十二勁的規矩，按部就班，循規蹈矩，入格式的一種練法，也是為以後拳法的組合做準備工作和初練三捆三放的分解動作。練身體各部位的單獨動作是拳術開始的基礎動作，也是拳術走向最高境界的必由之路。

　　單練是啟動各部位生理極限最佳動能的一種特殊練法。初練要求各部位能各自為政，練熟後百法歸一動，一動百骸隨，全身內外高度統一，內強外壯，提高了人體綜合素質。此法將人體分成三節，練每節具體部位的連貫動作。

　　下面的表格主要指人體三節之中的三節。

三節	全身	頭	身	股	胸	手
上節	頭	天庭	胸	足梢	手	指
中節	身	鼻	腹	膝	肘	掌
下節	股	地閣	丹田	胯	肩	手腕

　　部位練法是將人體分成六大部，這六大部從全身講為三節，上節指頭，中節指身，下節指股。頭的上節指天庭，中節指鼻，下節指地閣。身的三節上節指胸，中節指腹，下節指丹田。股的三節上節指胯，中節指膝，下節指足。胸的三節上節指肩，中節指肘，下節指手。手的三節中下節指指，中節指掌，上節指手腕。頭包括面、眼、耳、鼻、口、齒、舌、頸。上肢包括肩、大小臂、肘、腕、手。手又包括掌和指。中部包括胸、腹、肋、腰、背、臂。下肢包括胯，膝、足腕、足等。

　　以上部位單個練習時均須陰陽分明，重輕靈三動分明，剛柔分明，棱角分明，虛實分明。練熟後繼練意鬆，氣鬆，形鬆，可是鬆而不懈。還須重輕靈三動一勢，剛柔韌，三法相濟，練時圓活，用時滑利，心身相隨，上下內外協調一致。靜如處子，動似山搖，一枝動百枝搖。

練　法

胸：胸練含，胸的運作可練出氣充力順的效應。

脊背：脊背練拔，有導引真氣升降的功能，又可將勁運送到四肢百骸。

腹：腹練吸和翻扣，這一動作是調節真氣的必由之路。

腰：腰練沓，可承上傳下，是勁源的所在地。

臀：臀練坐，是方向之舵，束鑽之基。

1. 頭

頭練領，頭者身之魁，直項頂千斤，頭藏腦，腦乃心，拳譜中稱心為元帥，腦為裁判。由此可見，頭是指揮全身動作的司令部。

頭在人體最上，頭圓為天，謂九五之尊，是六陽全駐之地，五氣朝元之所。

任督二脈在人體最上部位的交匯之處。頭為精髓之海，也是操縱人體全部的最高指揮中心，並且要穴、經絡密佈於此。前輩把本拳命名為心意拳，取心最快捷，與無論比，意最寬廣，無所不能。

頭練內，靜思時把所學的一招一式用心去排練，並分析與拳理拳法是否吻合，貴在何處；頭練外，練領和目平視，練時無論起、落、進、退、挪、閃，皆要鼻對臍。又頭為一拳，指頭用於遇，不遇就不去。頭的用法可用三字概括：守、等、遇，這其中包含著擺、頂、撞、磕等法。無論大動還是小動，皆要頭正而縮，縮後而用。又頭可生拓骨之威，沖天之雄，練功或運用時，頭不可前低，低則

身前俯；亦不可後仰，仰則身後傾。

歌　訣

> 頭圓像天居中央，操縱指揮動靜間。
> 全身若進頭先鑽，如入太空任飛翔。
> 低頭歪斜是大忌，中正領頂頭伸懸。
> 靈光吊眉額顯神，十三拳中它最猛。

2. 面

面是表達內心事物的鏡子，七陽竅的所在地，外五行的大本營。練自然正色，不卑不亢，含而不露，威而不怒。變色時，喜怒哀樂均可表現得淋漓盡致。

練拳時宜凝神壯面，用拳前宜不卑不亢，面陳和善，肌肉放鬆，表情自然，神不外馳，意不外露。就是練到拳無拳、意無意的境界，也不可流露出絲毫心不在焉或緊張呆板的表情，或將其他表情顯現於對方。交手之時，表情跟隨動作而改變，以神態自然為主。

3. 眼

眼是觀察、鑒別事物的視覺器官，並有傳神達意的能力。俗話說，「眼觀六路看得真，眼到手到緊隨跟，如若手到眼不到，渾身上下亂章套。」拳譜曰：「眼照應，眼到亦可手到，手到眼須盯隨。」高低遠近和諸多搏擊宗法，無不用眼做出應急策略，所以，應鍛鍊眼要注手，目要注彼，目與心合。

眼有淡然、威懾和眨眼三種眼神特徵，其淡然是心想技藏於內，觀其彼變之法，再施法去破其勢；威懾是用銳利的目光去攻擊對方，用咄咄逼人的眼光直射對方，導致

對方望而生畏，肝膽俱焚，心煩意亂。古拳譜曰：「大亦見人，比槍、比棍、比刀、比拳，或於十目不合，或於十三路有違，可急為指點，眼為先行，資訊回饋。若比槍、比棍、比刀、比拳出自什麼樣的人，何勢何樣，今差之毫釐，謬之千里。一經校正，令人佩服服從。眼是心之苗，心為拳之魁。」眼和心合多一明，和對方交手時，眼與目合，勢動身隨，眼保持平視為規矩。古拳譜曰：「擊敵切要有三，而首為眼，兩眼必須射敵，身法才可以從容不亂。眼是身之主，著意與心合。」也就是說，兩眼要聚精凝神，並認手、認身、認勢，視顧前後，察防左右，上下相顧，兼視一身。所以說，眼不可不毒，更不可不精。

百拳之法，以眼為尊。拳經曰：「一眼二快三不善。」全憑雙眼定守防。摩摸二勁中也提到摩則明，摸則靈。明為心和眼，靈是手和身。拳譜中的練眼，是引用了飛衛論眼法。人之一身，運用在於心，而傳神卻在於目。無論練用，務必凝神注視，外示安逸，內含儷光。

歌　訣

眼為鑑察寒光毒，察視事時盯敵目。

破敵全憑一雙眼，與人較量細察詳。

手亂先從眼中謊，眼神聚焦滅敵膽。

眼到輕拿難抵擋，躲身目盯側手防。

放過他拳須隨進，眼到神到是良方。

天地交合雲遮月，武藝相戰蔽日光。

眼與目合不轉睛，就在眼前一寸中。

眼有見性與心合，常聚炯靈循環間。

下附飛衛《論眼法》原文：

甘蠅古之善射者，彀弓而獸伏鳥下。弟子名飛衛，學射於甘蠅，而巧過其師。紀昌者又學射於飛衛。飛衛曰：「爾先學不瞬，而後可言射也。」紀昌歸，偃臥其妻之械下，以目承牽，挺二年後，雖錐末到此目而不瞬也。以告飛衛，飛衛曰：「未也，學視，而後可視小如大，視微如箸，而後告我。」昌以毛懸蝨於牖，南面而望之，旬日之間浸大也；三年之後，如車輪也。以觀餘物皆丘山也，乃以燕角之弧朔蓬之杆，射之以貫此蟲心，而懸不絕。以告飛衛，飛衛高蹈拊膺曰：「汝得之矣。」

4. 耳

耳是聽覺器官。俗話講得好，耳聽八方。它不但有此功能，而且還管身體的平衡。耳為靈性，心與耳合多一靈，耳靈聞息，探聽信聲和微息捷變、不變與多變，以此彌補眼睛看不到的事物動靜。

拳譜中有「心與耳合多一靈」。此意是如有動靜耳先知。古人有耳聽為聽，心聽為聞，如練功到了一定火候，便會在五六十步遠聽見動靜。練耳靈功時，找一處雅靜的地方靜養即可。此謂「意入無極守一心，天長日久耳自靈。」

歌　訣

> 耳聽八方動與靜，與心相合多一靈。
> 靜養靈根耳益聰，猝然偷襲心不驚。
> 搭手交技無巨細，襲我九節耳先知。
> 觸身反射抖擻勁，盡得泥丸養耳功。

5. 鼻

鼻為嗅覺器官，是呼吸器官的組成部分，能使吸入肺的氣流變慢，冷時還可使氣流溫度變高，並可擋住瘟疫之氣的入侵。鼻是換氣的主要通道，在舌頂上腭時，口不能張，只有鼻呼鼻吸；在搏擊中，使用混元一氣，口不開合，鼻不呼吸，一氣呵成。練鼻法吸氣時，徐徐而出，絲絲而入即可。

歌　訣

> 山根之下鼻占中，文武二火用鼻控。
> 舌頂上腭口不張，鼻吸鼻呼調陰陽。
> 落吸起呼是練法，調整呼吸合陰陽。
> 擊彼之時鼻閉氣，呵音一發舌催齒。
> 內養丹田氣絲入，外布身法氣徐出。
> 絲絲而入謂養丹，徐徐而出動和擊。
> 動靜呼吸心相依，呼長吸短鼻控制。

6. 口

口為進食物的器官，也是發聲器官的一部分。在本拳法中，口稱大氣門，毛孔稱小氣門。口在自然呼吸的情況下，自然閉合。練法：閉住嘴唇，嘴角向後靠並上翹，並按變五音例的發音口形演練即可。

歌　訣

> 口為座標虎洞口，最忌大張氣勁漏。
> 唇角微翹練胎吸，雙唇微閉聚氣力。
> 自然合唇上節鬆，津順重樓降池中。
> 唇閉角翹目聚神，除去拙力顯靈勁。

嘴唇用力舌頂齒，勁力滾滾出井池。

長呼短吸用五音，用口發聲起雷聲。

7. 牙

牙屬骨梢，可碎骨斷筋。拳法中，練柔功或練真氣循環時，牙自然叩合；若練重動發重剛勁時，不發呵音，用鼻聲，牙須緊咬，特別是在發整勁前的一瞬間，上下牙齒必須用力緊咬，直到雙耳根感覺肌肉緊繃時，氣勁即可釋放，當暴發勁釋放後的一瞬間，牙齒回復到自然叩合。如連續氣勁暴發，釋放切齒不放鬆。

注意，練功中用牙齒配合發勁的快慢大小，不可咬牙切齒，橫磨偏咬。練法：將嘴閉上，上下牙齒輕叩，直到無論快吸慢呼，皆不聞聲即可。

歌　訣

牙謂骨梢咬骨斷，氣勁暴發牙根勁。

若練柔慢齒輕合，若打快勁咬斷筋。

齜牙咧嘴為一忌，銼牙作響也不行。

橫磨偏咬洩氣勁，銼牙作響氣難凝。

牙齒透骨助內勁，合唇輕叩和全身。

清晨叩齒三十二，老來牙齒不鬆動。

8. 舌

舌是辨別滋味，幫助咀嚼的發音的器官。在本拳中稱舌為肉梢，拳譜中有皮為肉囊，肉為氣囊，氣為血力，舌為鵲橋。所以古人認為舌有催齒之狠，引氣之功，搭橋之能，因此發勁的大小與脆狠，均和舌催齒的力度速度有著直接關係。如舌催齒速度慢，渾身暴發的勁力就柔弱；若

舌催齒的速度快，渾身暴發的勁力就剛強兇猛。關於人體四梢，齒為骨梢，指為筋梢，發為血梢，舌為肉梢。

此四梢的真氣到達皆與舌有直接關係。拳譜曰：固氣生於骨，而潛於筋，通於舌。只要內在真氣充盈，便可怒髮衝冠，狠齒斷筋，鐵甲斷骨，柔舌催齒。以上勁道皆在柔舌的調整中實現。

舌是心之苗，舌的運動在喉、腮、齒、唇、下顎的密切配合下，才能將它的功能發揮圓滿。如練用心意拳的五音，開口用力在喉，閉口用力在齒，撮口用力在唇，合口用力在舌，舌的前催、後縮、上抵、下挨要有緊有鬆；在練架走勢和練柔韌時，舌不可上抵，而是抵下牙床；在交勁和發快勁時，舌突然催上下牙齒中部縫隙，即舌頂齒內勁上湧，氣貫注全身，爆發四面八方，這是舌頂齒的功效。

舌的上頂，能將出泥丸，下山根，走鼻旁，到齦交，入上腭，澆灌頭部後而消失的內氣和五氣，阻止它消失，引到舌尖，傳入舌根，在津澤、玉液二穴所產生津液的滋養下，由舌根將內氣輸送到任脈的起點承漿穴，沿十二時鐘的竅位沉海底。舌不但能引氣過斷層，而且還有助於氣與力合和整勁暴發。

舌對健身養胃也有著特殊的功能，並且對身體的健康與否及時向人發出警告。例如一臟腑有病，醫生一看舌苔便知病情原因。舌對健身養胃的作用，是隨身體的運動，舌在嘴裏也不停的運動，或定位不動，運動時舌下分泌出很多津液，猶如山泉之水，涓涓而生，甘甜無比。你若閉嘴用腮動之法徐徐下嚥，它不但能養胃聰耳，而且能幫助

胃的消化，此法在道家中稱玉液還丹，在武林中稱天降甘露。舌下分泌出的津液是引真氣過鵲橋下十二重樓的重要物質，學者知後切不可將此津液隨意唾出，應加倍珍惜，分口下嚥，日久見奇效，會在練功交勁中口不乾。

前人認為舌捲而引，舌催而漲，舌言而絕，並且舌可監味，又可催齒引氣，發力助勁，有水火相濟，引氣朝元，引氣過橋的功能。舌的練法：將舌捲起成90°，頂住上腭略停放下，然後再捲起頂住上腭，一頂一放，以不倦為度，反覆練習即可。

歌　訣

> 舌尖生津產玉液，柔弱之極可摧齒。
> 上引五氣入顛頂，下送真氣降下池。
> 全身肌肉緊與鬆，舌是肉梢送引中。
> 和明言語它完成，良言數九也熱心。
> 用於敵鬥助雷聲，用於周天引氣行。
> 用於行拳助閉氣，丹田一射助炸勁。

9. 項

項豎能減少和降低內氣行走的阻力，項縮能加大頭部左右轉動的靈活性，並且有維持頭頂端正、身體平衡的功能。項的練法：左右轉動、上伸下縮即可。

歌　訣

> 頭懸項豎須中正，拉骨展筋助氣行。
> 項為頭基項強硬，強項一梗力千斤。
> 耳提項挺目視鼎，天地翻轉項為根。
> 上接頭顱下接肩，項側兩大動脈行。

靈活無僵常轉動，項伸項縮延壽命。

向上玉枕鐵壁關，內立靈節天柱骨。

10. 肩

肩是人的胳膊和軀幹連接的部分。左右各一平行的叫肩，向下的叫膀。心意拳中的鬆肩、沉肩、抱肩，皆指平行的肩，俗稱肩膀。肩和膀是人體兩個部位，肩就是肩，膀就是膀。肩是上節之根節，膀是下垂的上肢，肩也是肘、手、指勁源的發祥地。練功所產生的氣勁能否順利到肘、到手、到指，就需要鬆肩來實現；能不能內氣上升也和沉肩有很直接的關係。如要含胸，那就得抱肩，也就是說，鬆肩通氣勁，沉肩助含胸，抱肩助拔背。

鬆肩的目的是消除關節處自提的本能，以達到睡意襲來的感覺為宜，只有這樣，肌肉自提自緊的本能才能充分釋放，任督二脈真氣循環的阻力才能銳減，頭的轉動、上肢的活動，才能靈活不僵，古拳譜曰：「肩鬆則關開，肩緊則穴閉。」

沉肩主要是提高臂肘手指的靈活性，以其來增強上肢的拔作力、支撐力及下肢的穩固和反彈力。

抱肩是聚精氣、規六合、走雞腿、練車輪步的首要動作，也是配合裹胯合襠、裝飾外形、印合內實的最基礎動作之一。抱肩還可促使背弓、頭抱、肋開的到位，又可把脊椎的勁力、肩的勁力傳遞到膀上來。抱肩可左右單抱，也可雙抱，無論用哪種抱法，都須由鬆肩、沉肩、抱肩、束體來體現。因抱肩可蓄氣上升，臂關節能加大旋轉的角度。鬆肩為不滯氣和不滯其勁。沉肩為分清陰陽，並能將

氣勁源源不斷地向上輸送，然後發於肘手，同時向下催貫
於腿足。古拳譜曰：「要想氣勁聚，還須常抱肩。在動擊
時，寧可丟肘不丟肩。」肩還可以產生對拉勁、兩肩鑽一
孔及肩打一陰返一陽勢法。

歌　訣

> 內氣循環不聳肩，肩打一陰反一陽。
>
> 鬆肩氣循阻力減，沉肩氣旋氣沖關。
>
> 抱肩含胸助拔背，束身聚氣裹雙肩。
>
> 一舉一動兩肩平，一沉一起斜正中。
>
> 先抱後沉肩尖擊，肘砸後足肩尖出。

11. 肘

　　肘是大臂和小臂的相接處，向外面突起的部分俗稱胳
膊肘，拳譜中稱中節。肘是接上臂催來之勁，向下將勁轉
換到小臂部位，所以拳術中將肘稱為中節。肩雖然是根
節，可是能體現出最猛最毒的卻是名為中節的肘。垂肘不
垂手，一是為了手法靈活，不漂浮；二是為了和下肢配合
成連環，以此促使全身運動和順如一；三是為了肘和膝
合，使肢體的勁力成其一塊，架勢成其一勢，促使梢節轉
換角度靈便，能在不滯不僵中變化手的動作。這樣的目的
是要斷彼的梢節，顧彼的中節，截彼的根節。

　　在此動作中，中節須實，不可空。如中節空，則梢節
的勁源無根。拳譜講：「手是兩扇門，全憑肘打人。」中
節空，兩扇門也就形同虛設，成為真正的有手作無手了。
用手時須氣勁到肘，上挑，下砸，直頂，只有這樣，才能
高度凸出肘裏裹擊、外掛擊及下砸、直頂、裏擺的用法。

練　法

前腳踩中節步，才可起肘去打擊。打擊時梢節返回，中節撅出，這一返一撅，起的是相互依賴、相互補充的作用。此法也可前頂後戳，或變化中頂撅，返回帶擊。如用肘高截時，用擺肘；擺截時，肘肩平行，還可復變夾肘。肘法中還有頂肘、滾肘、牮肘、屈肘，或前頂、後頂、橫頂及引化格攔。無論用何種肘法，均須身內發出抖勁，力達肘尖，並可曲中見直，直中含曲。

歌　訣

奇橫勢法肘拐心，貼身靠打抖撅勁。

用肘近取不遠尋，架梁內折震顛勁。

千變萬化肘合心，肘心合一肘克心。

轉換角度任意擊，截撞擺頂伸和曲。

肘法用短不用長，一起三打神難防。

假如提肘露形跡，形露勢盡法早得。

兩肘下垂肘彎鬆，肩摧肘擊定乾坤。

12. 手

手是人體上肢前端能拿東西的部分，在拳術中稱梢節。手在拳術和生活中佔有重要的地位，手在手腕的配合下，在拳術中有巧手、妙手、陰手、陽手、陰陽手和四兩化千斤手、四兩撥千斤手、以輕化重手，就是沒有絕手；在生活中更處處有手。手是掌和指組成的，指是骨梢，屈能成拳，展能成掌。拳有陰拳、陽拳、實拳、虛拳、平拳；掌有陰掌、陽掌、三角掌。手有難手，俗稱紅孩兒手等手法。以上諸法皆為手所為。

手可做真假虛實的動作，此動作有牽引、誘惑、驚擾、擋、纏、截、撥、插、摵、掛、擠、脫、點、撲、壓、鑽、掏、托、顧、帶、復壓、攔、拔、抒、端、甩、鉤、轉、擺、穿、翻、領、截、雲等動作。手練滑度、活度、敏捷、快速、果斷、剛脆、狠毒、暗意等。手可屈指成拳，展指成掌，打上可通天擊，打下可插地截，凌空劈去可斷其手，斷其臂，從上往下擊其腹，從下往上擊其襠。手展成掌時，掌根掌心具用力謂推掌，勁力聚在掌邊謂切掌，五指大張叫挑掌，擰旋翻轉力點聚在掌邊外沿叫劈掌，手心朝下叫摸掌，還有為船指航千斤掌、虎形雙把、丟撇抽、正反雙推掌、一手推出單穿掌。

用掌邊進攻時，是剮捧對方下顎和脖頸十二重樓，搓劈對方脖頸大動脈，叫雙刀剮牛掌。如吃住對方的胸部，可用虎形雙把掌。無論用什麼掌，手指及手腕皆不可緊張，因只要緊張，導致出掌、出指、出拳少氣無勁，用時則要剛沒剛，要柔少柔。再者，出掌時，任何一指不可伸翹或手指鬆軟。用掌時，必須掌隨臂擰，臂隨腰旋，腰隨胯旋，胯旋身扭，身隨丹動，閃身挪位，避其鋒芒，掌跟貫力，掌心聚氣，掌邊著勁，猛截脆斬狠劈，入侵肢體，可產生摧枯拉朽的破壞力。

13. 指

指指的是手指，不包括足趾。如指四梢，足趾也包括在內。手足十指是四肢之筋梢。手指是上肢末端鋒利之器，五指伸展後，肩的氣勁催肘，肘的氣勁催手，手的氣勁貫指，指直線刺插對方穴道及軟弱處等部位。指又可用

於捅、點、戳、捏、抓。拳譜曰：「手心還從足心印，一掌霹靂萬人驚。」從整個手來講，拳不及掌長，掌不及指先。指功有了一定造詣後，運用快速敏捷，靜不動意，動不露形。

用指先的長，避指細的短，按尺寸勁節要領，如蛇襲物，彈抖一瞬間，火燒而回，指雖細短、脆弱，可是點穴、戳脈、直刺、橫抓皆依賴於手指。也就是說，尺有所短，寸有所長。總的來說，手法捧、奪、撲、抓、刁、捋、搓、戳、砍、領、掃、抹、撩、按等法皆可用指來完成。

歌　訣

> 屈指成拳展為掌，翻雲覆雨蔽日光。
> 護身形同兩扇門，撥著捋刁斬截砍。
> 屈指成拳橫沖崩，展指成掌捧奪領。
> 起手托肘刁捋戳，落手刁肘劈斬撥。
> 掌根擰旋雞轉脖，指刺拳砸掌劈截。
> 人身要穴布縱橫，手指點戳力千鈞。

14. 胯

胯是人體上下連接的樞紐，在拳術中稱胯為上節的根節，貼身施威的必要武器。在練用胯時，以裏為主，胯上合肩，下催膝，氣沉足，還須將步擺佈合適，裏胯時先收臀，在收臀的同時，還須將膝部肌肉放鬆，才可達到下穩上靈。

用胯時近身胯撞，轉身胯打，反插胯掛，前擠後帶，外旋裏夾，反彈射打，裏胯撐撅，外胯打挺。拳譜曰：

「裏胯打人變勢難，外胯打人魚打挺。」裏胯打人變勢難，是指對方上肢無論從哪個方位擊來，只要下肢還未完全到位時，我即可擰胯貼彼襠，或擻或抖或旋，對方難以擺脫，所以叫做裏胯打人變勢難。外胯打人魚打挺，是運用於對方擊我時，上身有前傾的動作，我便可用上肢封閉住對方胸部，一腳內插對方腳後或中門，用脆勁展腿並猛繃，胯部外旋擠壓反彈射打，猶如魚打挺的動作勁節，去擊對方的胯臀部位。魚打挺也指抖擻勁。合襠是為了掩縫遮密，合勁避襲。裏胯的目的是要上氣下降，下氣上旋。

在練習猴勢時，必須先鬆胯開襠，才能裏胯合襠。如鬆胯開襠不恰當，不但會造成肩胯不合，襠不圓，還會導致底盤不穩，出現前俯後仰、左歪右斜若干不正確的姿勢。開襠鬆胯正確的做法是，在需要鬆胯時鬆中不懈，開襠時，開中不敞。總的來說，裏胯時須三彎套合，才能虛精實靈，築好下肢底功基礎；只有築好底功，才能像滑狸爬樹穩而不僵，靈蛇趨避活而不飄。練好胯功，腿、膝、足的動作也更能敏捷，勁源也更充實。總的來說，下肢的行疾停站全賴於胯。

歌　訣

　　　　抱肩裏胯根節勁，收臀裏胯氣上行。
　　　　一胯擠帶一胯旋，好似旋作斬腰劍。
　　　　裏胯打人變勢難，外胯打人魚打挺。
　　　　反彈射打旋擠抖，裏提鬆放手疾擻。
　　　　下穩上靈胯坐盤，膝足勁源在胯中。
　　　　鬆胯不懈虛實循，開襠不敞胯為根。

15. 膝

膝是大腿和小腿相連的部位，在拳術中稱中節，在拳法中它可以擺、撅、頂、跪、別、撞等動作。膝在人體屬於強勁的部位，古拳譜曰：「膝打臍（幾）處人不明，好似猛虎闖木籠，隨身輾轉不停勢，左右擺頂任意行。」膝以攻防隱蔽，迅猛果斷，堅硬、靈活、凶勇著稱。它屬下三路，可破敵攻勢，底至連仍骨，高至肚臍門，皆可用膝擺、頂扣、旋帶、跪壓等動作來破壞對方攻勢。膝為連接大小腿的樞紐，也是人身根基的重要部位，拳術中講究腿打七分手打三，陰陽五行要和全，膝動旋轉胯根帶，膝由胯旋而自動，足釘，指抓，扣實穩當後，膝便可前頂，頂時或練或用，膝尖與腳尖齊，此時膝可裏旋扣截，左右截擺，如在外側，可踮可跪；如在裏側，占了對方中央的中節，可左右猛擺，如占了對方中央的根節，起抬可撅，膝落身進，進身後用臂、用肘、用頭，自行掌握。

練 法

將膝關節放鬆，向裏微扣，紮成虎步，後足足跟離地，三尖對齊，雙手托膝，足繃蹬，盡力將足著地，直到委中大筋和承山（小腿肚）大穴有了麻脹痛感後，再練，直到沒有了麻脹痛的感覺，方為合格。練時雙腳原地轉動、前後互練，或原地練六合勢的雞步和練六合勢的車輪步，還須練鍾馗穿靴等步法。

以上法則雖是練步，實為練膝，只有練好膝，，才可前串奔，上跳躍，下地盤，左右閃，後倒跌，動時有勁有勢，擊對方時狠疾、硬毒、果斷、猛烈。雖然膝不及腿

長，可練好膝法的尺寸勁節，如同老虎添翼。膝還可破壞對方重心。

歌　訣

> 提膝望懷使人驚，膝頂臍處人不明。
>
> 膝頂膝撞似鐵硬，好似猛虎出木籠。
>
> 左右擺撥任意打，跪顛連骨用撅勁。
>
> 腿打七分手打三，陰陽五行要和全。
>
> 膝落身進九拳用，身退擺膝橫擊胸。
>
> 足與膝平為下勢，膝與胯平身法中。

16. 足

足是人支援身體的部分，它由腳跟、腳心、腳掌、腳趾等組成。在人體三大節中，足被稱為梢節；在六合中，有手與足合；在心意拳中，應用十字法，踩、撲、裹、束、決（絕）、舒、鑽、抖、撇、剎等，這十字中踩為天字第一號。足是下三節的梢節，雖在最下，但凡是身體運動，無不依賴於足的配合。例如佈陣、擺置或練用，運用繞翻、翻轉、盤旋、疊曲、起伏、移動、進退、閃挪、踩扣、踩蹬等諸多動作，均脫離不了腳的作用。

古人講，千里之行，始於足下。拳譜中講足的重要性比比皆是。例如拳經中記載：去意好似捲地風，消息全憑後足蹬；足踩中門搶地位，猶如毒物足底行；前足可帶後足竄，平飛而去丹田功；足起而翻落而鑽，寸步踐步不鑽翻，進退閃挪循陰陽；頂心杳手心，手心杳足心，足起到天門；足打七分手打三，擰打硬鑽無遮攔；追風趕月不放鬆，踩住中門襠裏鑽；足打三節不落空，打完三節不見形；

打人如走路，左右橫順任意行；進步如箭穿，退步泥拔足；
足釘指抓扣為穩，足弓反漲是練靈；身如槐蟲進敵身，起
如挑擔足底功；足進好似箭穿靶，足落勝似板釘釘等。

練　法

臀坐膝屈，足心翻蹺，足跟著地，足尖盡力翹起。足
落鑽為的是踩，足後跟著力，足掌、足趾微離地翹起，此
謂足法的截破。

用足無論練或用，必須心中有意，手足相連，足起要
順拔，足落要脆毒，鑽要硬進，翻要到位，足起驚提，足
落踩搓。兩足運用貴在含藏陰陽，一實一虛，一正一反，
一前一後，一左一右，充分體現了兩足的陰陽相合，陰陽
變換，見空不進足，見實不提足。此意是，見空不進足是
提防，因此空不是自創，為防陷阱。見實不提足，為避對
方堅銳，因起足有半邊空之弊。無論何法，只有在足的配
合下才能超常發揮其特能，如重動的踩撲，輕動的挪閃，
靈動的龍蛇二行皆出於足的運動。

又足的用法，以鑽勁的奔踐，如老虎登山穩行，如靈
蛇草上竄行，足一動，手便到，可閉對方日月光，我以停
勢對方不知其機，我以動勢對方不見其形，這叫足寓內於
無形之中，足接外於有形之表。其功法皆在足中，足還是
支承自身重量的最主要的部件。

歌　訣

千里之行始於足，站樁還須足底功。

足踩中門搶地位，猶如毒物足底行。

足起鑽射穿鐵門，足落合地板釘釘。

　　足釘趾抓陰口合，足弓反漲藏暗勁。

　　進似槐蟲前足帶，踐似老虎半空來。

　　先練足法地盤功，身手步法足底生。

　　挪閃趨避不定位，龍蛇二行走輕靈。

　　去意好似捲地風，消息全憑後足蹬。

　　足出連環踩蹬步，肚裏出足人不明。

　　三搖二旋足走旁，足落而鑽似飛蝗。

　　水面停行數鮐形，停似拋錨動箭穿。

　　步法縱橫三十二，步步皆從足底生。

• 附蹲猴勢膝蓋保護法

　　蹲猴勢時腿的弓曲度過小，本動作不到位，過大膝尖超過腳尖，身體出現前傾，如長期頻繁地將膝尖超過腳尖，這種動作對膝關節有直接不利因素，因膝關節係人體的大關節，具有伸曲的重要功能，並承受著人體的重量，現代科學測出當人體屈膝30°時，關節的壓力與體重相等；屈膝60°時，則四倍於體重；屈膝90°時，是體重的六倍。由於膝關節受力的角度因素出現的反應不同，和平時行走演練使用膝關節較其他關節負荷更重，所以膝關節更易勞損，如不有意識加以保護，會導致膝關節鏡面粗糙和骨密度的改變。從這點看，蹲猴勢膝關節呈30°最符合人體生理承重結構，也是不累自不傷自的一種角度，而且在技擊中膝前頂的尺寸足夠使用，這一角度是很講究科學的。就是這樣也應在蹲完猴勢後，一手固定於髕骨表面，另手拇指及虎口卡住關節處呈前拉後推，然後再配合輕捶和輕拍的動作或雙腿拼緊呈蹲猴勢姿勢，雙手按於膝蓋骨

上左旋，右旋，這樣就可緩解膝關節的疲勞。

【蹲猴勢時注意事項】在束身下蹲時膝的彎曲度最好不要超過30°和起落次數過多，如過多這樣就會出現連續擠壓膝關節周圍的各種組織，促使加快，加大各組織的疲勞成度和損傷成度。無論練什麼動作，凡對膝關節有直接超負荷的運動都應盡力避免和善後理療。

第二節　步 法

練神行無影。步法是承載各種技法的基礎。紮實的步法如同靈活的戰馬，強勁的戰車，便於搏擊的展開，否則，不能自保。武術界有足占七分手占三，寧可無手不可無步，手來足不來，不如不出來。所以講拳法以步先為上等拳，步到拳不到為中等拳，拳到步不到為下等拳。在不利己時，寧可無拳，不可無步。步是一身的根基，應戰敵對的砥柱，盤跟鐵柱的根本，活與不活在於步，靈於不靈亦在於步。擊敵時貴藝不貴力，更在於步。

步法不但分前後而且還分有定位和無定位的步。關於步的定位和無定位之分是如前步方進，後步或墊或拖，在墊拖中就出現了定位和不定位的步法。如前步作後步，後步則成前步，這種步法是有定位的步。如後步做前步的後步，這種步是無定位的步。穩於不穩在於有定位的步，靈於不靈在於無定位的步。移挪快捷，猶如捲地風鑽進，如箭穿進，如蛇趨避。此謂無定位的步。直出而鑽，橫跨而閃，略跌而挪，後退而反撲這是有定位的步。

凡動拳必須先運步，在萬不得已的情況下，寧可無拳卻不可無步。無論走直峰與走側峰或地盤，均在步中。此步法須練中修，修中養，養中積，積中守，守中靜，靜中空，空中出步藝。總之，修煉到蛇行無聲，龍行莫測才為步法本意。

拳經曰：「步者直出而鑽，橫跨而閃，後退而反撲，斜坳而略跌，足起踩尺寸，足落搓剎釘，練出打人如走路行若似仙，打人如打偶翻若似蝶方為步法之要義。步法大多在微動中含藏，如運用得當常人根本難以察覺。與人接手交技原步不動，寸步小動，略跌微動，以圓求圈，如若不圓會摧殘下肢，如若無圈則累自費力。踩時身宜近步不宜大，因步大則囉嗦不靈。」

練　法

練出步，束身進步左足前寸，右足墊至左足大拇指根節處停住的時候，即出右足，右足墊時先翻足尖，向前猛鑽，鑽時右膝在左膝下，且要相夾，此時身呈舒勢，由舒變展，如水翻浪，後足進時須仿燕子取水之勢。

注意事項

足鑽進時後膝宜低。

下釋常用步法的練用。

1. 雞　步

雞步是練步法的重要一環，雞步也是練眾步的基本步法。站雞椿，起雞步，溜雞腿，拔寒雞步眾步既法均含其勁。練雞步用內翻丹，內翻丹帶膝起，起膝望懷，其法既是築基功，又是用法。

此功如運用於步法，須以輕靈為主，下足無聲。雞步出足時，上身前抱，如貓抓鼠之形，身落時掏出，身起時踩下，此時要兩胯夾裹，兩腿合而不開，須有剪子固（股）之意之勢。

練 法

起足時足須抬到膝的高度，前足落地，後足跟進，後足跟進即起而掏出。如此循環前進，初練時雖然不快也決不可改變此法。其中最需注意的是全身要合成一塊，氣要提住，胯要裹住，腰要沓住，背要弓起這時才可肚裹掏腿，掏腿時必須注意的是四平勢，腳與膝平，膝與胯平，肘與心平，手與嘴平。四平勢到位後便可起膝望懷，將腿靠胸疊住直提，再緩慢踢出，落地時再向前移出一足，猶如掏出之意。

雞步又名寒雞步，因天氣寒冷雞行動的遲鈍，其步法合乎拳法的格式。天寒冷時雞怕冷，不欲雙足落地，因此足一起一落，一足藏於肚肋下，一足落地，一爪大炸，向上從嗦子部位掏出，這種本能一為取暖，一為護嗦。此種象形入拳，下節大穩。此法還使膝前膝後膝左膝右互用，膝起望懷合於胯，裹胯合於膝，提膝合於足，如提膝不提足，是足合於地的練法，要練出雞步的冷縮，要走出雞步的熱漲，顯出五官的鼻骨焚，打出身內的逼近冷發。據傳此步法為李政所傳。

2. 虎 步

束展催翻一氣呵成，步距為一足半，前膝弓頂翻漲，足扣抓釘，膝尖與足尖齊，後腿繃蹬走丹根，周身布氣前

二後三弓催放。一分勞宮，半分懸頂，三分半藏身，混元開合相分，必遵照以上資料去分為宜，布氣時心意氣力步合後，才可分氣，如分氣不按規矩則虎步難練。

虎步即雄勢是展身之步，其步是前弓後直，前後足均呈斜形，亦非一字步前後皆直，也非丁八步前直後橫。練此步時上身需下沉，兩胯需夾裏，兩脛須緊摩，頭需帶上虎抱頭為要，展時射丹。因此步是心意拳取人的主要步法，虎步出足時要含前撲的動作和意念，撲時丹田要上翻，落時足要滿踏地。全身鑽入猛撲，猛撲時催勁要大須快，只要虎步用的得當，可將人踐得向前射出。但撲踐時虎步不宜太大，太大則後足拖地過長，頂剎時力道不足，又有足跟離地的弊病，這是失跟的動作。拳譜曰：「虎步者前腿之膝至足要正直，其膝峰要與足尖相齊，不可突出，胯膝一節係斜直，其後腿全部繃直，繃直後全腿須硬，不可有彎，所謂全部者即胯至膝，膝至足。」未出後步之前須用寸步，寸步一出若不退需要墊步進攻，前步上時步要小，後步上時不妨大。若前步上時大，則後步上時須小，所以如此，恐怕出現上步過大身不靈的弊病。

不過出步也不可太小，因步小則力弱勁柔，出勢不猛，導致身難進和拳步不合，身軀也不能就前。出虎步的大與小要知老知嫩。步法之中的練法多以虎步練法為基。

3. 一寸二剪步

一寸快，一寸強，遠踐近沾，沾身縱力，縱身步踐，一寸間發足。拳經中有「把不離丟，肘不離拐，步不離寸」。兩腿前出後退憑藉底功，寸而未寸是半步，俗稱一

寸二剪步。

　　寸步以寸為名，因步之前進後退均不超過一尺，所以稱寸步。其法均以用在前腳先行，前腳先上而後腳方上，後腳即使不上，身法也要前去，此時僅寸一足即可。寸步步法，不僅虎步、地盤步，其他步法也可加寸。總之步法是運用拳法的基礎，而寸步為步法的調節，在拳法中用途最廣，因此居為十六助之首。故拳法以寸步為先。寸步亦稱趕步，趕步如連三趕四則稱串步。拳譜曰：「拳法精湛循五行，生尅消長變化精，學者如能入深處，只在眼前一寸中。」這一寸中在拳中指寸勁，在步中指寸步。

　　在步法運用中，寸步用七分，它步用三分。用寸步須陰陽和合波浪翻，束鑽寸踐，反彈直射，上下內外合而為一，調整尺寸前足前進謂寸步。運用寸步發拳，要知進不知伸。此意為全身進攻時不可一形伸，要上下貫注一氣進，進身全憑寸步搶中門。寸步的修煉在對壘爭戰中的運用，若對方失根倒而未倒時，無論遠近，務必用寸步窮追，追時足底毒，手中狠，只有這樣才能發揮寸步極易徹底征服對方的威力。

　　青年人練此種步法是九分練一分養；中年人練其步法是七分練三分養；老年人練其步法是一分練九分養。即便一分練時也宜輕磨，慢刻，細悟，精出。

　　練法在虎步的展勢上，將前面的一隻足在後足的催動中前寸一足即可。

　　下述寸步連環步的口訣：

　　　　雙手濟丹身軀正，膝屈足寸頭需領。

前足先寸後足過，足跟要貼拇指根。

前彎緊套後膝峰，前足虛懸後足承。

重心前移右足蹬，左足落地右足跟。

前後足呈長三形，苦練寸步踩尺寸。

4. 踮 步

出踮步先彈膝，彈膝長蟲強吸食，或強或弱，心意把握。彈膝膝炸，心意狠毒。踮步彈出短脆狠，短為直踩，脆為不思，狠為如踩毒物和狠不容情，拳經中有容情不發膝的論述。又去膝非逼不用，技擊時以忍讓和解為上，宜善修善心善意，以行善為要，未學武藝先學德。練用踮步時要先心定入靜，因靜是動的前提，靜可制動，久磨功滿築基壘功。此法是手用二分身用三分，腿用二分，腳用三分，上部用三分，下部用七分，前足用二分，後足用八分。

5. 墊 步

墊步也叫跟步，是後足追前足的步法。用墊步是為了快捷不誤事，也是緊中更緊、攻勢的步法。練時須左打左，右打右，左足在前右足紮住，仍出左足；左足若在後，左足墊前還需虛其足尖，繼續出左足。這種步法是踩中門扣裏的步法，也是左墊左的法則。右墊右的法則，反過來實施就行了。

若打中門不分左右，踩時是墊後足於前足後，仍出前足，但出墊步時前足需先寸，此勢才能成為熊勢。若踩外門時，不妨挪左右踩右，挪右左踩左，右踩時左足向前，左足側出寸步踩住，左足在墊前即提起，而虛懸其足尖，踩實後仍出左足。倘挪右左踩時將挪左右踩時的道理也是

反過來實施就行了。若功力不大者即全足虛懸亦可，故後足為元帥，前足為先行，在未出墊步前是展勢，出墊步後成舒勢。出步用展勢，凡虛懸均合膝，合膝時，前腿的腿彎合在後腿的膝峰方可出墊步。

練 法

左足提起，足尖上翹踩出，落地後前寸，右足踢於左足足後跟，左足前出，右足踩左足原來位置。

6. 車輪步

車輪步須步步連環起膝，並自強不息地閉住五行，然後拳打一氣先，步走一線內，如輪行壕溝的勢法勁節。起膝時望懷，起足時與膝平，起膝時與胯平，起膝時裏胯須外帶，膝須正頂，落腿時需跐、擠、壓、榨、頂、擺並用。此法均須用丹田指揮，也就是說，車輪步法的法藝在丹田。

胯、膝、足、連任骨、足腕、足裏掌、足外掌、前後足掌，練習者須心摩細揣。練時不慌不忙，前足著地而踩，且腿拖，膝擦地而起，足尖反後，身起時足尖反上，動作時以猛為主（也可加寸步）。此法因猛，在退步時才能紮得穩，反撲時才能上得勇。這種步法，上身可向前稍彎。要把這種步法作為活動的步法，若有間隙可進，可踩中門鑽入；若無間隙，可退返原地，或踩外門。

練 法

起膝與心齊，兩膝尖寧可向裏過多，不可向外小敞。其意是要與未起的腿膝與已起的膝足相合齊而緊夾，其腳尖盡力向上翹，不可向下斜，其未起之腿須微彎曲到蹲猴

勢的尺度，兩股夾緊並和全身合成一塊。進足時，滿足著地，踩實，變成虎步成展勢，收勢時退回原位站住。

注意事項

先著地的足可先行寸步，也可不行寸步，退回原地的足緊貼先停的足，由虛懸足尖落地變成舒勢，成展勢時用膝峰頂敵下腹，這樣一舒一展成一圓形。此步如獅子滾繡球之形狀，滾來滾去猶如車輪轉動，故名車輪步。

7. 轉輪步

本步與踐步相仿，也有車輪步之意，不過出步時需輕靈。此步如踐出即為虎步。此步主要防敵從身後襲擊，也是挪前閃後專用的步法。

如左足懸空，就虛左足在前先寸，將身右轉向後，同時將右足跟回，貼於左足一側虛懸腳尖，而將右腳及時向前邁出，此動作是轉身的動作。因右足跟回時足呈舒勢，只有這樣出步才能靈快。若右足在前加寸或過足須按上法演練。此步法謂左右轉法，若左足在前，向後轉時左足前寸，身向右轉時，同時右足必須跟進，緊貼左足之側而虛懸足尖，即出右足時可選擇近用膀法，遠用裹拳或其他手法。其步法也稱敵後月牙步，以行攻擊，倘左足在前向左轉，按以上的法則反過來練即可。也可四面八方演練。

8. 穿 步

拳經曰：「眼前穿步疾為先，前足虛靈後足催，束鑽決，直中挺，足手相連身貼身。」此意謂嘴對嘴，腮貼腮，內翻丹，前足不動後足催，後足催過前足踐，後足踩住前足鑽，見空踐，無空寸。其步法是在遭到敵人突然從後偷

襲時方踐穿，所以稱此種步法謂穿步。穿步也稱一步弓。

練　法

左足踩出，呈長三虎步後不前寸，右足邁過左足呈虎步，左足頂右足足後跟，右足踐出。

9. 搶　步（槍步）

搶步內含引誘趨避貓團狗繞突變襲擊，此種步法有速戰快捷的功能。此步法的運用是主攻下三路的步法。可一步返三，易起落，易進退，上中下三路隨用，三路通用。在下盤應用時能夠立足於轉盤突變，出足時前膝玄化，後膝截切，實戰時順拗進退，閃撤順便，用時此法較隨心，此步法主練足踩中門禬裏鑽，鑽進之足足不落地往裏深探。若練搶外門法，左足與對方的左足成相對抗時，我的左足繞閃到敵左方，右足從對方腿彎處進踩下，踩到對方的腳後跟處定住。左足的練法，左足在前，左足挪在敵前足側方。如練右足，右足在前，右足挪在敵前側方。如踩外，其步法又名避邊步。

練　法

左腿膝蓋崩直，足尖用力上翹，右腿彎曲，彎曲的右腿用力上起，全身束鑽，左腿踩出時向前深踩並向左略偏。

10. 滑　步

滑步亦稱滑活步、側峰步，口傳為插縫步，運用於散戰騰挪，斜避翻轉，偏拐隱現。此步法同時還練周身手眼身法步，精神氣力功。練時先撬開氣門，下丹田處反覆鼓脹，舌尖引氣入丹即斂，內翻丹時氣達圓滿，下腹吞折而守。如丹田外翻時帶動全身具動，步步合斜正，退進起落

走側峰，見縫插針破中門，丹田翻滾運轉上左步，右手回，雙手來回交叉合于步法，在磨鍊時須身輕步捷，緊湊靈活，形隨意轉，節節貫穿，或隱或現。

練滑步有四：(1)半滑步；(2)十字滑步；(3)橫滑步；(4)大滑步。無論練哪一種滑步，隨步斜身調膀，雙膊裏外翻裏，手腕翻攪疊折。如走滑活步時，不發拳可直身而走，如發拳時必做出挾乳含胸，縮束抱裏，方可運用本步法。

練　法

半滑步是左足在前時，向前側方挪右足，向後左側方拖拉成斜形。十字滑步是左足在前時，右足上右前側方，然後向後側方大拖拉成為斜形橫滑，橫滑即側滑。左足在前時，左足挪前左側方向，左足向後右側方向，用大拖拉滑去成橫面。大滑步即我面南，對方面北，我左足在前時，上右足於對方左後側方向，左足順勢向右大滑拖拉滑擊成斜形步法。此謂滑步大略，滑中變化有閃的概念。此步須以意推敲玩味，細品久練，方可運用自如。

11. 蛇行步（龍蛇二行步）

練蛇行步時要意含屈盤、伸縮、氣陰寂靜、行走反弓的勁節勁道，一旦出洞（動）捕捉蛇頭惚動之意，鑽吸吞取，出定入定走蛇形，心一動百骨俱動，丹田一動腿動腳行。練用蛇行步還要天地人三者相連，精氣神三者相煉，煉出心靜、氣靜時便可舒身拔轉，陰丹催動，單步環行，轉身折丹變陽反陰，前手繞順，後手截補，攔撥裏挑出手隨步，隨蛇行步出手時最高不可超過乳之平水，手出至乳平，而回藏於肋，左出右回，右出左回，充分體現出蛇

盤蛇形、蛇叮的心斂意敏，眼乖手靈，冷陰寂靜，優雅無雜，息深自強不息，全身之柔意如舌。

龍蛇二步是上法之最，在龍蛇步法二行之中，以蛇行步為首，龍行步次之。龍行步須兩手跟隨，謂兄弟手。拳譜曰：「龍行雙進（雙手），蛇進單行（單手）。」在運動過程中，其前腳抬起離地面不可超過七寸，也就是說不能超過本人的七寸骨為步法總要。

練　法

出步時須裹胯縮尾，在杳腰的勁節勁道和勢法中出步。其步形須成為橢圓形，前進時左足向前側方斜進，左足斜進時向前須多，而向側須少。左足前進為主，右足墊上緊貼於前側還須虛懸足尖。再進腳時虛懸足尖作為前足。練時可週而復始，左右互練。

注意事項

這種步法雖有側進之意，可是進足的方向和位置仍然向前，因龍蛇兩種步法為左右趨避的步法，身雖在左或右，而因敵人在中間，我須故意向前，觀敵出步時須閃左跌右。無論閃跌均須用橢圓軌跡向前直進或側進，進時兩腿合緊，固似剪子股。

12. 龍形步

龍形步法有三，即前進的龍行步用龍行踩步，用龍行挪步，用龍行直進肚裏掏腿步。以上三法起要猛。有車心入定，內在真氣布身。動作時看似後退，實是給自騰了手的路法，其勢如用落勁時用摸法，此法須合膝，手從丹田（虎窩）起，經氣門穴（乳下）出，與嘴平時手既可左撥

也可右撥，這種勢法猶如織女穿梭。其手的手形呈雞手，雞手大拇指和食指是展勢，其餘各指為舒勢，不過握時雖舒須握力微有，此手形變化時靈捷快速。此種手法不僅是龍蛇二行步法運用，而且是心意拳通用的手法。

龍行步總要：龍之屈，盤，騰，繞，降，折，伏，伸，舒，騰繃（奔），撒骨，跌脊。

練　法

先斂氣沓腰。六合勢起膝，起膝時足掌上翹，翻足心，湧泉凹回，也可地盤旋起。出步時要沓腰坐臀，勢定後背腿要繃蹬，還要閉唇合齒提肛，此時丹田內翻。又步落時膝內扣，中擺旋，足在出步中變位，胯要暗暗裹夾，裹夾時丹田外翻，丹田外翻中出步，出步時挪也打，閃也打，起打落打硬打。

要　意

猶如海水翻浪，翻浪翻浪再翻浪，又翻浪，水之翻浪思量。束蹲反弓挪中起為起點，陰變陽，曲盤伏展，閃中落為止點。此法一左一右照序演練，演練時要細巧做功即可。

13. 長三步

長三步的出步與虎步、丁字步、不丁不八步相仿。不過長三步兩足均係斜形，此步型猶如骨牌中的長三形狀而命名。練用法與虎步相同。此步法是進攻與防守的主要步法。穩中含靈，靈中有隨，隨中藏逆。

練　法

長三步的基本步法，意在前腳掌，後腳是直行，踩地

時呈斜形，也稱斜形一字步，出步時先合襠扣膝。此種步法在各種步法運用中它最接近圓形變三角形的步法，攻擊時前足踩地，足要扣，手要扣，牙要叩，穀道內提胯裏夾。如退步，前足掌就地拔起可左右晃擺，一意生多意，有意化無意，進退變化自然。

注意事項

出步落地時不可直踩，雙足須成為斜形，方為合格。練法與虎步雷同，所不同的是虎步可以出一字步、丁八步等步法，而長三步卻不可。

14. 一字步

前後足直線為弓催虎步，如上步蹲搬時後膝頂住前腿彎，可左右變換，也可單步上踩不加寸步呈弓箭虎步。此步法善紮底功，初練者從不自然到自然後，即轉練長三虎步。一字步也稱縱橫一字步。

注意事項

兩足不呈斜形，前後一條直線。

15. 直進步（直徑步）

練此步法先翻丹，沓腰，縮身，束體，束肢，後腿屈跪背弓，腰直臀坐，前腿直進，足尖用力上勾。足落地時足與足之間的距離是本足的足半，這種步法在未出步之前先定對方的遠近、老嫩、寬窄，待後步邁過前步時，踩尺寸者是後足。如進步時先邁根節步，再邁中節步，後邁梢節步，用這種步法氣降而斂，導引為用，用此法來定奪真氣所走尺寸，所定的尺寸由下焦，節節返至丹田。手的勞宮吞吐，頭的泥丸宮吞吐，混元的消耗大與小、多與少須

均分為衡，不可彼大此小。

練根節步時，用擠勁催出根節步，足用下壓勁催出。此步法落地成展勢的瞬間用心中意、意中氣來催動足腕翻，腳心吞。此步法是腿直進而撅，撅時纏抖，纏鬥中含彈抖，彈抖中含驚抖。此抖勁是在前足踩地後腿蹬直，身直進，直鑽，直起前腿成弓剪形時抖出。又，進此步前腳插進對方中門時，腳不落地，盡力向敵身後伸出，伸出時還要帶動身體緊靠敵體前移。

練　法

與長三步雷同，只不過提膝不提足，並且膝不打彎，盡力伸直，足尖盡力上翹，湧泉穴盡力外露，足後跟盡力朝前向上。裏大腿根緊貼彼大腿根，不過雙足成一直線不歪斜。

注意事項

如練左直進步，左足落地、左足不落地儘量往深處踩進。

16. 擺　步

擺步的精藝在膝，它以虎步為主，前步踩出膝便頂出，也可裏擺外旋，這叫做上步踩即踮頂，外擺裏旋轉，旋轉擺裏外。此步法須後腿先彎，彎後繃，繃時翻擠擺旋，用擺步時和對方接觸鬚不丟、不頂、不離、不碰，身內化彼擊，腿中撅彼根。

練　法

在長三虎步紮穩的基礎上，膝蓋向裏擺扣，呈斜型下壓。

注意事項

擺膝不擺頭。

17. 地盤步

地盤步分上盤、中盤、下盤、坐盤、轉盤、卡盤。這種步法的特點化分，胯根節的氣勁催膝，膝中節的氣勁催足，氣勁到足後，足梢節十趾抓地。在下氣上升時足為根節，胯為中節，頭為梢節，無論起懸落沉或閉鎖開合，均須意領氣運全身，無論練用，意在胯膝和足踝。練時左足掌沉地，右足掌翻足心，裏帶外轉，轉而碾磨，在起而未起時胯中尋，落而不落時兩膝求。中盤上盤要裏胯，下盤坐腳要屈疊，練三盤要夾襠，揉搓踮頂擺擠疊。揉要疾，搓帶夾，踮要恨，頂要毒，擺帶剪，擠帶押，疊帶縮。練用盤步胯轉時要有剪草除根之心，化取消失之意。

本步法在磨鍊中要沉著，初練時用心靜法守下丹田，在夾腿盤步中翻丹田，起未起時陽丹翻陽，急回陰，車輪連環復盤疊，疊則活轉，步步盤練反覆靈變，落吸起呼，起落自如。地盤步嚴格地講，算不進步法中去，古拳譜曰：「地盤步非步法也，乃與身法有關，蓋因眾盤均懶於足的裏旋外轉，故敘於步法之內也。」

練 法

練此步法前腿裏側外扭向前，滿足踏地，足為橫形，其前足尖向外，後足尖虛點地，朝前方，後膝與前腿彎合緊，上身隨腿擰繩的勁節勁道下坐。這是地盤步法的重要勁道，這種步法若出左足，則右足預先用力作根；若出右足，則左足預先用力作根。

注意事項

下地盤之先須縮尾提穀道，足後跟離地，足掌著力，地盤到位後還須提臀心。做此法上身宜稍前傾，而頭則宜向後微仰。此法是攻下三路絕妙的步法，也是練調膀的良好基礎。不過練完後切記遊走拍膝，左足踢右臀部，右足踢左臀部，左足面踢右腿肚，右足面踢左腿肚。

18. 串　步

串步即前腳前寸，後腳後墊，也稱前寸後墊步法。此步法前足前寸，後腳後墊，後腳後墊後，前腳仍前寸，後腳仍後墊，如此寸墊不已成為串步。要是連三趕四地寸墊，這種步法就是串步。以上之說法即是練法，也是用法。

19. 退　步

退步是在對方勁力過猛時，前進不易故須退讓，以避對方峰銳，此步法為以退卻進步，也是對拉拔纏偷襲反擊的步法。退步通常用虎步進行。

練　法

雙足相併，左足向後退半步，右足也及時退在左足之前側，但必須虛懸其足尖成為舒勢，然後疾速踩進，踩在左足原來的地方。退右足按以上法則就行，不用另法。

注意事項

這種步法配合手法，膀法與摩脛摸勁相仿，但必須含調膀之意。對於手法，無論如何摩摸，掌心均不得向外，才能達到退步時身靈步活手奸，若欲進時則出其虛懸之足，若閃時卻是將虛懸之足向站穩之腳的反方向踩出，總之退步謂敗中取勝的步法。

20. 快　步

快步距離為丈二八尺，遠時用此步取敵。此要領為束鑽時前腳帶後腳，其束鑽為反彈縱身，平飛而去。在前腳帶後腳出步射丹田時，此步法無論練用皆要混元飽滿，氣力非凡，在此基礎上再練快步。練時首先意守天目，祖竅回縮，內翻丹田，提肛，裏胯，閉唇，合齒，暗閉內五行，明斂外五行，靜守意鬆，一齊到位，若呼吸不均時停下來調順，呼吸順後還要謹慎留意，陰陽互變，否則易失調過火，造成傷氣、傷力，自殘軀體。

練　法

左足在前的長三虎步定勢後，寸左足，過右足，過左足，右足頂出左足，右足踩在左足原來的位置，左足踩出一足半呈長三虎步，以此類推。

注意事項

練快步是在功成藝就後所練的步法，非功大者不能運用。拳譜曰：「快步者起前足帶後足平飛而去，並非踴躍而往。此氣勢如馬奔虎踐，疾快如彈丸飛箭，看似肢體運動，實丹田真氣的鼓蕩作用。」

21. 踐　步

踐步有不過足踐和過足踐，不過足而踐稱快墊步，即長拳門的接步。起步時前足出後足墊，後足跟著地，前足掌翹起而即虛懸。過足踐稱超步，又名跳躍步，即長拳門之箭步。此步前足前到，若後足超前足，後足還未落地時前足就須墊於後足之前虛懸。過足稱跳躍步，不過足稱寸踐步，無須跳與踐，兩股須夾緊，身法須到位，踐到位時

注重合膝，但未踐到之前以寸步為要。這種步法特別是過足的踐步，是練快步必須練的步法，也就是快步的前提。

練　　法

進步提，將左足提起踩出，定勢後前寸。右足在左足前寸的同時踩在左足落足的地方，左足虛懸。

注意事項

後足踩前足的足印。

22. 恨　　步

恨步可以使人絮穩身法，身軀不易顛跌，又可用聲嚇人，氣勢震人，然後乘機擊人。恨步是步法中的貴步，所以為貴步是長練恨步出步有位而無位，如若出足出手，立見功效。此步又稱叫門步，是有武德的步法，不過不宜連用，不宜復出，宜一腳定乾坤。若直用恨步，非貼身不可用於擊敵。

練　　法

立正姿勢，上步打一把並步右單點，將左足提到右腿七寸處或踝關節處，用勁踩回原地，落地的瞬間將右足提到左腿的七寸處或踝關節處，同時將所需之拳打出。

注意事項

恨步宜滿足踏地，也可足後跟踏地。不可足掌足尖著地。

23. 敗　　步

敗步亦稱拜步，即退卻的步法。走敗步時足的用力之點在足掌和足趾，敗步跑時身軀前傾，達到足底步步刨土，以迷敵目，並且從左看右，從右看左，以防敵人追擊。

練 法

六合勢出左足，足落地時，足掌先著地然後刨一下，上右足右足著地，足掌刨一下。

注意事項

摔頭側看時頭隨身摔，鼻對臍。不可摔頭不摔身。

24. 疊 步

此步法是以練功為主的步法。

練 法

先起左足，左足還未落地時用移重心之法將右足提起，左足落在右足所占的位置，連環反覆一足印。

注意事項

提膝必須望懷。

25. 十字步

此步法由舒勢左足挪左，右足向左斜進，此二足成直線，足趾向前，前足虛懸點地，然後向右前側斜進，到右足踩住，左足向右斜進，前後二足成直線，勢法如上，不過面向左前側而已。此步內藏挪閃步法。

再者舒勢時是打人的步法，我的前足趕敵人的前足，此時我的後腳疾上踩敵人的後腿彎。此步又是用膀法打人的多用步。拳譜曰：「手足齊到繞為真，打人全憑步法跟。」十字步近用根節，遠用梢節，不遠不近用中節。運用十字步於敵交技，近與遠均在眨眼間。

練 法

六合勢左足向左橫跨一步，右足向左足落足的方向踩進，與左足呈一直線。

注意事項

起點與落點呈90°，與四角步類似。

26. 摩脛摸勁步

摩摸二勁屬輕動上法，不屬於步法。總之龍蛇二行和摩脛摸勁如動均要挪閃，又為輕動上法，而摩摸又為退法或轉法，因此也列入步法之內。

簡述練摩脛摸勁，先須將全身內外合成一塊，以下丹田為軸心，以尾閭為定點。用活潑的動作，加咦呵連聲。拳譜曰：「然內中所謂咦呵聲連何也，即指內外齊一，意到神到之謂也。」咦呵連聲是摩內五行，摸外五行，此法是內五行要動，外五行要隨。其法用時為預備姿勢，也適應多種變化，最適用於兩胯打人，兩胯兩膝也最易生助勁，並能胯打中節（擺法），膝打臍處（頂法）。練時加地盤步又可事半功倍。

練精一藝，有毅則多摩，有力則多摸，摩則明，明屬心與眼；摸則靈，靈屬手與身。拳譜曰：「鏡心明本，無欲生妙。」因有欲則暗，摸而去暗，返本復明，有了明鏡似的心便可練精一藝，而達上層技藝。此步法與龍蛇二行的步法相仿，不過龍蛇二行的步法是前足斜而進，摩脛摸勁的步法則是四面八方均可隨意而進退。

練　法

六合勢，將左足提起橫邁左方，與肩同寬，打出不動步蛇形。

步法配合手法動作是跟隨身法的扭轉，兩手心向裏一上一下從胸到腹循環摩摸，雙足也可即挪又閃。

注意事項

挪閃時見實（敵實）方挪方閃，見虛（敵空）不挪不
閃。

27. 避直避正步

避直急閃，避正飛斜，用橫、用直急起上，步到身旁
跌見傷。

練　法

左長三虎步定勢後，在前的左足向右橫跨一步，右足
隨身向左轉半圈踩住。

注意事項

轉身時束身提肛。右足踩住地才可展身。

28. 虛　步

虛步是各種步法的基礎，也是拳法的秘笈。因與人敵
鬥對壘時，前後左右皆可攻入，步攜身皆到，無破綻可
窺。虛步為拳家第一妙法，拳譜曰：「得其步者不可輕傳
他人也。」

練　法

六合勢，右腿弓屈，左足足尖翹起，足後跟與地虛
挨。左右互練即可。

注意事項

提足不提膝，提肛不提腹，提氣不提肋。

29. 三角步

三角步雖也是一種步法，這種步法多法多藝，在內而
藏，看似單一，可是其意深奧，習練時須進退連環，可單
練也可多人合練。練時步走三角即可。

練　法

六合勢，左足向左前方踩出，右足呈月牙形向右方踩出。練時畫本人一足半若干三角形。

注意事項

用滾丹田將足踩出。

30. 飛馬步

飛馬步能促進清氣上升，濁氣降下，氣沉海底後還可調氣滯，定神疏意。

練　法

六合勢，雙手心翻外蓋住丹田，左腿橫拉間距尺寸足半，下蹲沓腰，屈膝，沉肩，垂肘，足心凹回，頂心沓回，手心返回，腿彎與膝尖齊，雙手中縫與任脈成直線，丹田內翻，氣斂提穀道，頭微仰定勢。

疲倦時身直挺而起，頭微扣，脖頸上挺，足釘頭懸，身軀繃抖。

注意事項

陰陽平衡，否則傷內。練此步法猶如身法的束展，練慢時慢了還覺快，若練快時快了還覺慢。不過練這種步法初練時以慢為主，越慢越好，由慢到快，快到不快自快，達自然而然方為本步法的要義。

31. 偏馬步

偏馬步和正馬步一樣皆為練基功的步法。練時動步提足，提至足踝為宜直進；退步時弓腰拔足，離地三寸為宜；倒步時，足尖折起，後足掌翻上提腿而起，足落時前足掌先著地，身法反彈，丹田直射。

練 法

六合勢，內翻丹，杳腰裏胯坐臀，坐臀時左足前出，落地後返回，返到右足後的一足半，右足拖回到左足，左足尖虛懸。週而復始，反覆練習。

注意事項

練時要有貼身踩偏門的意念。

32. 反撤步

在技擊中己失利呈敗勢，此時可疾用反撤步，自救出險境。反撤步的練法用虛步踩出，反步時原步踏地，後足反拉，前足反撤而復疾踩出，左右轉折，適宜配合，進退連環。反撤步是踩前反後，顧左避右的步法。出步時鼻於左腿膝尖對齊，謹記尖與尖的對照。此法也為敗中取勝法。拳譜曰：「腿是戰馬，手比刀槍，若腿無實功，步無奇步，刀槍再快也無甚大用。」練反撤步必須心勤、腿勤、眼勤，還須壓腿拉筋。

練 法

六合勢，左足踩出長三虎步定勢，右足原地不動，左足撤回，在撤回的瞬間右足提起，左足踩在右足原來踩的地方，右足踩出踩在左足定勢的地方。

注意事項

無論踩出收回均身軀不歪斜，尾閭中正。

33. 虎步合法

虎步摟丹弓催放，前寸後帶至腳跟，足尖微絜懸足跟，前腿靈空陰陽分，重心落在後足跟，足掌張開翻足心，縮束抱裏蹲猴勢，兩腿屈蹲膝相併，手尖、膝尖、鼻

尖正，沓坐屈抱內翻丹，內翻直下入地門，外翻直上進泥丸。頂心沓手心，手心沓足心，足起到天門。其功多練虎形步。此步法是眾步法的底稿。

還有其他步法為：丁字步、四角步、七星步、螳螂步、十字猛踏步、栓鈴猴步、長門挪步、麻雀步、四平步、彈步等步法。這些步法容有暇時另有說明。

下附部分步法的簡線圖：

縱橫一字步、十字步與趕步、三角步、四角步、六角步、七星步。

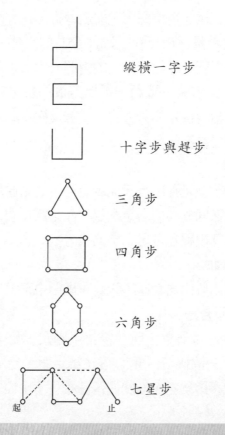

縱橫一字步

十字步與趕步

三角步

四角步

六角步

七星步

七星步

步法雖有種種，而各有應用之妙。若挪閃躲避斜進用龍蛇二形步，若顧四面八方則用摩脛摸勁步，若進退則用車輪步，若顧取中三路或取下三路，則用地盤步，顧後用轉輪步，遠擊用踐步，近擊用寸步原步，拳勢勇猛用寸步，追擊用雞步，退卻用敗步，以退為進用倒撤步，直進用虎步、長三步，取外門用趕步、跌步，紮勢用恨步、原步，丈餘取人用快步，連三趕四追風趕月用串子步，挨身用疊步、跌步、原步、直進步等。

以上所述是部分步法的運用。此步法練到只剩前進後退，挪左閃右，略跌，步法始成。

第三節 手 法

手法是出手似炮，回手火燒，似炮一直而去，火燒一直而回。出手似炮風似快，回手火燒蜻蜓形，丈夫學的驚有手，扭轉乾坤名不朽。

手法具體地講可分為前四手和後十三手。前四手為必然手法，後十三手為隨機應變手法。

一、四 手

出手，起手，領手，截手

1. **出手**：當胸直出驚起四梢，屈而不曲，展而未展，為出手手法。

2. **起手**：不驚四梢，虛待彼來攻擊之手，接手後，自手不落不退不進上起的手為起手手法。

3. **領手**：橫起順架為領手手法。

4. **截手**：手與臂大翻陰陽下落的手稱截手手法。

這四種手法起手肘護心，落臂垂肘手撩陰，起手莫向身外去，出洞入洞緊隨身，左手不到右邊去，右手不過左邊來。

二、十三種手法

猿猴獻桃、水中按瓢、敵球、燕子取水、貓爬爪、鬥手、雙夾扣手、發機手、連環手、獅吞手、束機手、撕棉手、喜鵲登枝手。

這十三種手法中的猿猴獻桃是心意拳手法中的手法之母，因這種手法是起而未起占中央，兩手就在肋下藏，手在懷中變，出手疾翻掌，其他手法皆由這種手法為基礎而演變。

1. 猿猴獻桃

譜有猿猴獻桃一打三之法。起手點喉為獻桃，裏肘下滑為覓桃，地盤抄海底為摘桃。

練 法

六合勢，雙肘拐心，左手拉回，手背置於右手手心，對齊手指朝前，起至下巴處，點向對方咽喉，此謂獻桃。猛翻掌雙手叉開，用手托擊向乳部，此謂硬獻桃。緊接左足向左橫跨下地盤，右手隨勢下裏，此為葉裏覓桃。待下到襠部，五指抓襠並順勢擰轉，此為葉裏摘桃。本拳練法

便是用法。

注意事項

須左右互練，獻桃完畢後覓桃。摘桃練時指尖不可超過趾尖，用時必須黏貼彼身而運用。

2. 水中按瓢

找中心的手法也是克服雙重動作，用擠勁的功法。用擠勁須大舒大展，此手法若能練精，可將敵人按得上射。按時用三拳中追裏押的押勁，按時須迅急勁猛，被按之人就能反彈上射，就是不上射，也必跌個倒栽蔥。欲要將人射起，還必須是被按之人來勢兇猛，按時方能借此勁而迫使對方上射而跌出。不但此法如此，凡帶有押勁的手法皆是如此。如摟把、狸貓上樹及磨擠摸押等勁節勁道皆可出此功效。不過，以上諸法落足時催勁要小而跌勁要大。須有一種踩塌地的意念，其身法直撲前鑽，手直落，而頭頂要有頂塌天之勢，上身要有橫暴的勁道。

練　法

六合勢，起雙陰手，起至腮翻轉，翻成雙陽手，左手大拇指搭於右手大拇指上摸下。

注意事項

運用以上勁節勁道，須精神意氣一貫，下勢還必須極小緊湊，然後用極大的展勢達到水中按瓢的目的。

3. 敵　球

敵球（彎彈而丟之），球在心中，敵在意中，包含著抱、裹、含、吞、縮、束和肢體的胸圓、背圓、虎口圓、全身外形渾圓的運用，由內在的混元真氣催貫。二者合一

後體現出大圓、中圓、小圓、微圓，最終達到弓圓，也稱直圓，用直圓去克對方的側面，也就是無論對方何種姿勢皆視對方無圓。這種手法是陰陽組合中最具有代表性的手法。

練 法

雙手並出猶如陰陽魚相對，錯開手出則是陰越大陽越小，大與小到了極點時，雙手心向外搓、抖、頂、彈而出。

注意事項

雙手心向外搓時，掌邊相挨不可離開。

4. 燕子取水

燕子取水，又名水中漂瓦。這種手法是用下前丟的勁道，另一勁是直下插的勁道。

5. 貓爬爪

貓把爪這一手法須含燕輕、貓靈、兔後腿、喜鵲蹬、寒雞腿、雞抓、虎撲、虎踐虎抱頭、馬擊蹄、狗閃貓團、起似蝶翻、落如熊坐等能耐與技巧。貓有縮漲之能，預感之敏，反弓的天性，輕靜靈疾聚於一身，捕捉時以截為上，靜守擒敵時，周身緊湊，眼神炯炯，謹慎意長。

練 法

(1)六合勢，熊勢，起勢，原步弓催，左手翻浪，身軀微轉，右手發空，五指屈張，措步捷撇，散打單抓，左右互變，以一生三，一勢三手，一步三拳，連環巧練，練地盤三爪而起，再練三爪疾轉擰身而起，不用收勢，續練地盤，橫順互變，也可起坳勢變順收坳勢收，為狸貓上樹。

（2）六合勢，熊勢出手，屈蹲反弓，提膝上樹，雙爪左右上下連環，貓洗臉，順勢翻爪下落，爪下落歸海底。此法又宜左右轉折，側峰連環，擰身反後，倒搭爪，雙爪齊落。練時用原盤，腿要活練，滑轉，特別注意調息。狸貓上樹是磨擠摸押的摸法。

注意事項

手摸時，腳踩地，催勁要小，而蹬勁要大，其身法是前撲，其手法是直起直落。

6. 鬥　手

鬥手可分顧擊鬥和擊顧鬥兩種手法，其手法在爭戰敵鬥中引鬥，潛鬥為顧擊鬥。絕鬥、明鬥為擊顧鬥。敵鬥中的同時，還須鬥心、鬥智，無須練與用要做到心快、身快、手快、槍快、馬快，以法反法，由法克法。拳譜曰：大凡交手你知我知，心乖打心疑，手快打手遲。你曉我也曉，只怕手遲了。與人相角，以眼乖手快為要。論速一法中又指出，能在一氣先，莫在一氣後，能叫咱先動，莫待他起手。打了還嫌慢，靈了還嫌滯。不怕行中行，只怕快中快。古兵書曰，兵聞以拙，速而必勝。速而必勝者主指快速反應是勝者的要法。鬥手初學為其他手法築基紮根。練鬥手時主練丹田帶動，勁貫四梢，次磨斜正，磨步手身配合，磨時動作皆在意中，此法，鬥為表裏，手為表外。

練　法

六合勢，原步撅踩，左手外挎挬帶，右手暗勢磨探，手心對手心用半橫勁，搓勁變步互練。踩外門時閉勁，一手裏搓，左足踩住，右足邁出，右手出勁從根節催出，中

節頂出，週而復始磨鍊。又練鬥手還須加拖手，加拖手時每拖必挎，一挎即帶，帶時捋擠拔撥，此為拖鬥手。

注意事項

多練連鬥手，少練地盤快勁鬥手。

7. 雙挾扣手

雙挾扣的動作，內含封鎖、攔截、擺撥、旋帶、脫化、擠押、縮束、直鑽。出步後手搓，足前扣，手足動作須捷，出手撑旋抖撒，出身直鑽，直起，斜正，滑活，暴抖。真正的迎擊對方，還須耳要靈，眼要乖，身手敏銳，踴躍，併發勁於一貫，全身瞬息陰陽相合，陰陽翻轉時，猶如陰陽二電相連碰擊。

練　法

右手與右足合，含領帶借挪拔，單扣手直摸，橫頂，疾進，將起就起，若轉身伏押化勢，手疾出，上斜托出。

注意事項

雙手手型呈雞手，前手高不過乳，後手與前肘相接扣時雙手變拳，在下之拳，拳面朝下，在上之拳，拳面朝前置於心臟部位.

8. 發機手

發機手手法主要是借力乘勢，以假誘真，卸勁卸勢卸足膝。橈骨帶旋，尺骨復擊，整勁一撅，彈抖突脫，驚抖趨避，乘機裹踩撐發，假引動，真順勢，沉靜細算，微怒暗喜，謹慎意重，足鑽手箭，足擺手截，出手寒秀，回手冰清，身逼貼，手冷發，身心貫注，身輕步捷，遇強不逆，順勢借力。

練　法

六合勢，起用猴勢身法，左步搶踩，發機橫劈，劈下呈拗勢，右手尺骨滾旋而起，同時側身調膀，肘拐心窩，用肘尖頂擊，左手緊隨托塔掌。左右互變練習。

注意事項

發機手內法有八字：借，撐，破，襲，閃，惚，虛，實，其八字的勁節勁道必須記熟，缺一不可。

9. 連環手

連環手是一步三拳，一勢三變，足腕上下左右連環旋轉，見縫疾進，膝尖四面環顧，疾旋柔擺，猛速疾快逞強。

練　法

六合勢，紮熊勢，一步三錘勢。跨寸步，撐地盤，盤肘時三錘，起身時三錘，轉身時順勢連環共六錘。

10. 獅吞手

獅子大開口，吞而空化，吐而反顧復擊。拳的起點在心不在形，在意不在力，以柔為貴，順出勢變截，橫截對方來勢。

練　法

一點三手，三手一步，丹田橫滾，懷中變手，身內化勢，左手旋挎，右手直穿調膀橫身，單手托擊花點穴，此時梢節化撥，中節頂點，根節靠押。

注意事項

左踩時攔截，右踩時擊顧，左臂沾貼橫擠，復起撅落。此手法必須左右互練。

11. 束機手

束機手是精神內守，常守，蓄銳靜養，常備不懈而順滑，輾轉騰挪瞬間觸發機關彈出。練此法須動靜雙修，陰陽開合，出手兔脫決撅勁，中間運化用暗勁，用暗勁肘須柔輕，並體現出漂勁、隨勁，棉裏藏剛柔脆勁。

練　法

六合勢，猱猴勢，出寸步，左手環橫，擰滾旋，右手疾應橫拖置於臍處，丹動束鑽，吞吐，單手或雙手束壓鎖擠，由雙機手忽返調膀三挫掌。

注意事項

用正斜反側十字勁，反前顧後，反左顧右並練。練時謹記循序漸進，左右互練。

12. 撕棉手

撕棉手撕開，柔搓，反彈，抖決，柔而不軟，剛而不折，反彈似繩繫，圓棉旋化，撕開引動，無拳不圓，無手不拳，因此周身無處不圓，無處不撕。

練　法

六合勢，起無極十字手，上左腳踩尺寸，束鑽直進，直起，同時左中節顧截旋擠緊連，右手定位左手撕，左手定位右手撕，或無定位雙手撕。用橫展放勁，單練時原手原步，左顧右撕，左肘頂擊，展而身起手落，左右互換。雙練變單練，單練變雙練的同時，左手搓旋，右手臂半進，化圓而起，肘頂，步撅，膝直挺，手刁摸。

注意事項

以身內化手為主，一動而無不動，外形不動，內形

動，柔化巧撕，順其自然而然，方可傷對方筋，錯對方骨。撕棉手最能傷內臟，與人切磋時不可用顛寸勁。

撕棉手屬三才拳的第一拳，三才拳是指天地人。天在上，合拳中電（天）擊，地在下，合拳中地瑞，人在中，合拳中撕棉手。或織女穿梭手，電擊，向上擊顧，地瑞向下顧擊，撕棉手在中顧擊。電擊地瑞雖屬拳法，可是以手法為長，固列入手法之中。電擊指日月星循環，地瑞指水火風互動，撕棉手指精氣神合一，也謂形阻神聚。此三法為天清地寧，人傑拳威。學此三法者必備三德，三德入心，人離難，難離身，一切災難化為塵。佛道儒醫武，道練無畏，佛練靈空，儒練文章，醫練虛實，武練心形，心練混元一氣。形練渾圓一體，天靈地瑞人三圓，此三法如上身，拳為上等拳，手為上等手，人為人中傑。

有關電擊地瑞練法另有細述。不過練電擊時躍步，越高越好，落地時要輕靈，上擊之拳必須伸直，在下之拳護心。練地瑞時顧手如裹拳，出拳為平圓，進攻之手如劈拳為立圓，兩圓必須相交，又地盤步不可俯身凸臀，顧手要與地盤步協調一致，進攻時手與步協調一致。

13. 喜鵲蹬枝（附喜鵲過枝）

喜鵲蹬枝此法運用於截氣，為先落後蹬，此意為在技擊時手指先觸擊對方，然後手托顛擊對方。而喜鵲過枝卻是手托直接托擊對方，其他勢法與蹬枝相同。此二法無論練用均要輕快翻繞，身抖手托顛。

此法練用時收尾斂氣，蹬枝輕守，過枝直入。左右前後要平衡，蹬枝輕守時膀與手合，過枝直入時肘與手合。

二法均要在頭與尾合中實施。

練　法

六合勢起勢，原步原手原勢，身呈舒勢，邁左腿用長三虎步定勢，然後左足前寸，足用摩脛之法越過右足半步，呈長三虎步定勢。在定勢的同時右手五指併攏，手指朝上疊腕，臂弓屈手托隨身法朝前托出。

注意事項

出手手托與自乳部齊，如用此法時手托與對方乳部齊，先用手指觸接對方，然後手托猛然下顛。無論練用均要在身抖手攦中托出。此為右式蹬枝，如練左式蹬枝反過來即可。在練用中長三虎步踩時要攦決，如蹬足時足要高於心。身法要左帶裏旋左手按押，右手托塔，左右自然細摩。單練原步或其他步法，手法須單步單手，皆要體現出繞進輕沾，脆發疾毒，也可顧前反後、顧左反右，或四面地盤，也可伏盤而起。落提穀道，起回丹，一手按押一手吞吐，任意變換左右練法，參悟以意磨藝。

以上無論何種手法均要翻掌到位。

第四節　膀　法

膀法、身法、步法、手法，統稱心意拳四大法。膀法在貼身靠打中主要運用旋、擺、顛、點、頂、砸、壓、靠、擠等法，勢與勁可和膝的力道比美。由於使用自身根節攻擊對方，所以在練習和運用時難度較大，練習者潛心揣摩實際交手才可運用。膀法可單練也可合練。無論何種

膀法，均要體現出兩肩鑽一孔及肩打一陰反一陽。

膀法分為：雲摩膀、裹風膀、犁行膀、押摩膀、臥虎膀、坡落膀、十字披風膀、鷂入林膀等多種膀法。這幾種膀法其勁節共同點有五。

(1)**顛壓法**：由上往下擺壓，擺壓時用顛勁。多用於鑽拳膀。

(2)**鑽頂法**：由下往上挎撅，挎撅時用起撐勁。多用於犁行膀。

(3)**直穿法**：由中束身直鑽起頂，向前斜身直穿而進。多用於臥虎膀。

(4)**擺 法**：擺為分，擺時用膀側。多用於雲摩膀。

(5)**點 法**：點是擊，點用膀尖。多用於押摩膀。

膀法在練用中均有共同之處。練時後腿蹬繃並繃直，肩峰骨才可頂出，以猛為要，猛是出膀出寸步。牢記腿不直時肩峰骨不可頂出。前手不可前出，須緊貼丹田。抖膀時不可正抖，膀斜後才可將膀抖出。抖時須自然抖出。抖膀時若膀一抖不到位或不在緊要處，此時才可將緊貼丹田之手，上出摘陰，起肘擊人，反手摸落，這時的出手，必須是擊中帶顧，擊顧時手只須向上呈斜形，這種動作叫補手。用這補手就可達到險中出穩，穩中求勝，脫離危險。以上的練用方法與注意事項，是眾膀法的練用方法和注意事項。

總之膀法遠用穿顛，近用鑽頂，高用項顛，低用砸顛，前催用直顛，反後用擺顛。膀法不可用一勢之快，須多式連串之快，才可成功。

注意事項

兩手不可高，手從胸口出，還要緊貼身，出手時雙手展開。用步法配合必須步小，最大時不超過本人一足，最小時減寸即可，才能發揮出應有的威力。

若步大雖力勇勢洶，可是轉變不靈，一擊不中必敗無疑。如步太小轉動雖靈便輕捷，可是力道不足。用膀法打人，須在貼身後和轉身中由前直穿過後，由後直穿過前。摩脛摸勁是練膀法的上法法則，運用膀法，入，用陰肩而進，擊，用陽肩而打。

歌　訣

練膀法，步宜小，猴勢束展抖擻妙。

1. 雲摩膀

雲摩膀須含雲悠慢滾，綿綿柔柔，空空虛虛，達虛無境界，是一無中生有術，用有手則無手，手法遠踐近彈，貼身左右擺肘用穿勁，起膝用頂勁，加烏牛擺頭直撞橫磕勁。主要用法是低點高挎。

練　法

六合勢，左步踩顚撅，左手起至乳左橫滾；同時右手圓旋直搶中門封閉自身，全身縮束鑽貼直挺橫起，膀直頂。

注意事項

先練單勢，後練雙勢。閉勁式，打側峰下節的根節呈拗勢搶進，上中節在裏押裏旋中調膀，膀起猛頂直擊點。細心揣摩體會雲摩二字的含義。

2. 裏風膀

裏風膀能破擊輕拿、細拿、粗拿時的運動軌跡，此勁

道還能將對方分筋錯骨和點打死穴。運用此膀法先靜縮，然後盡收、盡束，在盡收盡束的同時含裹沉抱吞守，然後即自縮突漲。動作的出入順序是屈肢疊節，呼吸吐納，挺繃釘頂，擺撥翻滾，伏鑽直穿與彼相接，裹追不鬆彼，如攻入身內，身內化解，左化右裹，右化左裹，氣從丹田出，膀隨腰轉頭隨肩擺。

練　法

起六合勢，左腳踩顛撅，用膀時須順進捲裹靠，反拿橫旋扣。右步踩進時，六合勢，右步踩搶，左手心翻上，起至乳，右手扣夾，左手反拿，下地盤，手肘大翻，陰陽頂壓。

注意事項

若用中盤兩手同時翻扣，扣到陰陽大變的同時肘頂擠，膀砸跌。若用轉盤時，肘拉後肩頂前，反壓帶扣，頭頂膀膝擺。此膀法無論左右皆可單練單用、雙練雙用。

3. 押摩膀

押摩膀是眾膀法的基礎，內含鎖扣按擠催，押摸落丟頂和抖攛決，也稱裹押磨碾帶，踩拔伏押鑽，吞卸柔打攔截鉤挎，領拍彈托直入，屈團挺直橫手翻陽，滾摟拔捷足脫化，瞬沾即離。這種方法又須縮要疾，束要緊，騰挪要圓活，全身要體現出冷吞熱漲，彈伏塌壓，挺繃舒展。

練　法

六合勢，原步踩截左手帶挎，帶挎必将，並單扣手腕，右手尺骨挾擠封鎖一砸便押，左右互變，變時用開勁，邁根節步，上肢交叉攬格撥，左手攔外，右手截裹，

同時裹纏直入調跌疾砸，捋摸踮跌。

注意事項

押時須跪，摩時須沾，練時還須雙格雙押。

4. 臥虎膀

臥虎膀為直穿膀，無須練用皆須含虎風虎氣虎威虎膽，狐狸心，滑狸身，牛直項，虎抱頭。此膀法磨鍊時要超常，修煉時要奸巧算計，運用時要出奇莫測，不可定勢。此膀一旦擊中人體，不但可以傷筋錯骨，還可滯經淤脈，五氣大亂。

練　法

六合勢，左用原步，原手，順勢步踩，一踩就鑽，踩鑽同時進行，此時左臂尺骨，無論起落均帶旋裹。回右手出左手，合節入膀，入膀還須疾砸，砸跌時陽翻陰，繃展時陰翻陽，此時射丹田膀打肩頂。兩組動作特別要注意尺寸到位，還須左右互練。

注意事項

練開勁先眼動，足退，腳一沾地反彈疾進，單手橫起，這是破敵雙手上攻直擊，緊連下肢足踢，敵快我慢，用截法的勢法勁道。破以上之法，也可同時手閉對方中節，步落加禮手，出擊身少旋，膀砸下。臥虎膀法的開勁也可以以假亂真或驚疾真變互換使用，並視對方似羊，似鹿，似草，似偶。

5. 犁行膀

犁行膀起為熊勢，落為鷹勢，起膝掛打是犁行，有下鑽靠擺抖頂。此膀的勁節也是練膀的顛壓法，用時須猛，

練時須靠抖，接觸對方不可有絲毫碰勁撞勁，須真中帶假，假中帶真，陰陽互變，虛實瞬間，起落連環，進退乖巧，還須體現出沾連短毒等勁節與尺寸。

練 法

站椿內守神，暗起膝，劈點反目隨身錘，左右連環，束屈頂，足是犁舵，身隨舵行，斜身調膀膀呈斜，頭領膀走，膀與膝合，斜膀鑽進，起拳陽擊。

注意事項

前膀陽時後膀陰，後膀起前膀跌，前膀閘壓時後膀起撐，後膀起頂時前膀如舵占中央，肘垂扣壓翻，齊整不亂。

6. 坡擺膀

坡擺膀法在周身一圓多變，微卸多旋，旋轉中突用側峰，閃惚截擊，緊貼不脫擠擊入陣進門之敵。若對方伸手時，為起點，隨高打高，隨低打低。拳譜曰：「起而未起何用再起，落而未落何用再落。」只要一觸即發，敵雖超近貼我身並用力擠我者，此膀法立顯神效。

練 法

六合勢原步，手腕處交叉絞手，用截橫勁擠顛，起時打一膀，變步絞手，旋轉調節膀出隨身撐，橫截擺顛。

注意事項

運用上中下三路時膀與膝的裹鑽翻要式式到位。

7. 十字披風膀

此膀法與其他膀法相同，先丹田翻滾，周身在丹田真氣的催隨下一法多變，轉變不定，定時由出入而定，在去

而未去，取而未取之時，瞬間從順勢突變為拗勢砸下，砸下疾束身還回原形。如運用時心廣意長，內提穀道，自閉五行，眼隨形轉，形隨意發，發時氣催。

練　法

六合勢左步踩出，身鑽手撥，膀順跌砸，步用虛領原步，復砸時起橫擺砸，左右陰陽連環為十字披風膀。

注意事項

左膀踩時砸，起時起而未起時外旋，外旋時肘垂肩聳，同時左膀隨意跌砸。內需輕鬆沉杳，外需輕鬆自然，運用時心須靜，意須斂，氣須圓滿，順跌敏捷，橫擺毒狠，雙擺開胸。

8. 鷂入林膀

束裹抱含疊折，騰翻，還須帶趨避之意。

練　法

六合縮束含吞，抱裹屈蹲，左步踩中央要疾，斜身調膀，偏身鑽進，手十字交叉，用中絞勁，左手手背擠右手手心封閉正門，同時夾胸半圓，橫帶順旋，開胸起膀直擊。

注意事項

左右旋身翻轉，要學鷂翅鷹眼。本形的動作要輕便敏捷，翻轉到位。

◈ 第四章 ◈

內　功

第一節　丹　田

丹田有三：上丹田、中丹田、下丹田。

上丹田為神宮，髓之海，稱泥丸宮及乾宮。中丹田為氣府，稱黃庭宮。下丹田為精庫，稱華池及坤戶。

上丹田也稱天宮靈台。在兩眉間內行一寸為明堂，二寸為洞房，三寸謂上丹田所在地。上丹田在真氣循環中可存背後旋來的真氣，只要靜養循周天，便可達到養腦充髓九真齊現的境界。循環時可將背後督脈旋到泥丸宮的真氣傳輸到鵲橋，下十二重樓，沿十二時鐘降到下丹田，沉海底。如練大周天，身蹲吸氣，真氣（清）直上泥丸宮。身展呼氣，真氣（濁）直沉到湧泉。上丹田有煉神返虛的作用。

中丹田又稱土釜，黃庭宮等名是心源氣海的交匯處，有煉氣化神的作用。在心下三寸六分，方圓一寸二分，為虛間一穴，是藏氣之所，煉丹的法器，有煉氣化神的作

用。在技擊中主打直勁，在真氣循環中可將十二重樓降下池的真氣蓄存，待起到養心潤肺功效之後，用意念將中丹田的真氣，沿十二時鐘送到下丹田，沉到海底基陽泡內。中丹田又是真氣的中轉鼎。

下丹田名稱較多，有氣海、下華池、偃月爐、海底基等名。古拳譜引用了《關竅秘訣》一書中記載的下丹田的位置與尺寸：「下丹田從中丹田直下與臍門相對，臍之後，腎之前，在氣海稍下一寸三分，入內三分，方圓一寸二分亦是虛間一穴，乃藏精之庫，採藥之所。此處有兩個竅，向上一竅通內腎，直下一竅通尾閭，中間有一無中生有竅，名曰玄關。採藥與功煉精化氣之氣皆行於此處。」

華池一詞在《關竅秘訣》一書中講臍門內號生門，生門中有七竅，七竅之處名曰華池，實乃練丹之處。《中國醫學大辭典》對下丹田的位置也作了更為詳細的論述，人體臍下三寸曰丹田，為男子精室，女子胞宮所在地。在直腸之前，膀胱之後，有一窄室，有氣則開，無氣則合，此處可修煉丹田。《內功經》中說，丹田在臍內一寸三分處為虛間一穴，乃藏精之庫，煉精之釜，在練功中起煉精化氣的作用。

對於下丹田位置的說法較多，不過共同點均在臍下小腹的中間部位，也均在任督二脈及帶脈的中軸線上。以上部位都是能聚集真氣的部位，又是真氣活躍的地方。很可能前人把他們所說的部位均煉得結了丹，所以就出現了眾說不一的丹田結丹部位。

丹田的丹為無中無，田為有中有。它似是有，是似

無，非有非無。丹田是道家三煉的地方，也是帶動全身動作的部位。練心意拳者都應知道什麼叫丹田、丹田的位置、丹田的功能和丹田的練用方法。

丹田，猶如一座金玉礦脈，無人開採，它只能默默無聞地沉睡在沙石之中。礦藏如此，丹田亦然。開發利用丹田，養可聚結精氣，滋養全身；動可以力易勁，以內催外。丹田由人為的練養，隨著時練久磨，便會成為精氣集散和指揮全身動作的部位。例如用一指之式，也要在丹田一動，用渾身之勁催貫於一指之中抖擻而出。

初練丹田功時，可將丹田喻為爐窯的法象，因丹田的丹字，下半部像鼎，鼎的上半部中間的一點是田中煉丹的法象，猶如藥物，這藥物在心意拳中指的是先天的元氣，和後天的水穀精微之精氣二者混合，這混合物由練猴勢一法，下丹田部位很快會出現腸鳴和出虛恭現象，及似有似無的氣動感。這是真氣被引歸下丹田的象徵。有了這種感覺後，便可練小周天循環。

此法是利用丹田氣機的凝聚和循環傳導，這是人為的運用後天的方法，去通經活絡運氣通脈的方法，也是打通丹道和開發利用丹田功能的前提法則。如想丹田結丹就必須學會真氣循環。練真氣循環須先從自然的順呼吸，到人為的逆呼吸直至胎吸出現。此時的丹田就成為名副其實的真正丹田，也就是拳譜中要求的返本還源。

從醫學的角度講，人體先天生理規律是人離開母體後手腳一蹬繃，隨著第一聲啼哭肺功能啟動，胎吸宣告關閉，陰陽二氣從胞中經竅而出，前沿任脈的承漿、天突、

膻中、氣海、關元、曲骨等穴向下流注胸、腹、肚，滋養陰面而消失；後沿督脈的會陰穴、長強、命門、華佗夾脊、大椎、玉枕、百會、神庭、印堂、齦交等穴向上流注臀、腰、背、頭等部位，滋養陽面而消失。前任後督各自滋養，因有上下二鎖鎖定，不做週而復始，這是常人氣血流灌的正常生理，也稱先天生理動態流灌。這種流灌法猶如江河之水入海不回頭，失損甚多，人體的氣血精也是如此。這樣的常規流灌，不利於養身固本、延年益壽。

道家發現如果將前任後督二脈貫通，讓督脈的真氣出齦交進承漿與任脈媾通，讓督脈真氣隨同任脈真氣返回下降，回到出處，再將任脈與督脈的下鎖打開媾通，任脈再沿督脈上升成為週而復始的任督二脈真氣循環，流灌滋養全身後將剩餘的氣血精復歸出處，這樣的循環法，氣血精失損大幅度減少，不必要消耗的氣血精也銳減，這種循環更有利於養身固本延年益壽和行功養道。這種循環法無論對靜心養靈根，或動心射丹田，在拳法中均起主導作用。

丹田的練法及意感：練丹田功首練任督二脈的媾通，只有媾通任督二脈才可練大小周天循環暢通，只有大小周天循環暢通後才可練丹田的養聚和射丹。

練此法首先用外象猴勢內站丹田的方法，練時在外象猴勢束身中，肋骨猶如魚鰓閉合，肋骨閉合時先提腎心，然後緊撮穀道內提，猛勾尾閭上提，盡力撩陰上撬。用以上法則來搭通下鵲橋。

搭下鵲橋，還要有提腎心時腎與心有靠近的感覺，穀道內提時有如忍便的感覺，胯緊裏抽時有夾一物而不丟的

感覺，撩陰上撬時有如忍小便的感覺，勾尾閭時有兜物不漏的感覺。此時全身呈弓形，同時還要將華店（蓋）穴處吞回，吞到胸部猶如瓦圓，丹田處扣回，扣到猶如卦象的離中虛，形形中貓的團中弓，這就是拳譜中的空胸實腹氣貼背的具體勢法。久而久之的磨鍊以上法則，真氣就會由弱到強，由蟻竄發展成氣行滾滾，出現週而復始的自我循環現象，此時如練靜養丹田，諸氣就會像五氣朝元，進入上丹田。如練動射丹田，就會井池雙穴發勁洶洶，無論氣行或發勁，心理和肢體皆放鬆，筋骨肉皮毛血均有下沉感，全身內外上下有沉至湧泉的意念。這叫做頂心杳手心，手心杳腳心，足起到天門。

搭下鵲橋更細的練法主要有舌頂上腭，脖頸龜縮，鼻對臍，目視鼎，虎抱頭。舌頂上腭時舌呈90°頂住上腭，脖頸龜縮時頭要微仰，鼻對臍時身軀要中正，目視鼎時要心視，虎抱頭時要帶猴靈。這是真氣上升搭下鵲橋的練法。下鵲橋搭通後，清氣出關竅沿督脈上升進泥丸宮，叫做諸形皆降，清氣獨升。

搭上鵲橋是在搭下鵲橋的基礎上，除舌頂上腭照舊外，其餘動作全部復原。舌頂上腭是因口眼耳鼻七孔均為耗真氣之處，尤其是上天盆處的天池穴耗真氣最多，所以修煉周天循環法，無論行、立、坐、臥、蹲均舌頂上腭。舌頂上腭功能有二：一可閉住天池穴；二可引真氣出督降任。這天池穴一閉，上鵲橋便自行搭通，搭通後真氣就會出泥丸宮沿任脈降海底。拳譜曰：「上竅不閉天池穴，玄膺不開；下竅不閉任脈尾，督脈不開；中竅六脈不閉，天

靈竅不開」，等等。這是濁氣降下的練法，這叫做諸形皆升，濁氣獨降。

丹田功能：丹田是練功用訣的關鍵部位，是真氣的產生、生化、聚合、充養、昇華的處所。丹田出現鼓蕩，丹道出現氣行滾滾後，須著重專門練靜養，只有靜養才能促使丹田真氣互循表裏更活躍，互調五臟六腑平和更頻繁，並可通十二正經、奇經八脈的滯凝，消上七竅、下二竅和四肢百骸皮毛的障弊，這是一脈通帶動百脈通後的威力。

《頻湖脈學》所論述的任督二脈，相通的說法是指一脈通後可帶動百脈通，百脈通後五臟六腑四肢百骸通過經絡便可對全身修殘補缺，自我平衡，這使人體的真氣循環和氣血相輸出現了一個飛躍，使混元一氣充盈。這種氣充盈後，聚能成形，散可入血，並能流注於全身，促使靈光吊眉。

此時的真氣靜能養，動能催，上能升，下能降，停能凝，動能行。一吸氣，真氣上泥丸；一呼氣，真氣降湧泉，使人產生寧心靜氣，和順自舒，志堅身安的感覺。這種真氣循環能使氣血精在上三路頭頸肩，中三路腰腹背，下三路腿膝足及四梢暢通循環，這種循環法用少量的氣血精灌注人體，就能達到或超過原先氣血精用量的功效。以上的功效首先是一個養字，如但練不養難上層次，不過但養不練難以運用，所以說練本功法著重於一個靜心者養道，輔助於一個動心者敵將。

古拳譜要語彙錄和養氣法中指出：「精養靈根氣養神，行功養道見天真。丹田養就護命寶，萬兩黃金不與

人。」由此可見對丹田的行功與養道要並肩而行。

丹田真氣淵源：煉丹田首煉調氣歸丹田。因丹田無氣，猶如用鍋爐的火車、輪船，有鍋爐而無蒸氣無動力可談，所以練本拳先要知道丹田氣是從清氣而來，清氣也稱外來之氣。道家的「人以五氣入鼻藏於心肺，人以五味入口藏於腸胃，味有所生以養五氣，週而復始溫飽人體。」這種觀點，被前輩引進了武術的基本概念中。以上所講謂外來之氣充實先天之氣的氣源。

丹田築基：丹田有了氣感後，便成為人體精華庫區，築基的田地。拳譜曰：

　　日精月華天煉人，築基堅實金剛身。

　　四象會時玄體就，五行全處紫金明。

練心意拳築基，男在16歲之前，女在14歲之前，因天癸未至，腎竅未開，元精無漏，元精隨氣血流走全身自補虧盈，這時男女只有形骸上的不同，沒有陰陽和精氣上的區別，因原精處於混元，尚未扒離，底基牢固，父母先天之精和本人後天水穀精微之精，隨氣血流走。男孩未提煉陽胞所藏之精，女孩未提煉胞室所藏之華，這種年齡練功不用煉精化氣就可直接煉氣化神，這種年齡練的功叫做奶奶功。

男孩在16歲時天癸至精氣集，女孩在14歲時天癸至任督通，太衝脈盛，月事生，從混元一氣走向陰陽自分。此時五臟六腑先天精氣與後天精氣齊往腎臟聚結。男孩精液漏，女孩月事下。此時練功須從築基開始。練築基應知十二正經和奇經八脈的走向與功能和所有經絡相互間的連

帶關係，如不掌握這些知識，練築基功猶如學射而不操弓矢，就是丹田有了基功也無法啟用。為了方便於煉丹田及大小周天，故將經絡的走向與接壤摘錄，以供參考。

經絡：武術書中所講的經絡與穴位和中醫所講的大體相同。拳譜曰武術起源於易，而成於醫，所以說武術中所講的經絡穴位是以中醫經絡穴位為依據。例如武術中的山根穴、祖竅穴是醫學中的印堂穴，腎根穴為會陰穴，空井穴為湧泉穴等。總而言之，練武術者雖然須知經絡穴位，但可不必像醫生那樣詳細。

經絡是人體內氣血運行的通道，脈絡是氣血運行的主幹和分支，起源於臟腑，由十二正經和奇經八脈組成，直行的叫經，旁行的叫絡，它們循環不息，分佈於人體的所有組織和各個器管，經脈包括十二正經和奇經八脈。手三陽經從手走頭，由手指起，經上肢外側，止於面部，此經前為陽明，中為少陽，後為太陽。

足三陽經從頭走足，由頭部起，經過軀幹止於足部，前為陽明，中為少陽，後為太陽。

足三陰經從足走腹，經下肢內側，止於胸部，前為太陰，中為厥陰，後為少陰，還有六陰不上頭之說，所以有頭為諸陽之會的論述。

丹田運用：上丹田練成後，可養腦充髓，靈光吊眉，並可續練頭部的抗打功能，是用落勁的源頭。

中丹田練成後可養心宣肺，續練腹腰胸背的抗打功能，是用直勁的源頭。

下丹田是練各種功夫的基礎，是用諸勁的源頭。把任

督二脈打通後方可言丹田功能。對於丹田的功能，多種藝人都比較重視。

練武術的人認為，靜養丹田和動射丹田二者可循環磨鍊。前者可生護命寶、金剛體；後者可現虎踐馬奔龍驚兔脫燕抄水的敏捷。若用丹田的真氣催動身攛手抖，在一瞬間，猶如滿弓復原，箭矢流星，一發他人卻不及避；如運用於養身健體，可延年益壽。

唱歌唱戲說書的藝人認為，只要丹田結了丹，字正腔圓震四方，嗓音豐厚圓潤亮，底氣充足喉不傷。

揮毫潑墨者，對丹田看得也很重，他們認為畫抒情詩言志，揮毫潑墨丹田氣，粗看好似渾身無力，細察卻無絲毫柔弱之跡。所出之作可沾滿剛靈之氣，內含春風微拂楊柳梢嬌柔之神韻。以上各家業績皆出自丹田功能。不過丹田如不有意識地用特殊的方法去練它，它是一個虛無的東西。如有意識地去練它，它又是一個真氣集散的基地。總的來說，修煉丹田實質上是培養一個人體的中央領導而已。以上謂丹田總論。

下附戴氏心意拳啟動丹田功能的養練圖。

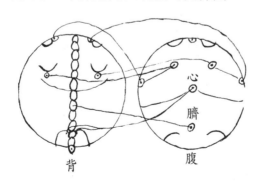

丹田功能行功圖

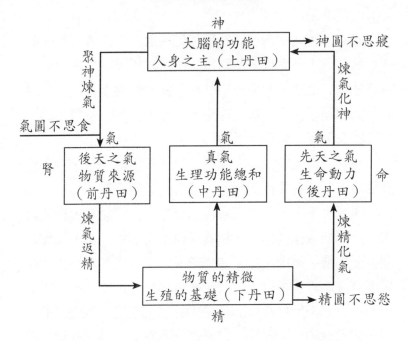

以上所述的丹田不外是養丹田、守丹田、抱丹田、搬丹田、翻丹田、滾丹田、內翻外滾丹田、濟丹田、奔丹田和射丹田。又射丹田有三種：

一是不出步射丹田。這種射法是起勁和橫炸勁，亦稱繃橫勁，名曰「站毛猴」，純任自然之功；

二是出步射丹田；

三是加寸步射丹田。

這幾種射丹田法是將早已內翻的丹田向外猛扣猛催，扣催時兩掌翻裹向內摟濟丹田。以上所述丹田的各種練法，可生三種勁節勁道：第一是展放勁，一交手將對方放

翻或扔出，而對方毫無疼痛的感覺；二是穿透勁，一交手，我若擊敵前面，必須有從背後穿出的意念，才能震盪對方內臟或穴門，如打在前胸，對方則產生痛及背後的感覺；三是展放性穿透勁，一交手將對方放翻的同時，傷筋錯骨，並傷其內臟。將展放勁與穿透勁合為一體，成展放性穿透勁。這種勁法皆是射丹田的功效，也是拳打三節不見形的底基。

註：胎吸。所謂胎吸即模擬胎兒在母腹中飲其元氣的功法。

註：雞手，亦稱紅孩兒手。由於胎兒在母腹中閉氣不呼不吸，兩手虛握，故練胎吸也取此姿勢。道教中有咽喉向下十二樓，胎吸之氣上通頭。所以胎吸之氣又稱補腦駐顏延壽法。

第二節　五音與雷聲

練養功與發功，五音與雷聲在相互應和中得以區分，有節奏的為音，簡單的為聲。練功時音聲相和，發功時去音發聲。五音在心與意合中磨鍊，雷聲在氣與力合中爆發。

聲音是物質震動的結果，不同的物質有不同的聲音，同樣的物質不同的形狀，可發出不同音高，人的發聲取決於聲帶的鬆緊，氣流的大小、方向，口腔、鼻腔、胸腔參與共鳴的方式。知道這個前提，就能更好地理解心意拳的五音與雷聲。

　　五音雷聲，是我們耳朵感受的外部表象，習拳者發音練聲不可模仿唱歌那樣，這種現象看似相同，其實是尋求練功和發功時最自然的聲音。換言之，如果我們的內外三合都做到了位，聲音的細微差異是不必深究的。

　　本拳對發音和發聲的要求是，發音在外三合的到位與內三合心與意合、意與氣合中念出，在口中念出不算念，心中念出方為念，念到不念自念方為上層技。

　　對發雷聲的要求，發聲時在外三合束與展的瞬間與內三合的氣與力合中發出。發雷聲是丹田催出不算催，肺經催出方為催。練音追求的是一種感覺，體現的是一種意念，顯示的是一種和合，其實是一種等待。練雷聲表現的是一種動態，體現的是一種手段，顯示的是一種彪悍，其實是一種追尋。以上二法無論等待或不念自念，或肺經催出方為催，均是一種費時費事的功法。

　　本拳口傳中有三年猴勢二年腿，五年難練音變雷。以上無論發音與發聲，皆以氣為本。拳譜中有「夫氣者聲音之帥也。」這聲與音在本功法中謂以音詠心，以聲宣意，以音練功，以聲發功。這五音為靜心者修道所運用，這雷聲為動心者敵將所運用。拳經曰：「知聲不知音者不能練功，知音不知聲者不能發功。」本拳的口傳是練功靠音，打人靠聲。氣走丹田發音，氣走肺經發聲；發音用氣，發聲用力；發音丹田取氣，發聲口唇取力。在發音與發聲時均要借鑒（辨五音例）宮、商、角、徵、（雞）羽發音法發出，否則發出音就會有零碎之感，此音猶如鳥悲鳴聲，這種音是難以練功的音；發出的聲也會滯滯失真，有拖尾

之感，猶如鴨呱喧噪，這種聲是難以發功的聲。這五音由晗、咩、咦、喉、呵組成（也有將晗念成嗨的，將咩念成羊的）。這雷聲由咦呵組成。下譯五音。

1. 五 音

練五音可按照用氣六法中的任何一法去練。此六法是取氣、換氣、偷氣、歇氣、就氣、緩氣。

(1)取氣：即念時先吸一口氣，將氣吸至丹田；呼氣時不要將氣呼盡，留有餘地。

(2)換氣：在練功念音時，動作過慢，時間過長，換氣不斷音。此時的換氣是氣不夠用時的換氣。換氣時不可張口用鼻吸氣，吸氣時要足，呼氣時要勻長。

(3)偷氣：在音與音相接時，氣將用完，用鼻口同吸的方法迅速將氣吸進，使音有一氣念完的感覺。

(4)歇氣：念音時口念和心念交換進行，只在收勢落音時用一點氣。

(5)就氣：念音時量氣而念，不勉強用氣。

(6)緩氣：念音時不必平均用氣，特別是勢慢音長時可緩一口氣，將音不同程度地念出即可。

這五音用六法是本拳以束身吸氣為納，展身呼氣為吐的調氣導引健身法和練功法。納可促使丹田凝聚真氣，吐可使丹田真氣貫體催肢。這五音配入五拳中，呵音用五音中的徵音調念出。此音應心，練炮拳時念出。咩音用五音中的角音調念出，此音應肝，練崩拳時念出。喉音用五音中的宮音調念出。此音應脾，練橫拳時念出。咦音用五音中的商音調念出。此音應肺，練劈拳時念出。晗音用五音

中的羽音調念出。此音應腎，練躦拳時念出。在念音時對每個字要細心揣摩，反覆推敲，此謂發音要審，只有審準五音，才能真正達到調氣養身和練功的目的。

五音雖分五種，其實發音為萬殊，只要能聲引字出，字出氣催，就能達到不傷自，不累自，並有氣裕用之不竭的感覺，而且有穿透力和震懾力。不過如審不準發五音的基準，會導致練功者目眩游移，發出的音與聲混沌不清，或尖而無韻，或啞而無力。

以上五音配五行拳，無論那種音配那種拳，初練時皆可出聲，練到呼也長、吸也長時才可有念無音。具體方法：念畢低頭閉口，用鼻徐徐將天地間清氣吸入，念時呼出。將以上諸法運用於五音配五拳中。

五音配五拳的練法：

「啥」——啥是配合練躦拳養腎的口訣。練躦拳念啥，用口大張的法則將「啥」字念準。念時要輕長，速度的快慢隨拳勢起落的速度同步進行。又念時用意念將氣吸至丹田，呼氣時也是用意念將氣從丹田呼出。初念時有聲，念到隨心自然後，可將字無聲念出。念時字領氣走，氣催字出，並找準著力點（著力點是口腔內發出不同聲音的部位）。這種念法具有泄腎臟濁氣的功效。

「咩」——咩音是練崩拳養肝的口訣。練崩拳念咩，用舌退卻的法則將「咩」字念出，其他方法與啥相同。念咩音具有泄出肝臟濁氣的功效。

「咦」——咦音是練劈拳養肺的口訣。練劈拳念咦，用撮口聚的法則將「咦」念出。其他法則與念啥相同。念

咦音具有泄出肺臟濁氣的功效。

「喉」——喉音是練橫拳養脾的口訣。練橫拳時念喉，用舌柱齒的法則將「喉」字念出，其他方法與念哈字的方法相同。念喉音具有泄出脾臟濁氣的功效。

「呵」——呵音是練炮拳養心的口訣。練炮拳時念呵，用舌居中的法則將「呵」字念出，其他法則與念哈字的方法相同。念呵音具有泄出心臟濁氣的功效。

2. 雷 聲

雷聲是內三合外三合相合的產物，由「咦呵」二字組成，用氣與力合射丹田發出，有振聾發聵的功效，作用於壯己攝彼。

咦聲能啟動全身潛能及喚起全身的準備動作，提高氣勁壓縮，促氣行滾滾鼓蕩和提高肢體收束的緊湊成度。

呵聲可統全身動作的一致和釋放出軀體內全部潛能，對滾滾之氣的徹底暴發和對肢體的展放有著特殊功效。

咦呵連聲，除含有以上功能外，既可提高自身的抗打擊度，又可在瞬間打破對方思路的平衡專一。拳譜中有「咦為一小動，呵為一大動」及「咦為號也，呵為令也」的論斷，並用「咦呵連聲陣雷聲來」形容這種發聲。

咦為一小動是射丹田前的準備動作，也指身落手起束身進發的聲音，是自身蓄氣聚勁的必由之路。發聲時將咦念成一字，此聲在張嘴吸氣中發出，發出的音為輕收，所以稱咦為一小動。

注意事項

發咦聲，念咦時須尖而不呱，猶如廟磬之聲有穿透力

（廟磬指廟中的磬兒）。

呵為一大動，是射丹田時的暴發，指身起手落展身時向他人傾瀉氣勁。發聲時將呵念成虎字。此聲在閉嘴呼氣中發出，發出的音為重剎，所以稱呵為一大動。

注意事項

發呵聲時須亮而不噪，猶如廟鐘有震懾力（廟鐘指寺廟中的大鐘）。

咦是號也。用咦聲的功能來調動身軀的收束、弓屈、疊和、前撲中的束鑽踩撲舒五種勁節，這五種勁節在咦聲中對內起到了前任後督氣行滾滾的暢通性，對外起到了束身與直進及兩肩鑽一孔，猴勢齊到位，窮身而入的同步性。

呵是令也。用呵聲引爆前任後督氣行滾滾，並將此氣勁運用於釘頂崩橫弓催放中的抖撒剎裹決五種勁道中，促使前任後督滾滾真氣向井池雙穴發勁洶洶，在瞬間暴發於四面八方，作用到對方軀體。

咦呵連聲陣雷聲。咦指收斂內意，束弓外形，起驚起四梢的疾打冷，震起思想的驚警謹。呵指將前者的功能暴發到淋漓盡致，拳譜中的渾身勁道釋放到一決而無不絕，勢法展放到一絕而無不絕。

練雷聲在動作和意念方面應注意，無論發咦聲或發呵聲皆要在內外天地陰陽翻中進行。

在束身直進，頂心杳手心，手心杳腳心的意念中將咦聲發出。

在展身直起時丹田催腹，腹催胸，胸催肩，肩催肘，

肘催手和在真氣出海底，發起到天門的意念中將呵聲發出。

如按以上之法將咦呵二聲連續發出，便成為陣雷聲。

雷聲在用氣方面應注意，發雷聲射丹田用氣催聲時，儘量避免粗、弱、濁、散、短之氣的運用。因氣粗則聲浮，氣弱則聲啞，氣濁則聲滯，氣散則聲竭，氣短則音尖。而且以上幾種發聲有累自傷自的弊病。用氣催聲在本拳中尤為重要，只有用氣發聲正確，才能出現歌訣中雷聲的效益。下附雷聲拳譜中原歌訣。

歌訣一

　　奪人千古伏先聲，聲裏威風退萬兵。

　　孰是癡情天不怕，迅雷一震也應驚。

奪人千古伏先聲：奪人指征服控制對方。千古，指從古到今。伏，指埋伏。先聲，指聲在動作前。此意為聲出拳至。總的概念是從古到今在搏殺中忽然發出的怒吼。

歌訣二

　　誰將旗鼓壯軍聲，凱歌歡呼退敵兵。

　　豈是空談三捷武，聞雷失箸自應驚。

誰將旗鼓壯軍威：此意為在爭鬥鏖戰中，是誰發明了用旌旗、戰鼓和喊聲、殺聲來壯軍威？

凱歌歡呼退敵兵：此意為將敵人打退了，打敗了，勝利了，軍隊高唱凱歌，凱旋而歸，歡呼雀躍慶祝勝利。

豈是空談三捷武：此意為取得勝利後，在總結經驗中提出戰爭的勝利不但是武藝的高強、兵器的銳利、戰略戰術的到位，還有戰旗翻飛，戰鼓似雷，特別是雷鳴般的、

山崩地裂似的喊殺連天、震耳發聵的聲音震懾了對方，使對方頓感毛骨悚然，取得了勝利。這句話符合了《孫子兵法》軍事中的虎吼、雷鳴、馬嘯嘯的境界。

聞雷失箸自應驚：此意為這麼大的效力是從那兒來的？本拳借鑒了祁縣人羅貫中所著《三國演義》曹操青梅煮酒論英雄典故中的「炸雷至頂驚煞人，聞雷失箸效如神」而來。

第一篇拳經歌訣的雷聲指戰爭或單打獨鬥，第二篇拳經歌訣的雷聲指戰役或大部隊作戰。第一篇雷聲裏的「孰是癡情天不怕，迅雷一震也應驚」，這癡情的癡指癡人、呆人、愣頭青和膽大之人。就是這樣的人在忽然間一聲怒吼也要嚇一跳。

第二篇的「聞雷失箸自應驚」，說吃飯時一聲炸雷至，嚇得將筷子也掉到地下了。講求雷聲的突然性，即在對手的意料之外，也指兵戰殺氣（箸，舊時指筷子）。

五音雷聲，是創本拳者與後輩大師在習拳和實戰中的寶貴經驗。

第三節　六　合

內三合、外三合是心意拳規矩的準繩。心意為圓，六合為方，故將心意拳命名為六合心意拳。內三合心動意到氣隨，外三合根催中隨梢追，六合一貫同化萬拳、演化萬拳、和諧萬拳。

戴氏六合心意拳譜中有這樣幾段序，為六合做了重要

論述。

「人莫不有拳，而能顯其用者則鮮，蓋因有拳而無心意，則拳法無術，其功不著，雖有亦視無耳，誠以心意拳者，一本者也，誠以拳術者，萬殊者也，有一本心意之靈，方生萬殊拳術之妙，且宇宙之事業皆生於心意，事業且然何況拳術乎？此心意之所以見重於拳術者，而不可缺者也。至於拳術重視六合者又何也？蓋有心與意，意與氣，氣與力之內三合，則內自印合，蓋手與足，肘與膝，肩與胯之外三合，則外自整飾。練到混元一氣內印，渾圓一體外整，謂渾元一勢，至此無暇可擊。苟六者不合，則外無整飾，內無印合，無印無整勢同散沙，散沙之勢不敗猶辛，安望勝敵？此六合之見乃拳中之堅也，學拳者果能心意靈通，六合印正而曰拳不著，吾不信矣」。

又在祁人高降衡編著的《形意拳基本行功秘法》一書中，有古陶人李鄉亭所作的序中也提到六合一法。筆者認為此序有知竅導竅的價值，所以全序抄錄。

「國術一道，由來已久，雖代有名流，然其教多屬口傳，且嘗存授藝不授意之病。有先知先覺者，為保存國粹，復於民族計，感武術之需，誠救國之藥石，於是竭盡全力，以倡導之。向不輕視於人之拳譜精義，亦多見諸著述，公示於人耳。余友高君殿卿，酷好斯道，精於形意拳，每工作之暇，必同二三知己，悉心研究，偶然興高采烈，通宵達旦，而未見有惰容。乙亥之春，君將所學之一部，編定成冊，定名為《形意拳基本行功秘法》。其練法，必從根本著手，首站丹田，接練六合，使丹田之氣，

靈活無滯，再將心神意氣，手眼身法步，貫注一氣，不有空隙，則內外六合成功，左右互易，進退連環，一發而他人不及避，如此方可造此極也。是為序。」

以上所講，練本拳循六合之規，方可成為真正的心意拳，由此可見，心意是事物，六合是規矩。這六合在本拳中所指心與意合謂不偏不倚，意與氣合謂中正平合，氣與力合謂自然相隨，練內自整飾。手與足合謂手足相應，肘與膝合謂肘隨膝動，肩與胯合謂肩胯相照，練外自印合。

從以上兩序可以看出，內三合是心意氣力要貫穿始終，以內催外相輔相成。這外三合是身軀肢體相隨相應，以根帶梢收合協調。

練內三合精神意氣歸於心，才能練出內三合的內自印合。練外三合的三三九節歸於意，才能練出外三合的外自整飾。只有內外合一才能練出內外相合精神意氣一貫，達六合容萬物並育而不相害，存道並而不相悖。

此法促使人在演練中或技擊時隨心所欲，達到高度內印外整。內三合還要練出心不枉動動必應，外三合練到拳不亂出出必準。初練以重擊輕，到勢法清實力生時要以輕擊重方為六合之果。

六合雖寥寥數語，但內涵及其深邃，外延非常廣闊，所以練戴氏心意拳要心神聚一，意識敏銳，充分體現心意沉於中，肢體形於外的章法，方能做到心意意念間，六合齊到位，至徹至靈的狀態。那麼，怎樣去認識內三合的心意氣力呢？

心是相對意而言的，心為裁判，特點是快，意為先

鋒，特點是廣。心是恒定的，意是活動的，練內自印合外自整飾，都是靠它們完成的。

六合不可截然分開，但是為了方便表述、探討、體味、運用和傳授，我們分開講述。

1. 心與意合

心為想事，意為辦事。想的事辦好了謂心與意合。口傳曰：心為元帥，意為先鋒。

心與意合是前輩把供血器官的心臟認為成思維器官，所以才產生了心有心思、心計、心裁、好心、歹心，及意有來意、去意、攻意、守意、會意等詞語。心既然指的是大腦思維，那麼同是來自一個器官的心和意，又有什麼區別呢？祖師父們把思維過程又分成了兩個方面，把心視為主觀，把意視為客觀，心與意合就成了主客觀的統一。又心為起因，意為結果這樣的結論，按拳譜的含義講是前輩借鑒了「心之官則思」的觀點，認為方寸之心是產生主體意識的神明之處，這種神明可取外界客觀事物而進行分析活動，並克服思非所想，感非所觸，以此來提高判斷和選擇及行動的正確程度，此過程是心動生意，心定意守，意守心安，此為靜中的心與意合。如心為元帥發令，意為先鋒遵令，心似猿動，意如馬馳，此為動中的心與意合，總的概念是心一動，意統諸氣具動；心一收，意統諸氣具斂，達到心以思為職，意以念為用叫心與意合。

但須注意，練心與意合時要柔心靜氣，順應自然規律而練習，練到心無滯礙，意無遂波，心想事成。例：你想

喝水，喝到了水也謂心與意合。

2. 意與氣合

意為意念，氣為力源。意念要將氣引到發勁部位，並且引到了，謂氣與意合。

意與氣合的氣，專指煉精化氣的氣，及魂魄二氣的氣。關於一呼一吸之氣，此法是用意念將介面空氣吸至丹田，呼至肺經，是調呼吸的法則，也是為了打破先天的布氣之法，練出意斂氣聚，意動氣騰，讓意主動進入抑制狀態，讓氣在意的作用下，達到大幅度的調節神經，使元氣充盈。拳譜曰：「魂氣屬陽，魄氣屬陰。魂氣屬陽靈敏輕清，可虛可實，可剛可柔，並能循環變化，如與意合可促使外形動作行之無聲，動之無形。魄氣屬陰，渾厚重濁，堅強猛烈，不撓不逃，如與意合可摧堅。」

所以講，武術之精者，還需精於氣；精於氣者，還需通於意。只有這樣才能以意引氣，氣隨意行。

例：你想一口氣吹滅燈，並做到了也稱意與氣合。

3. 氣與力合

氣為力源，力為勁源。用意念將氣引到所需部位，氣將力催出易為勁，謂氣與力合。

氣與力合的目的是以力易勁。將拙力、膂力易為勁力。勁力亦稱氣力。力是肌肉鬆弛與收縮產生的效能，也是身軀器官的效能。分佈於四肢的力稱拙力，分佈於脊椎骨兩側的力稱為膂力，二者皆為先天之力，統稱體力。此

力局限大，易竭。只有運用氣與力合，力才會出現裂變，易力為勁。勁不但威力大，且不易竭。拳譜曰：「人之肢體發射之物有二，曰力，曰勁。限於肩背謂之力，倏達於四肢為之勁。」力顯遲，只限於局部；勁順暢，可速達於全身。又力方而勁圓。此意是若用力與人技擊，人體外形會體現出棱角，因力長而勁短。此意是技擊時用力只能長時相持，而勁則猶如閃電一閃即逝，即如拳譜要語中所講，「拳打三節不見形」。此意除治一節而治節節之意外，也指用勁出擊以快治快。

所以練本拳的前輩們特別強調，運用本拳者要貴勁不貴力，修煉本拳者要尚意不尚力，勁雖不能持久，只要丹田一射，無論拳、肘、肩、膝、足、胯、頭，疾如箭矢離弦，快似蜻蜓點水，一著即止，在這頃刻之間會出現龍驚、兔脫疾速之勢，讓敵猝不及防。

以上是氣與力合的功效。

按現代思路講，力是大腦支派肌肉束舒的結果，肌肉束舒的密與疏和氣的強與弱、疾與緩決定著力易勁的大與小。拳譜曰：「氣有促行之功，力有捨取之能。」此意為有氣方有力，無氣則無力；氣順則力發，氣足則力勇，此謂力隨氣行。在力隨氣行時束身而緊。一緊即用雷聲催肌體的抖擻法一決而無不絕將力發出，形動聲發。

例如，你想將一塊大石頭搬起來，大喝一聲石頭搬起來了，叫做氣與力合。

外三合：手與足合，手隨足動，手足相照，足扣手占中，足踩手撥著，謂手與足合，是二梢節之合。

1. 手與足合

先練出手與手合，足與足合，然後再練手隨足動，足先手後，足停手止，才能練手與足合。手與手合要左右照應，上下相隨，長短互用，可成為巧手、妙手、連環手。手也是人體三大穴之一勞宮穴的所在地，譜曰：「手為梢節刁拿撥作。」手是兩扇門，打人全憑翻掌靈，起手之法摘捧攛，手落之法丟摟抽。如不出手左手在前成掌，右手在後成拳，一前一後成一直線，或雙手用疊腕法則呈雞手，一上一下占住自身中門，對準他人中門，這種手法稱金雞奪落手，謂手法之合。

手與足合中的足，是全身之根，有支撐身軀平衡穩固及挪移的功能。足在九節中如停謂根節，如動謂下節之梢節。

足與足合用，鑽，閃挪，提踹，起踢，左右碾展，進退連環。挪寸，遠及丈，練成後可虎踐馬奔，龍蛇而行，又可神龍水面行。足也是人體三大穴之一，湧泉穴所在地。拳譜曰：「足為梢節踩鑽搓剎。」踩鑽全憑後足蹬。搓剎之時勝釘釘。又寧可無手不可無步，因步打七分，手打三，步不先動皆枉然。前足帶後足，後足跟前足，謂足法之合。

運用根節、中節，只有手與足合，在技擊中才可開門進擊，閉門閃退；在練中才不會凸凹不齊，手法才可敏捷雙收，足法才可穩靈雙慧。足有行程之法，手有撥轉之能，手的拔轉之能只有手與足合才能在橫、順、起、落、

刁、拿中顯出把把鷹捉、把把似炮和雲領挈撥或手接手有手作無手的勁節勁道。

足有行程之法，可進退挪移，踩如釘釘。足追足，有前足帶後足的作用。總之手與足合在運用中為足帶手進，手隨足行，手足齊到方為真，謂動中的手與足合。手不出手占中央，兩手就在洞中藏，足不出腳站長三，原步不動陰口張，謂靜中的手與足合。足動手隨，足停手歸，兩足後跟不可外扣，兩手出洞入洞隨身，手隨足動，手隨足停，謂手與足合。

例如，向前出擊，手指尖與足趾尖相照，如橫擊手的大拇指一邊的手掌邊與足小拇趾一邊的掌邊相照，謂手與足合

練 法

身呈舒勢，左臂的大臂貼身，小肘貼肋抬起，手成掌，呈按瓢勢，手指尖與左足小拇趾外邊齊，手指指尖不得超過足趾尖。右手成拳，置於心窩下面，拳頭邊和右腳小拇趾邊齊，拳頭邊不可超過足趾尖。此為左式手與足合，如練右式的手與足合，反過來即可。此法左右互練。

2. 肘與膝合

肘拐膝扣，肘垂膝屈，謂肘與膝合，是二中節之合。

先練兩肘不離肋，肘尖對膝尖。膝練兩膝緊挨，前膝彎套住後膝峰。前者練出拳不亂，後者練敵不易插入我中門。肘有承上催下的功能，練好肘法不但兩肘夾肋出拳不亂，並可保護軟肋和兩腋的安全，又能將腰背肩的氣與力

達於手。練出兩肘拐平心謂肘法之合。

膝為大腿和小腿的樞紐，是輸運大腿之力達於足的必由之路，故在束鑽時有提足不提膝一法，不提膝為的是內扣有勁，前進時隨腰而進，落地時前撅弓曲有勢，也是膝與膝合的一種勢法。這種勢法給縱鑽、橫閃提供了強勁的合力，並可提高平衡穩固性和進退疾速。譜有「雙膝如夾緊，中門不關自閉」，此謂膝法之合。

肘與膝合時，肘須裏拐與心齊，拐時緊貼肋，不可與肋離開，膝須套扣緊挨。肘拐平心練裏滾，兩肘不離肋練夾垂。膝套扣練固合，膝緊挨練扣套，步步行動要摩脛練剪子固，二者皆練為上傳下達中夾。又練肘與膝合有兩種練法，一為動，一為靜，無論練動或靜應注意肘膝的配合。練動時，肘垂膝並，肘屈膝弓，肘拐膝扣，肘頂膝提，謂動中的肘與膝合。練靜時，肘夾肋，膝套膝，原步定勢，謂靜中的肘與膝合。身呈舒勢並舒其勢舒其力，此時兩膝往裏扣勁，兩肘尖不可後露，肘膝不可有死彎，均如半月，肘不超膝，肘隨膝出，膝扣肘拐，謂肘與膝合。

練　法

本法在手與足合的基礎上，左腳向左橫邁半步，右手從左手裏側順胸的中門線下插到腹部中間；插到腹部中間時，左手順右臂上滑，滑到右肩肩窩部停住，此時右手下插到左膝膝蓋處，手心朝外停住；停住後，右足向左足併攏，身呈舒勢定勢；定勢後左肘肘尖與左膝膝尖齊，右肘肘尖與右膝膝尖齊，此為左式肘與膝合。在左式肘與膝合的基礎上，右足向右橫邁半步，左手從右肩窩下滑，邊

滑邊翻掌，翻掌後下插，下插到腹部中間；右手順左臂上
滑，滑到左肩肩窩部停住，此時左手下插到右膝膝蓋處，
手心朝外停住；停住後左足向右足併攏，身呈舒勢定勢；
定勢後右肘肘尖與右膝膝尖齊，左肘肘尖與左膝膝尖齊，
此為右式肘與膝合的姿勢。本法要左右互練。

3. 肩與胯合

肩抱胯裏，肩隨胯動，兩肩沉抱，兩胯內裏，謂肩與
胯合，是二根節之合。

肩胯是中梢節勁源所在部位，也是貼身靠打強有力的
峰凸。肩練沉肩抱肩，胯練裏裏胯、外擺胯。肩謂上節的
根節，沉肩時須練出肩不上聳，抱肩時須練到肩有沉杳
勁。

肩既可發勁催肘，又可擊人，並且是旋轉臂和送臂縱
擊橫擺的基點，肩謂上節的根節。練沉肩時須練出頭懸，
練抱肩時須練出身如屋瓦及猴背的到位。

胯可輸送腰力直達腿部，又可將腳釘時所產生的反彈
力送到身軀的上半身，胯並且是盤根鐵柱的底基。

練　法

(1)肩下沉裏抱，胯用力往回抽裏。肩隨胯轉，肩尖
無論鑽擺、沉頂，要對準自身胯骨最高處才可運用。肩的
沉抱隨胯的裏夾而沉抱，沉抱時兩肩鬆杳齊向裏抽勁，胯
裏夾時也齊向裏抽勁，胯正肩正，胯轉肩調，謂肩與胯
合。

(2)右手向下斜插，指尖到達胯骨最高處；左手順右

臂上滑，滑到肩窩處，手心朝外停住。此為左式肩與胯合。左式肩與胯合定勢後，左手從肩窩處下滑，邊滑邊翻滑到腹部中間時向右下方斜插下去，插到指尖到達胯骨最高處，右手順左臂上滑，滑到肩窩處，手心朝外停住，此為右式肩與胯合。如收勢用蹲猴勢一法即可。此法定勢後左肩與左胯齊，右肩與右胯齊，此謂身法的身正合法。左肩與右胯齊，右肩與左胯齊，此謂身法的斜身合法。胯停肩定，胯裏肩抱，胯轉肩轉，胯進肩進，胯擺肩沉，胯打肩頂。總之，肩隨胯動，胯帶肩動，謂肩與胯合。此法左右互練即可。

以上謂內外三合的各自合法及動作要領。而它的內涵行為和外象動作，又指內三合是本拳的動力。練神聚，練氣行滾滾，修煉出內實有拳為目的，這氣行滾滾修煉出的內實有拳，是心意拳心靜的設計，而意卻是設計的實施。其中氣是血之本，調整血液流速這種氣是煉精化氣後入脈並浸潤於血中之氣，也是指氣與力合的氣。

力在體中布，體現於四肢身脊頭，修煉內三合不可無心、無意、無氣、無力。因無心則意亂，無意則氣散，氣散則力弱，力弱則難以以力易勁，更難以外拳含實，還會導致勁力無源。所以練者在練內三合時，須在心安中生意，意動中調氣，調氣中催力，以此來以力顯神，以神導勁，以勁技擊。

外三合肢體，體為大本營，肢為兵將。其中足為車，踩中門；手為門，占中線，手足相合占中，可四兩化千斤。

　　肘為錘，夾兩肋；膝為峰，膝套膝，肘膝相合，穿透勁倍增，可四兩送千斤。

　　肩為錐，鑽擺為用；胯為盤，擺打為放，肩與胯合除調動中梢節外，還可用借順滾靠貼敵體，為四兩撅千斤。總之，練式式相照，把把相扣，演練出外拳含實為目的。須注意的是在演練外三合時，要有勢、合規、順和、相隨。因有勢則尺寸合規，勁道疾生，順和則全身齊進，一貫則六方互應，八面皆安。否則式亂勢散，肢滯體僵，難以促進內三合的環環相扣及內實有拳。

　　六合中的內三合練內實有拳，外三合練外拳含實，二者合一才能顯示出六合的威力，在道家《陰陽六合真經》一書中指出，內外三合不能獨立論斷，只能相互作用。只有遵循道家這一原則，本拳才能精神意氣一貫，達到內外相合和前後左右中，顧攻不悖、天衣無縫的境界。

　　六合內外具練時，必須心神貫注，意念隨心，氣力集中；又須肩肘手胯膝足做相當的姿勢。在做姿勢時內三合要內中和，外三合要外形順；在技擊時，內三合要內中緊，外三合要外形束。內三合不悖於氣血運行及射丹田，外三合不乖戾於肢體變化而相隨，方為內外相合的前提。如果內三合有悖於氣血運行，外三合雖無絲毫乖戾，也是徒有虛架。如外三合存在乖戾之象，內三合雖無絲毫悖意，也是散氣難凝，總無大用。

　　六合是本拳的規矩。六合中只要有一合不合，就會導致形遲勢散，暴而氣亂，靜不養靈根，動難敵良將。只有遵照上述之法去修去練，才能避免以上弊病，才可修出心

一動意便隨，意一動氣便催，丹田一動肩胯相照，肘膝相
應，手足相隨，內收外束，氣斂體杳，內催外放，這便是
練六合的目的。拳譜曰：「六合基礎在丹田，修內練外氣
為先，精神意氣須一貫，內外相合心形空。」以上謂六合
概論，下述六合姿勢。

六合姿勢有熊勢、鷹勢和形意拳站樁下勢，熊勢六合
與鷹勢六合的練法基本相同，只是在手法上略有差異，心
意拳的六合與形意拳的六合內三合相同，外三合的外形較
有差異。

六合綜合練法有兩種勢：

1. 熊勢

練熊勢六合，在猴勢舒勢的基礎上，左足前移，足後
跟超過足尖，所超尺寸為本人的一拳頭，足向前，足後跟
不離地，足尖用力蹺起。左手呈雞手，手心朝裏置於虎窩
處，疊腕下垂；右手呈金雞耷落手，手心朝裏，置於虎
窩處，上下兩手皆占中門線。這熊勢六合為守法，亦稱顧
法。在舊時與人交手，如身呈熊勢不可進攻對方。

2. 鷹勢

鷹勢六合與熊勢六合基本同樣，不同的是左手手指略
屈、略抱，肘夾肋，右手與肚臍眼齊。左手指指向前方呈
45°定勢。這鷹勢六合為攻法，亦稱上法。在舊時與人交
手，如身呈鷹勢必須進攻對方。

注意事項

做此勢法，身須側面立，特別是在練下蹲時，面積越
小越好。因小則容易自顧，敵難以攻進我中門；如面積

大，極易被對方所圖。

　　以上六合無論何種勢法，均要心一動，意先氣後，意領氣，氣先力後，氣催力，杳腰屈膝伏身站，由內催外、根帶梢。此意是外形舒展導引內在吞吐，內在吞吐催動外形舒展，這樣就可形型與心神統一，由此來完成六合的要求。六合是本拳適變的大法則，練好六合在運用拳法時就會靈、固、簡。靈是變，是隨它性而變化；固是在他人變化不斷的情況下，我卻井然有序；簡是由於我運用以上二法，就能準確無誤地瞭解對方的動向，無論對方變化萬殊，也出不了我心意之中。下附六合歌訣與拳經歌訣。

　　內三合：

　　　　心與意合立根基，意與氣合暗力齊。

　　　　氣與力合寸勁道，催動外形射丹田。

　　外三合：

　　　　手足相合重心準，肘膝相合身架穩。

　　　　肩胯相合性情靈，神聚身團日月吞。

拳經歌訣：

心意沉於中，內合無形，靜心冷發，出手冰青，疾狠真。

肢體行於外，外合方圓，動心突收，回手寒秀，工順勇。

　　對以上之法要習之研之發揮之。筆者早凝傳承志，願盡餘生學心意。日蹲猴勢三百回，細究拳理兩三章。

第四節　猴勢三要

　　練三意相連。猴勢三要是身法中的細節，大體可分為

20種，它們是三併、三縮、三杳、三翻、三頂、三鬆、三和、三性、三到、三催、三扣、三圓、三曲、三挺、三抱、三毒、三進、三盤、先三意、後三意等，均需從猴勢中一一體現，缺一不可。

三併：足併，膝併，肘併。練振刷精神，集中神志，身似牟柱。

三縮：頭縮，尾閭縮，手足心縮。縮練吞，展練吐。

三彎：腿彎，背彎，肘彎。練束屈弓疊，練濁氣變清氣，引氣上旋。也是進退裏合的主要勢法。拳譜稱三彎套，外練弓曲束，內練氣衝關。

三齊：鼻尖、膝尖、足尖三尖齊，為的是練身軀中正。拳譜中稱其為三尖照，拳經中稱十二時鐘降下池。三彎與三齊是不可分割的，是最挨近的兩項要求。練此法的目的是自身的中正屈彎使體內產生壓強，動作越到位，壓強越大，爆發時可衍生出自身身體數倍的力量，而且不累己，不傷己。此二法是猴勢若干動作中的綱。

三心：足心，頂心，手心，指的是湧泉、勞宮、百會三穴，這三穴均是真氣循環中轉活躍的部位，是脈絡、孫絡最密集的部位及真氣中轉吞吐的部位。

三心縮是內吸的意思，也是收斂散氣的動作。三心杳是真氣入丹田，聚養蓄凝的動作。三心吐是真氣爆發催外形做工的動作。

三杳：頂心杳手心，手心杳足心，足心杳地。是練形鬆和引濁氣降下，迫使真氣上旋的最根本的練法。

三翻：天地翻，陰陽翻，波浪翻。是練丹田養功發功

228

的動作，也是練真氣循環和氣與力合中的一個姿勢動作。

三鬆：上節鬆，中節鬆，下節鬆。是練順其自然和引布真氣的方法，也是蓄力爆發和練凝神聚氣的必由之路。如上節鬆，可以氣達四梢；中節鬆，可以氣入三心；下節鬆，可以氣沉湧泉；手腳鬆，則氣到指尖；關節鬆，可以氣養百骸；外形鬆，則潤養全身；內在鬆，則臟腑氣充。鬆是緊的基礎，柔是剛的前提。

三頂：足心下頂，手心外頂，頂心上頂。此三頂實為二頂，二頂是足起到天門，氣出關竅直達泥丸宮，展身時釘頂，此時的泥丸宮猶如加壓站，將真氣輸入任脈。練時可養聚，用時可崩橫。

三和：胯肘膝和，手足腿和。此法可外去悖逆，內去乖戾，練靜謹警。

三性：三性是指眼、耳、心。眼有明性，耳有靈性，心有勇性。練知己知彼，審時度勢，練到大智若愚，方為練出三性的內涵。拳譜曰：「眼有明性，觀六路；耳有靈性，聽八方；心有勇性，放膽即成功。三性齊明，擊顧果斷。」

三到：心到，意到，氣到。心到生勇意正，意到生法氣騰，氣到如箭穿行，無論練動或練靜，如不精通此法，則可導致內不成拳，外拳不實。

三催：步催，身催，手催。步催是下節催，足進捲地風勝似鋼箭穿，腰催是中節催。此處講中節指上中下的中節，在心意拳中，腰稱為根節。

拳譜曰：「樹的根在下，人的根在腰。」腰催束身直

進，身直起，猶如熊出洞。手催謂梢節催。腕掌催指翻手為雲，覆手為雨，促使翻掌撥著有勢。拳譜中稱根節催中節，中節催梢節謂之三催。

三扣：肩扣，掌扣，足扣。肩扣真氣到肘，掌扣真氣到手，足扣真氣貫滿全身。凡扣均需陰陽翻轉到位。

三圓：背圓，胸圓，虎口圓。背圓蓄勁充實，氣路暢通；前胸圓真氣貼背，兩肋力豐；虎口圓勁力外宣。

三屈：二肱屈，脊椎屈，兩手腕屈。二肱屈力富，脊椎屈力臻，兩手腕屈靈巧。

三挺：項挺，膝埏，腰挺。項挺則精氣貫頂，真氣衝通玉枕關，進入泥丸宮，項挺導引；膝挺搣搣；腰挺力貫四面八方。

三抱：丹田抱，兩肘抱，膽量抱。丹田抱氣，氣不外漏；兩肘抱肋，出拳不亂；膽量抱身，應變不忙。

三毒：心毒，眼毒，手毒。心毒如捉鼠狸貓，眼毒如撲兔餓鷹，手毒如獵食猛虎。

三進：頭進，身進，足進。頭進是領，身進是攻，足進是射。

三意：三意有三種：①心意，氣意，力意；②顧意，打意，追意；③水之翻浪意，追風趕月意，起如挑擔意。以上三意實為十六助中的第十二款「起落」法。

拳譜曰：「起是去也，落是打也；起亦打，落亦打，起落如水之翻浪，此為進退中的手不空回意。起如蟄龍升天，落如霹雷震地；起如挑擔上山，落如水中按瓢；起如鋼叉，落如鉤杆。此為快捷意。未起摘之，未落墜之，其

為心想意領氣。」

以上為拳譜中的三意之法。

解 曰

起是去也：此意為束身鑽撲，用身落手起擊打對方；如對方不倒，緊接身起手落續擊對方。

如水翻浪：此意喻水的勁力最為大，浪進可推物向前，浪退可攜物向後。此處的水翻浪，指與對方相接後，無論進退挪閃，猶如一浪推一浪，勁勁不斷。

起如蟄龍升天，落如霹雷震地；起如挑擔，落如水中按瓢；起如鋼叉，落如勾杆；未起摘之，未落墜之：此意是起打落打的勁節勁道。起如蟄龍升天，指於無聲處忽展身，形容快。落如霹雷震地，指猛脆。起如挑擔，指腿直進，身直起。落如水中按瓢，指無論起打落打，不可出現雙重。起如鋼叉，指此拳要俐索。落如勾杆，指拳落走直線用猛脆勁，遇到形阻有反彈勁也指形阻神聚。未起摘之，指胸有甲兵萬計，早有準備。未落墜之，指度時審事，隨機應變，此兩句全面講為謀局謀勢。

以上為拳譜中的三意相連。

三盤：肩至頭為上盤，胯至肩為中盤，足至膝為下盤。

三節：肩胯為根節，肘膝為中節，手足為梢節。

三到：眼到，心到，手到。眼到是一眼定乾坤，心到是三截一瞬間，手到是開門翻掌靈。又看敵如同猛虎，此為眼到；馬到成功，其為心到；打敵如打偶，此為手到。

第五節 三 動

練借順滾。三動練出手似炮，回手火燒，也就是說要練出身一抖手便攛，打倒還覺遲的境界。

三動指重動，輕動，靈動。

重動：用不出步猴勢練，謂內外調整；出步去練，是內外配合。均練內外合一，練出猝剛。

輕動：用不出步猴勢練，謂內外隨順；出步去練，是內外沾黏。均練內外柔靜，練出瞬靜。

靈動：用蹲搬砸循環去練，練內外自然，練出虛實。這三種練法是心意拳由淺入深，由低級到高級的漸進階段，也是逐步形成內在混元合一，外形渾圓相照的主要練法。練出一觸即吸，一觸即吐。

三動譜稱三易，指的是易骨，易筋，易髓。易即改變。

易骨的改變以重動為主，指的是關節和原力的改變。練架，入滾字訣，用定心守神去練聚氣合力，練出身軀吞吐，練成大圓。

易筋的改變為輕動，輕動指的是肌肉和筋絡的改變。練合入順字訣用清靜無物，用意領氣隨去練，練出筋脈吞吐，練成小圓。

易髓的改變為靈動，指的是經絡和氣路的改變。練一貫入借字訣，用絕象引氣歸根，練氣催音發，練出骨髓吞吐，練出直圓達到滾豆成圓之圓。

這三動均須同時體現百會、勞宮、湧泉三穴和渾身毛髮也能吞吐。無論哪種吞吐，吞吐時要外形隨於腰，內氣發於丹田，丹田貫根節，根節催中節，中節追梢節，四梢皆驚。另一層道理，三動主要是改變一種原有的運動軌跡和用力習慣，並重新練出一個心意拳所需的新的運動軌跡和新的力道，然後運用這種新的產物去做功。

三動的根本練法：一是以外引內，二是以內催外，三是內外一貫。以上是三動的綜合法則，下面對三動的內涵細則逐個注釋。

重動：重動是拳練人，練精聚，練氣與力，練出蹲搬砸的細節，這是改變習慣肢體運動軌跡和習慣用力的開始，也是統一肢體勁力，把渾身的散勁練成整勁，也是練凝聚精氣和布氣的法則。這重動多屬取法，練時先用不出步蹲猴勢進行。這種練法在初練時外表要求苛刻，棱角必須分明，動作必須到位，姿勢必須合規。

先以慢練為主，後以快練為要。初練一般不宜多發快勁。這種功法普稱易骨功夫。另一層道理，骨即力量，包括力的方向和氣勁運動的速度快慢，軀幹和四肢用力配合的改變。因初學者用力習慣的過程，就決定了這種改變必須是緩慢的、持之以恆的，只有這樣才符合重動的技術要求，只有對原有的運動軌跡和習慣用力的徹底改變，才算打好下一步輕動的基礎。對於練重動一法，口傳為慢練細節、快練勁節。慢練重動時，慢的不能再慢了還覺快。練時，身法多練反弓法，以橫為主，足重釘，頭要狠頂，身直起。手法多練擰旋翻轉的動作和貼身下沉上提勁，全身

配合用脆決勁，著重體現抖擻勁。

以上練法先慢練，因慢則規則明，勢法清，固根基，實力生。等慢練重動能夠頂心杳手心，手心杳足心，一杳到底後，氣起到天門，便可轉入快練重動。只有快練重動，才能剛勁生，勢洶湧，練到脆猛短疾，齊整穩沉，嚴整壯重，出手兔驚，回手火燒，停似木雞，動似枝搖，這就達到了快練重動的目的。

練重動時，無論慢練或快練，開始時均可苦恒蠻拙，因蠻可勢洶湧，拙可實力生。先慢練重動是為了與彼接手交技不出現輕浮的弊病。若慢練重動過久又恐生滯僵，而出失靈顯呆的弊病，因此慢練重動後必續以快練重動，否則就是將下盤練成盤根鐵柱也不足以至用。

練　法

在起伏轉折的各種技術動作時身軀大縮大展。練四肢時，上肢練兩手不離心，兩肘不離肋，出洞入洞緊隨身。練下肢時練並膝，猶如剪子固。在以上二法的前提下，手腳的動作可大開大合，鼻可大呼大吸，口可大出大入。同時還須做到定要靜，動要迅，椿功穩固，搬砸到位。拳譜曰：「重動視陽反陰去。」練到疾速含剛，慢遲也含剛，並三心發熱，這是重動已到火候的反應，在這種情況下便可轉練輕動。下附重動歌訣：

> 重動練整站內外，縮束弓壓蓄氣勁。
>
> 日精月華拳練人，磨武悟理文導引。
>
> 骨節開縫易骨功，弓曲起落帶剛勁。
>
> 式式到位陰陽翻，把把丹田催雷聲。

開拳力從足心印，釘頂崩橫勁隨音。

慢練重動下盤穩，快練重動勢法洶。

重動生剛凝散力，換練輕動細磨心。

輕動：輕動是人練拳，練氣騰，是重動的縱深，練心與眼及順隨，練出氣騰轉練靈動，是提高自身對異物動向的感悟和勁力運用的調配，普稱易筋功夫。另一層道理是把重動練出來的新勁道加以柔化，用意不用力，用圈不用拳，用化不用拔，用拔不用撥，用撥不用碰，用碰不用思等法轉化。練輕動也是用快慢二法，此處的快慢二法，均可勁斷意連。無須哪一種練法，皆須心理放鬆，肌肉放鬆，全身動時以順為主。練輕動時的動作，快的不能再快了還覺慢。

練法是在易骨的前提下，用易筋八法將連接身軀、肢體、頭顱八大塊的筋、韌帶和骨肌拉鬆，拉開，拉長，特別是委中大筋、腰脊正筋，更需要首先拉開，為易筋的主要練法，也是輕動的內涵。這種做法是輕拉小縮，慢拉快縮，快拉慢縮，三拉互易。這些動作可以從壓腿、後弓腰等法開始。壓腿法有高低兩種，開腿法有斜正兩種，踢腿法有正起踢、斜起交叉踢、外擺裏勾踢、肚裏掏腿踢、前後掃蹚腿、連環腿、七叉八叉前後翻等法。這些動作雖是軟功的練法，可也是拉筋易骨的具體用法。在練輕動中無須何種動作，均須鬆中含緊，慢中藏快。鬆，是鬆中緊；緊，是緊中跟；慢，是慢中隨；快，是快中順。以上謂開筋的方法，一直練到不緊而緊，緊而更緊。這方法不但是開筋的方法，而且能同時達到上氣下沉，下氣上旋，凝

聚於丹田，貫注於全身，爆發於四面八方，傳導於四肢四梢，並可力透肩背。易筋術練成後，既能體現出外柔內剛，又能體現出內在混元和外形渾圓的匹配。

拳譜曰：「輕動上身投手舉足之時，閃目轉睛之間，起伏轉折之中，心意相印，緩疾突變，突陰突陽，鬆中突緊，緊中突鬆，斜中突正，正中突斜，起中突落，落中突起，剛中突柔，柔中突剛，動迅靜定，快慢互易，陰陽相合，剛柔相濟，內在真氣，突斂突暴，外形動作，自然而然，身隨腰轉，肢隨體動，膀隨身斜，形隨氣抖，手隨身攆，練到輕慢動生柔，輕快動生剛，三心冒氣，有了這種感覺，那是輕動練成的特徵。」

下附輕動歌訣：

> 易筋長寸勁力增，人練拳法從此生。
> 鬆緊隨勁快慢練，柔緩剛疾借順滾。
> 慢練輕柔真氣循，快練暗剛勁潛筋。
> 雞腿踐串車輪步，閃鑽鷂入龍潛行。
> 熟可生巧借彼勁，巧中生妙順彼動。
> 妙中生玄心生勇，更換輕動練靈功。

靈動：靈動是心練拳，練神遷，練就心一動全身具備，丹田一動渾身具動，練手和身。靈動是重輕二動的結晶。從疾狠真的本能反射，轉向勇猛短毒的條件反射，達到靈動。從陰陽相合到剛柔相濟，從丹田一動到渾身具動，從一觸即發到無心無意，從無心無意到無意無拳，從以上三無返歸無極是真藝為目的，以此提高處置各種情況的敏銳性，即先敵一步的反應，最終達到隨觸即發，

迂峰而化的層次。另一層道理，用行功之法將重動練出的猝剛，輕動練出的潛剛，用靈動的練法合二歸一，用養道之術，練萬氣歸根，養丹潤田，培養一氣裕充，便可重內不重外，重神不重形。也就是說，練拳時拳無拳，可是拳拳截拳；用拳時，意無意，可是意意截意。重內是真氣滾騰，以內催外。不重外是內動外隨。

　　拳譜曰：「武術卻道無真經，任意變化勢無窮，汝要悟的嬰兒玩，才知拳法天生成。又深知悟的嬰兒玩，打法天然是真形，及打人猶如嬰兒吃奶。」

　　這靈動是內勁的體現，內勁是精氣神的衍生物。只有蘊厚的內勁才能體現出外形靈動中的特殊技能。練靈動時，無處不丹田。

　　練靈動先練靜心，靜心的練法是先找一處養靜的地方進行靜養，或蹲或搬或砸或坐或睡，舌頂上腭，眼觀鼻，鼻對臍，提肛收臀，裹胯，縮尾，目視鼎，出入二氣不聞聲，用此方法進行靜養。靜養時撤開二六連環鎖，四象飛空，三心歸一，用意念將自身容入大自然。按拳譜中描寫的，「茫若扁舟泛巨海，呆若木雞置庭中」，養練雙修。這種練法稱之為返本還源，回歸無極。

　　達到這種境界就可調息，用吸至丹田、呼之肺經之法，練到耳不聞聲，心曠意暢，出現忘我，進入覺明，只有這樣才符合入靜的功法。拳經曰：「靜中寓意，意中蓄氣，氣中蓄動，動中氣衝，氣衝意送，曰開氣路，曰開氣竅。」此法是入靜的內涵，靈動的核心。其實體現的是一種動作的尺寸勁節勁道。以上動作看似肢體動作，它實實

在在的是天真一氣在做功。無論練用養，只要三心有了發火或發涼的感覺，這樣才算靈動過關。

下附靈動歌訣：

　　　　摩勁摸鏡心練拳，內藏身法反弓箭。
　　　　先踩後貼搶地位，旁通入化氣為最。
　　　　龍身撒骨無定勢，起落進退抖撒顛。
　　　　龍蛇二行足似輪，挪閃趨避捲地風。
　　　　上摘下墜猴獻桃，蜻蜓點水翻身鷂。
　　　　俯鑽雲領燕取水，鮐形滑步東西漂。
　　　　人為小天三寶生，要通二六置庭中。
　　　　神龍行雲灰塵淨，架梁閃折不在重。
　　　　三回九轉是一勢，三搖二旋丹田功。
　　　　龍騰虎踐鹿走林，虎頭猴象虛靈中。
　　　　重動直勁手中威，輕動閉勁肘藏奸。
　　　　靈動開勁身無拳，開閉顧擊無形中。
　　　　心謂靈動上層枝，無畏皆空武孺醫。

總之，重動練架築基，練出勢法清，練到實力生，用腹式呼吸，練時大陽陰開或大陽陰閉，毛髮漲。此法在束鑽抖決中體現，體現時要極端閉五行，勁氣毒狠，身足弓催，用直剛勁，猛踮勁，以勁顛人。

輕動練意要練出逆呼吸，練鴻毛不能加身，飛蟲不能觸膚。鴻毛觸我我順隨，飛蟲觸我我抖撒。混元真氣走沖脈旋帶脈，均勻自如輕漂疾利，手法要滑活突變，輕靈奸毒；身法要翻浪續衝浪，翻浪翻浪又翻浪，翻浪之中細思量。思量它外形慢柔，內在強暴，暗剛突變，內勁追人，

擊敵於動靜之間。

靈動練心顯神練出意識呼吸，練虛實皆有和關節旋轉的角度加大，練輕快活躍，靈剛假虛，突脫隨心，視彼如小草，並能做到柔接剛送，丹田猛射。

三動的總要是緊湊圓滑借機行事，趁勢壓分一式多意，一勢多拳。對初練者重動謂有意，輕動謂隨意，靈動謂無意。其三動的共同特點有功法的封閉，打法的借順，步法的迅捷，上法的敏銳，腿與足的靈活，手與臂的巧妙，外形的工順勇，內意的疾狠真，又入無極要除意念，入太極兩儀要明陰陽，入三才四象，要頭身四肢相呼應，從有欲生巧練到無欲生妙。此為三動的真正內涵。

第六節　十三勁

練沾隨抖擻。十三勁是氣和力合的產物，是前輩按道門調氣法修煉出來的。

拳譜曰：「然理亦可三焉，蓋氣之帥也，氣者體之存者，心動而即隨之，氣動而力即易之。」練力易勁需三分練七分養，此法是靜中養，靜中修，靜中練，練時穩中求速，速中求閃，練到力隨氣透出肩背，力易勁就算成功了。

戴氏心意拳總結出了人有十三拳，十三拳中有八十一式，式於式之間都有明顯的差異，它一式一勁，所以又稱八十一勁。這裏先論十三勁，這十三勁的直勁、閉勁、開勁為帥；撲勁、裏勁、決勁、摸勁、豎勁、點勁、搓勁、

彈抖勁,這九勁謂將,其餘69勁為兵。而點勁卻是諸勁的總要,因無論什麼勁均須顯現於點勁。勁雖然繁多,練者掌握直勁、閉勁、開勁、寸勁即可。

1. 直　勁

　　直勁從字面上講是顯示外形動作直來直去的體現,以內催外,丹田之氣催腹,腹催胸,胸催肩,肩催肘,肘催手,氣勁直達四肢四梢不旋不橫為直勁,也稱子午勁。直勁是硬打硬進,四兩送千斤,多運用於手,主要是練重動使用的勁力,這種勁是由真氣運行把拙力膂力催貫而出變成的勁力,最後體現在抖擻剎的一瞬間,所做的功叫做直勁。此勁是築基壯體,顯剛露形之勁。運用直勁出手疾剛,無論挑壓裏挎撲決刁拿,嘩啦一聲,短脆齊整,渾身力量隨著呵音露於形,顯於神,作用於最後的顫抖。這是直勁的用法。

　　直勁是由兩種剛勁練成,初練用的是僵剛,隨著功力的加深,出現柔剛。僵剛是初學者出現的一種自然現象,是舊力以去,新勁未來,一時拋不開自己原來本身的拙膂二力。在心意拳中這種力稱為僵力或僵勁,練或用作用出來後叫做僵剛,這種剛勁在技擊中是無法運用的。因這種勁是外強內弱,內在無實質東西存在,更無柔勁的配合,只有外形的動作體現。練直勁須由內著眼,由外著手,築基增氣合勁,隨著功力的加深,然後出現柔剛,這柔剛指柔中有剛,無論柔中帶剛還是剛中含柔,均須練到整而發,發而剛,自感不滯,那直勁也就成功了。

直勁的練法有二：第一肘尖要下垂，雙肩要沉沓，一手在心窩處，一手在丹田處，雙手疊腕下勾，身呈猴勢，尺骨橈骨處的肌肉皆要放鬆，手和肘的勁力向肩部轉移退縮。第二，練用時，勁力從肩催出，集中於掌根，大拇指伸展，但要略收，二拇指屈成弓形，無論走架交技，此為主掌，此掌出入皆滾翻而出，翻滾而回，翻掌時無論陰變陽或陽變陰，必須到位，且五指不可極力撐開，掌心勞宮穴的吞吐，不可過大過實，如拇指根部的關節向外撐漲時，勁力不可過大，否則就會出現僵勁的弊病。練此法在沉肩的同時還須鬆肩，因肩關節是上肢的根節，拳譜曰：「人之氣循環於任督二脈，人之勁發勁於井池雙穴。」

練時腹式呼吸，要大開大合，大陰陽開，大陽陰閉，血梢發脹，自閉五行，束展一氣，抖決猝剛。

直勁練成後，轉練閉勁，因直勁消耗體力偏多，且斷力，有顯筋、暴肌，極易顯露本人一舉一動的意圖，到時若不換練閉功，實實弊大於利。

2. 閉 勁

閉勁的練法有二：一為含，二為藏。含為意不外露，藏為氣不外泄。此勁出於心，潛於意，淺不在表，深不到骨。輕動中使用此勁，是由內氣的調節逐步將直勁潛入筋，藏入脈，蓄積在肌腱之中，體現於丹田之內。閉勁為四兩撥千斤，作用於中節，多用於肘，這種勁叫做閉勁。

此勁動為合，靜為藏，合是剛柔相濟，柔中有剛，剛中含韌；藏為勁不外溢，意不外馳，氣不外泄。合藏歸

意，鬆緊聚變，這就是閉勁的內涵，是感觸對方來去用意的重要一環。

運用閉勁時呈坐猴勢，練時呈蹲猴勢。閉勁是在直勁的前提下又向深層次漸進的一種練功法，它是將練出的直勁向內侵潤，作用於「順」字訣中。按心意拳拳譜的說法，此勁遇敵須連綿不斷，跟隨彼勁而行，在運作過程中不得有勁力外顯，時機一旦成熟，一發復鬆，以看不出顯筋暴肌為準繩，只有這樣才能體現出閉勁真正的威力。閉勁又是長筋騰膜的法則，粗看輕柔，實是內剛含韌，此勁既是克制對方的勁力，又是不易自身失益的勁力，運用這種勁力可達到無絲毫顯剛露脆之痕，柔弱斷勁之跡。

練時胸呼吸，混元均勻自如，輕飄滑利，滑活突變，輕奸毒疾，一波未定翻浪疾衝，出手在動靜之間。

3. 開　勁

開勁是直勁閉勁綜合體現的深入，去拙顯靈，求巧，達到綿裏藏針的功效，出傷筋錯骨的功力。開勁上身主隨，多是在靈動中使用，它是由猴勢，將入筋入脈藏於骨肌的閉勁隨脈絡出肌，並可移位。開勁是四兩化千斤，運用於根節，多用於身內化手和臂胯的旋轉化拔等勁節。必須是心一動渾身俱動，眼一動手足齊到，才能心動勁聚，形動氣催，形抖氣暴，氣暴勁出，傳於四梢。

此勁勢無定式，轉動無常，出入無形，隨形所需，來疾去速，形動勁至，形變勁隨，勁至時暴於四面八方，勁隨時無聲無息。在動作中此勁運用於全身閃顛之中，又猶

如入水的風翻浪，翻浪再翻浪，吞吐再吞吐，一吞即聚，一吐即暴，前者是勁勁不斷，無心意，後者是一發即收，形停意不斷。以上諸法純熟自然後，日久可達骨髓吞吐，開勁方為成功。

練時意識呼吸，混元舒暢，軟柔綿脆，運用靈剛，高速輕快，活躍突脫，順借跟隨，牽引閉送。

要　領

出手疾架且虛假，實空軟硬且刁奸，快慢隨彼且送撅，三勁顯奇直閉開。

三勁總的概念：直勁運用在於借，顯於手，發擊對方；閉勁運用在於隨，顯於肘，克制對方；開勁運用在於順，顯於身，四兩化千斤破解對方，此謂三勁。

以上三勁練時必分，用時必合。口訣曰：「練好化勁不愁沾，練好閉勁不愁克，練好直勁不愁發。」此意謂，三勁不分，則無心意所施；三勁不合，則無整勁所發。

練時總要將三勁互易演練，方能得心應手。若直勁明用則無陰，閉勁暗用則無陽。前者是直勁中無閉勁所施，後者是閉勁中無直勁所出，直勁中無閉勁不成法，閉勁中無直勁則不成拳，只有直勁與閉勁混合才能衍生出開勁，這是三勁虛虛實實心生意，實實虛虛三勁理。以上謂三勁合用。

勁法總要：混元懸上，心意沉於中；渾圓沉下，肢體形於外，二者合一才可借機布勁，趁勁壓分，練出萬法無一法，以應萬變，一拳無一勢，以應萬拳，自身才能緊湊圓滑。還須知混元不在運轉過程中體現，渾圓也不在肢體

運動過程中體現，二者是在心意沉於中、肢體行於外及神聚形阻中體現。

4. 搓　勁

搓勁，是指出步猴勢定勢時所產生的勁道。此勁是足在前進時足後跟輕輕著地，足前掌部與湧泉穴盡力離地，直到蹺得不能再蹺時為尺度，俗稱下口，簡稱陽口。足進時，猶如射出的飛箭，有直穿的意念。足落地時，猶如臨上靶的終點箭，有向下俯衝受阻勁，此勁如用到足落地時，所產生的勁叫搓勁，此勁含捲地風意念，快而沉穩，如踩搓毒物，這是足進時體現的搓勁。

手的搓勁有上搓、下搓、直搓、平搓、立搓、單手搓和雙手搓，無論何種搓法，只有方向上的差異，在勁力上差異很小，有所不同的地方只是體現在正反陰陽之中，足是在落翻時搓，手是在起滾時搓。

5. 撲　勁

撲勁為不挪閃，往前一直而去，形如狸貓撲鼠，猛虎撲食，嬰兒撲乳。

撲勁在運用時須意領、氣催、後足蹬。此法分單手撲和雙手撲，單手撲稱撲通掌，雙手撲稱虎撲雙把，內含丟、摟、撂三法。以上諸法的撲勁，起手在湧泉，調配在丹田，主宰在腰，上提在脊柱，透發在胸。此勁從丹田發出由胸而肩，由肩而肘，由肘而手，領向在於前足，調向在於尾閭，手隨身向前出擊。

練　法

在預備勢的基礎上雙手大拇指交叉搭住，左腿在前，左手大拇指在前，搭住後從中門向前推出，推出時兩肘夾緊，全身貫住，猶如虎踐馬奔全身而進，謂撲勁。

6. 裹　勁

裹是收合的意思，猶如包包裹，含包而不漏之意。運用裹勁還須用橫勁配合。裹勁來源於借順滾，體現於束展中的斜正。裹勁是用橫旋順擰產生的勁道，用於顧法，也可用於攻擊。裹勁主要是先顧後打，練時宜分，用時宜合。

運用時根在步中，勁在腰中，轉換在胸中，裹擠調向在尾閭，所以，在用裹勁時不能單憑上肢運動，而是在臀胯腰的擰擺中才可纏沾旋擰，只有這樣才能達到真正的裹而不丟，包而不漏。

7. 舒　勁

舒即舒展，有伸長增大的意念，舒勁來源於撐勁，撐勁有伸筋拔力的功能，舒勁在撐勁的前提下有伸長擊遠的功能。

8. 決　勁

決勁也稱寸勁，它由急剛勁、冷脆勁、撐鑽勁、顫抖勁、抖擻勁等組成。此勁是大水決口，水隨異物而定自形，並有見縫而入，迂阻而繞的隨它形。決勁比其他勁運

行短，所以爆發衝擊力比其他勁猛。

決勁的特點果斷兇猛，剛脆突暴。它的淵源從細節方面講，在於五節要成連，八節發勇氣，九節帶手彎，三三九節合一節，四梢皆驚，五行具閉，六合一貫，在練用中龜尾急劇轉抖，丹田之氣急聚吐發，下肢的鑽搓，上肢的裏押，皆一決無所不絕。以上謂決勁之法。

9. 橫　勁

橫勁是熊腰擰轉，發於雙臂、體現於外胯的擺抖勁中，能破直勁。此勁動步帶橫，起手有橫，入手有橫，身起有橫，總之凡動則由橫形橫勁所生，故橫勁稱為諸勁的起源。

10. 豎　勁

豎勁又稱順勁。豎勁的形成從上肢來說，是從肩井穴、曲池穴到神門穴，三者相合為一，並向外發，謂之豎勁。從身軀的上部來說，上至百會，下至尾閭，縱向發出的勁也稱之為豎勁。

從下肢來說，從環跳穴至湧泉穴相合發出的勁也叫豎勁。拳經曰：「橫勁主合，豎勁謂開；橫勁主撥，而豎勁還主拔。」如重橫而輕豎，那是偏於保守，缺乏主動進攻的主觀能動性。如重豎勁，不重橫勁，猶如門開一扇，產生有倚的偏勁，還會出現起落不連的弊病。所以，橫豎二勁無論練用均須並論並用，才能做出橫勁可撥、豎勁可拔的勁節勁道。

11. 點 勁

點勁是用人體凸出部位,去打擊對方經絡轉換接壞部位和神經敏感部位。運用點勁時一觸即回。點勁往往表現在剪勁之後,例如在破直來的雙拳或單拳後,運用雙肘、單肘或單手手指及手指關節,去戳對方軟處要穴,一觸即回叫點勁。運用點勁時,就是一指之式也要內外相合,精神意氣一貫,集渾身之勁,在丹田一動渾身具動的前提下,用射丹田之法將指戳出。

12. 彈抖勁

彈抖勁是用丹田爆發時產生出巨大的震撼勁,顛擊對方沾黏觸我之部位。這種勁觸及對方某部位後才發出勁力。此勁速度快,勁力渾厚,一經觸及人身,會造成嚴重的內傷,即如拳譜中描寫的「架梁閃折不在重,秤小打起千百鈞」。以上勁節在靈動中處處體現,在身法中多有說明。

以上是九勁的注譯。

13. 寸 勁

寸勁也有人認為成寸拳,寸勁內含勇猛短毒疾,發此勁時必須在身抖手撇合二為一中才可運用。身落手起謂出手之寸勁,身起手落謂回手之寸勁。上下進而中節攻謂全身之寸勁。無論發什麼樣的寸勁,均須含熊坐鷹捉猴弓的勁道,才能將寸勁發出。

這寸勁，熊坐乃回手發寸勁之基，鷹捉乃出手發寸勁之基，猴弓乃發全身寸勁之基。又束身發出手之寸勁，回手發展身之寸勁。拳譜曰：「發寸勁動五心，寸勁發自身。要知寸勁真消息，只在眼前一寸中。」

第七節　十三拳

練各自為戰。拳譜曰：「人有七拳，頭為一拳，肩為一拳，肘為一拳，手為一拳，胯為一拳，膝為一拳，足為一拳」，二七共為十四拳。頭為一拳卻是十三拳，十三拳卻是十四拳，因頭左擺右甩，前磕後碰算兩拳。拳譜中有「頭打落意人難防，起而未起占中央，渾身具起是真強，足踩中門搶地位，就是神手也難防。」此意為用拳時頭不可前栽後仰，不可斜歪，用頭領住身往前一直而去，方為正，方為不偏不倚。

「頭打落意隨身起，動踩中門搶地位。」此說第一拳。

「肩打一陰反一陽，兩手就在洞裏藏，左右齊全蓋世去，束展二字一命亡。」（註：一命亡，一指束展一氣，命指必須，亡在古漢語指完或完成）此說第二拳。

「肘打去意占胸瞠，起手好似虎撲羊，或是左右一旁走，後手就在肋下藏。」此說第三拳。

「手比箭身比弓，消息全在後腳蹬。起無形，落無蹤，去意好似捲地風。」此說第四拳。

「胯打中節鬢相連，陰陽相合必自然。裏胯搶身變勢

難，外胯變勢魚打挺。」此說第五拳。

「膝打臍處人不明，好似怒牛闖木籠。渾身具動不停勢，左右橫順任意行。」此說第六拳。

「足打踩意不落空，消息全憑後足蹬。二人交勇無虛備，去意好似捲地風。腳起而翻落而鑽，從束到展一氣完。」此說第七拳。

第八節　十六本

一寸、二剪、三躦、四就、五夾、六合、七疾、八正、九驚、十勁、十一起落、十二進退、十三陰陽、十四五行、十五動靜、十六虛實。

一寸：寸是步也。凡前進後跟之步，不超尺為之寸步，前足在前仍出前足，超過尺亦為寸步。

二剪：剪是腿也。

三躦：躦是體也。凡練習各勢，及站定時，頭肩臂手腰臀股足皆須合於法度。如頭宜上頂，肩宜下沉，肘宜下垂，身宜中正等，俱躦法也。

四就：就，束身之謂也，順他人之勢也。

五夾：夾如剪之夾也。

六合：心與意合，意與氣合，氣與力合，謂之內三合。內三合即心動意到氣隨，力亦生矣。手與足合，肘與膝合，肩與胯合，謂之外三合。外三合，兩足後跟均向外扣可不外露，肘不離肋，手不離心，出洞入洞緊隨身，謂手與足合。兩肘下垂不可顯露，兩膝緊並起落不開，謂肘

與膝合。兩肩鬆開均向內齊抽勁，兩胯裏根亦均齊向內抽勁，謂肩與胯合也。

七疾：疾是毒也。凡擊拳出步不疾則不足以制敵。人比我疾則人勝，我比人疾則我勝。

八正：正是直也。看正卻是斜，看斜卻是正。

九脛：脛，下為摩脛，上為摸勁。拳譜曰：「脛者手摩內五行。又摩脛摸勁咦呵連聲。」

十驚：驚為驚起四梢也。驚起者若火機發射，物必落下也。四梢者血梢、肉梢、筋梢、骨梢，謂之四梢。心一動，四梢已備，常態悴變，應敵也。此四梢，髮與毫毛為血梢，血梢者怒氣填胸，豎髮衝冠，血速轉膽不寒。舌為肉梢，舌捲氣降，雖山亦撼，內堅似鐵，心神勇敢。指甲為筋梢，虎威鷹猛，以爪為峰，手抓足踩，氣力兼雄。牙為骨梢，有勇在骨，切齒則敵肉可食；忌齒裂突目。總之以四梢之配合，則全身合為一塊。又人之四梢之榮枯則知其軀之榮枯。

十一起落：起是去也，落是打也；起亦打，落亦打，起打落打猶如水之翻浪。起落者，起如蜇龍升天，落如霹雷震地；起如挑擔，落如水中按瓢；起如鋼叉，落如鉤阻，未起摘之，未落墜之。三意不相連，必定技藝淺。

十二進退：進是前進，退是後退；進步宜提，退步宜倒，進退皆須見機而行。譜云：「進退不明枉學藝。」學者宜三復斯言。

十三陰陽：出手為陽，收手為陰；動者為陽，靜者為陰；開展為陽，斂束為陰。諸如此類指不勝曲，無須練用

皆陰陽合節，始能勝敵。又天地陰陽相合能下雨，拳上陰陽相合能成其一塊。總之無論何種動作，皆為陰陽之理也。

十四五行：內五行者，心肝脾肺腎是也。五行拳者，橫劈崩躦炮是也。內五行動，外五行要隨。

十五動靜：變易物體之位置為之動，保存或維持物體謂之靜。常靜以觀其目，常動以觀其肩。又動靜，拳法以靜為本實，以動為作用。若言其靜，未露其機；若言其動，未見其跡。三和明則機不露，內外一貫則跡不見。心中泰然抱無守一未嘗不靜，意常馳漲，喚起百骸一動具動。存靜意於靜中求動，存動意與動中求靜。寓動機一動一靜，互為根謂之動靜。

十六虛實：虛是靈，實是精，運動之時使神氣精靈貫注全身，進而示以退，退而示以進，上卻下之，下卻上之，令敵不可捉摸，則虛實之妙得矣。精靈皆有成其虛實也。

第九節　十六勁

踩，斬，挎，截，頂，裹，撲，挑，按，肘，撞，撥，裁，靠，雲。

第十節　九子連環扣

九子連環扣：格抓追，撐押推，裹頂催。格、抓、

追：起手格捋，換手抓刁，搭手楔追。撐、押、推：起手鑽撐，落手押擠，翻手拍推。裹、頂、催：起手擰裹，返肘顛頂，換手捧催。

第十一節　八十一式拳法

練細節。八十一式基本拳法練細節，共分九節，有兩種練法。

第一種練法：起勢，蹲猴勢

六合式，柳手摸眉，安頭勢（柳手摸眉的柳手指起手猶如垂柳。安頭勢，謂母親懷胎先有頭，故而起手安頭勢）。橫拳，挑頂，鷹捉，斬手炮，車行如風霹靂手，裹踐手，舟行浪頭，江水排岸。蜇龍升天（左右），虎撲，鷂入林，雲摩膀，蛇行撥草，猿猴獻桃，馬起蹄，陰牽手，纏壓手。臥虎勢，寸剪打丹，一馬三箭，黿鮐合演。人字膀，熊出洞，燕抄水，坡擺膀，遊蜂摘蕊，金雞爭鬥三跟步，狸貓上樹，風擺荷葉，喜鵲登枝，雙風灌耳，烏牛擺頭。摩擠摸押，催胸貫節，蜻蜓點水，雲中撥月，裹拳。掛畫，托塔，葉底偷桃，白鶴亮翅，射球勢，探海錘，乳把。金蟬回食，螳螂手（左右），撕棉手（左右），摩脛摸勁（左右）。纏絲掌，陰陽把，按瓢勢，掘地炮，穿膛肘。押摩膀，追風炮，擺來鼓手，連珠炮，捉邊炮，摸邊炮，連環四腿。背角走林，裹風膀，沖天炮，中節炮，掇腮穿心掌，插肋撩陰掌。賽箭封喉掌，陽牽手，黑虎掏心，鯨吞魚抖鱗。

第二種練法：蹲猴勢

1. 鷂入雙調雙挾，拔寒雞步，金雞獨立，犁行膀。

2. 走雞步，雞腿，雞蹬，追風趕月三拖步、三趕步，同時體現雞嘴、雞肘、雞胸脯。

3. 狸貓上樹快起腿，狸貓使爪前後地盤倒返身。

4. 蛇行撥草，蛇釘，蛇盤，中節，掌手，連珠把。

5. 貓團伏勢中三路，挾含抱裹疊曲收，中三路，貓把爪，上三路，連環抓。

6. 連環手，獅吞手，鬥手，拖手，發機手，束機手，敵球手，撕棉手，螳螂手，挑攔手，快竄步，雲中撥月，懷中抱月又取物，掇肘吸手，燕劈翅手。

7. 喜鵲登枝，鷂入林，左右轉身，迴旋，螳螂單捕捉物，遊蜂摘蕊。蜻蜓點水，螳螂架底錘，丟，摟，掏，乳把，飄把，雙把。

8. 疊手，攪梢子，劈胸掌，摩摸掌，開胸掌，托塔掌，單穿掌。

9. 水中漂瓦，燕子操水，燕劈翅，烏牛擺頭，鹿形肘，猿猴獻桃一打三。

第十二節　十字法

練合一。束鑽抖撒剎，踩撲舒裹訣（絕），十字組成。

這十字是內外齊動的要法，是從實戰中體悟出來的。此十字須一一磨鍊，缺一字難顯本拳要義，更難體現出拳打三節不見形的高層次要求。

束：束是束身，束就鑽，束謂三捆三放之首，是起勢的規矩，爆發的前提動作。又束如地，濁氣出地變為清氣上升，謂地天之合。練鶴性不爭，含而不露。練時鬆守定慧，內提心沉；外束背弓，腰杳，胸吞，臂屈，腿屈，肘夾，腿併，先並肢體身軀，中正，練內站，調氣上行；練外束，上肢貼身，下肢摩脛。

鑽：鑽是進身為上法。鑽時先進臀，進臀足蹬，足蹬身進步搶行，寸踐竄。足落還須踩中門，腿進剪子固，身進口占陰，頭進便貼腮，貼腮意中含，如直足踩中門襠裏鑽，如斜撲兩肩鑽一孔，攜全身窮身齊進。此謂頭有鑽意，身有進意，足有追意。鑽是身法變化的開始，也是貼身靠打的主要組成部分及全部動作的前提，並須一氣呵成。

抖擻：抖擻是身一抖手便擻，抖擻同時爆發。抖是順搖為身動，擻是橫搖為手動。抖擻雖然是兩種截然不同的勁節，可是此法視同陰陽不可分割。抖擻一法謂十字勁，抖是順勁橫用，擻是橫勁直擊。抖擻可體現於身軀的每個部位。抖擻內含四梢皆驚和突然爆發的勁節勁道。按拳譜的講義為架梁閃析不在重，稱小打起千百鈞。《內功經》的講義為「井池雙穴，發勁洶洶。」

剎：剎是阻也，也是住。內外皆停，內剎謂塞，外剎謂釘，並含搓釘停撞之意。剎是人在運動中產生一定慣性後，忽然停住叫做剎，例如人跑時雙腳忽然停住，猶如板上釘釘，牢固不動，也叫做剎。此意為當慣性所產生的力道改變軌跡並作用到對方的某個部位，是剎勁的運用。

踩：踩的勁節是踩尺寸，踩的勁道是踩毒物。踩時用

梢節拳踩梢節步，中節拳踩中節步，根節拳踩根節步。踩時知近知遠，知老知嫩，知寬知窄。還須含踩破磚石踩塌地的意念，或踩不留痕的輕靈動作，及挪也踩，閃也踩，進也踩，退也踩，總之凡動必踩叫做踩。踩要在頭領臀攻中完成。踩謂調節尺寸。

撲：撲是擊敵的總則。此意為奮不顧身，全身進取，似箭離弦。此法如餓虎撲食，狸貓撲鼠，猛虎撲兔。撲時要疾速勇猛準，不膽寒。用虎踐馬奔鷹捉鵠入的法則朝前一直而去為之撲。不留後路，破釜沉舟。總之在束鑽時將以上之法全部攜帶，體現於束鑽直進的剎那間叫做撲。

舒：舒指舒服，舒有導引和柔順的含義。練時先舒氣血肉，後舒筋骨皮。還須舒其力，舒其經，舒其意，舒其勢，舒其身，達全身無一抽扯悖戾之處，並用有意卻無意，有手則無手，有力則無力的法則去練，最終體現出極盡剛柔之表述。練出無中生空意，才為舒字的真正含意。此舒一法凡是在練勢用功中處處含舒，就可將有意練為無意，只要練到無意，在練用中就不會生反氣，無反氣就不會生反力。拳譜曰：「有手生拙，無手生隨。有力滯僵，無力氣順。氣順勁達，姿勢安然。內不逆悖，外不抽扯叫做舒。」

裹：裹是包裹不漏。裹內含借、順、貼、黏、旋。上裹為撐訣，下裹為裹押。纏為橫裹，斜為繞裹，高為挑裹，低為壓裹，外為挎裹，裹為旋裹，直為抖裹等。裹法有迫使對方中心走偏的功效，也可用裹來打破對方平衡。此法皆為破解來勢拳法。拳譜曰：「裹為柔化，擰旋擠

壓，用裹必加搓，好似抱包裹。」練時自裹要緊，用時裹人要橫。本法練時兩裹一搓，搓時每搓必裹叫做裹，用時一裹一搓為之裹。

決（絕）：決指水決堤潰壩奪口而出之勢不遺餘力。用決必絕，內決不留氣與力，外決不見展與束。決在此處指抖絕，抖指顛抖，絕指什麼都不留，譜稱之為「決者無所不絕，絕不絕硬崩摘豆角。」此意為豆角乾後正要炸裂，復用手去摘，此豆角不炸則已，一炸則不遺餘力，有多大勁釋放多大勁，有多大勢展放多大勢。拳譜曰：「踩亦絕，撲亦絕，裹亦絕。」總之十字皆絕，勢完勁止，返回無極謂之絕。

也講舉手不留情，接手絕情義。遊藝引盤根中的真是九秋鷹得勢，擒定狡兔便超升，也謂之絕。

第十三節　黑點點穴歌訣

練閉竅找穴位。黑點穴，意中妙，練家細心把穴找。只能知不能用，交技角鬥要謹慎。人身三十六死穴，十二時鐘內包括。上點天突下點陰，點了兩肋點中心。點兩則有徑章，額頭兩邊是太陽。上點眉心天目穴，下點眼鼻人中穴。崩拳起手點心募，勝似黑虎掏了心。頭上暈張嘴嘔，跌跌撞撞把命休。分秒必爭將手伸，劈拳落下即能醒。前屬陰後屬陽，奇徑八脈內中藏。身後點了命門穴，身子癱瘓行步難。兩太陰在腦後，掌功擊出把命丟。臍下丹田連海底，內聚陰陽二真氣。膝頂指點氣不通，丹田一

破全身空。

第十四節　注意事項

拳譜曰：「一藝求精百倍功，功到雲路自然通。」這句話是針對猴勢而言，此意是指練猴勢一要克服勢單式簡的心理，初學時要有信心，先不為單調而輟學，後不為難練而退卻。

練時選一個養靜的地方進行靜養，此意為以避干擾。忌大怒大喜酒過量。身體過累時不練。又初練時不主張調息。

練功反應：

(1)在練猴勢的過程中，如出現小腹汩汩作響，並伴有腸鳴和虛恭頻生，原先有過外傷性的部位雖然早已完好如初，有的人也還會出現疼痛難忍的感覺，另外還會出現涼、熱、麻、癢、輕、重、高、小等反應。小腹汩汩作響有腸鳴和出虛恭，是內天地翻時，人為地對小腹部產生了壓迫和擁擠，導致了腸胃蠕動加快所出現的生理反應，也是驅逐邪氣的現象。

(2)舊傷部位復疼。這是真氣通脈過絡遇到病灶受阻時，真氣剷除病灶的反應。

(3)涼。涼是任督二脈已通，九真齊現，心火降下，腎水上調，坎以填離，出現腎陰充足的正常反應。但不要害怕，只要有意識地把運行的氣內收，略停，涼的感覺就會消失。涼的感覺隨著功力的增長也會自然消失。

(4)熱。熱是真氣充裕，真氣在三心及丹田處過度活躍的徵兆。

(5)麻。麻是真氣在各竅位跳動、滾動、流動，刺激竅位的感覺，真氣通丹道後自然消失。

(6)癢。背部癢，頭皮癢，會陰癢，肛門癢。癢是真氣打通經絡到達皮膚最淺層，皮膚受到刺激的一種正常反應。這種反應在練功當中出現兩到三次，待經絡打通後便可自然消失。出現這種反應忌抓打，實在癢的難受可輕輕撫摸。

(7)輕。輕指練功中出現身體輕高，伴有上升感，雙腿有無負重感，足有前竄感，且身體有置身於水中的感覺，這是本拳大周天已通的症狀。

(8)重。指練功時出現的身體重小，腳有踩進地的感覺，特別是在下蹲時，自感重量下沉，體積縮小，身體有充實的感覺。這種感覺是真氣透背出肩，力以能易勁的反應。

(9)練本拳如出現頭暈流鼻血，是練猴勢時有身前俯和頭不懸及弓背時腰過度彎曲的毛病。

(10) 如下肢麻木，一是蹲猴勢時間過長，二是有後仰的弊病。如射完丹田有腦漲的反應，那是頭沒有懸或懸得不到位，和發勁的意念沒有到達兩肩及兩肘。

(11) 發「咦呵」二聲時出現口乾舌燥，那是下蹲發咦聲，吸氣時氣沒有吸至丹田或足踵。發呵音時氣不是從肺經催出。

以上諸多的不適反應，練功者只要遵循靜心修道的法則去練，所有的不適感覺就會逐步消失。

◈ 第五章 ◈

套 路

第一節 陰陽 五行 五行拳論

論陰陽，一個事物兩個方面，說的是平衡。講五行，如環無端，論的是長消。陰陽出自河圖，五行出自洛書。陰陽與五行是古代人對自然現象的一種概括與五種物質的長生長消。古代人認為自然界一切事物均由陰陽來平衡，凡是平衡的事物均由金木水火土五種物質來循環。

到了戰國後期，齊國人鄒衍把陰陽和五行結合起來用以說明世上萬物的變化，形成了一個學派，使陰陽五行說相當廣泛地影響了中國古代各門自然科學，特別對古代醫學更是遠遠超過其他科學，構成了中國傳統的中醫理論。陰陽五行說對中國武術理論的形成和發展也有著同樣深遠的影響。

陰陽：陰陽是抽象的概念，它不但能辨證拳理，而且能以簡馭繁，抒順本拳練養顧擊的變化規律。例如身軀的束展、吞吐、進退、起落，皆可視同陰陽無端互變，此生

彼消。凡是動的、向外的、向上的皆都屬陽；凡是靜的、向內的、向下的皆都屬陰。拳譜曰：「天地有陰陽，始能生化萬物而不窮；拳上有陰陽，才能變化靈捷而生剋。天地無陰陽變化，則萬物難生而消長；拳法無陰陽，則起拳難翻轉而生剋。」招式無陰陽，則是直勾直掛。所以說，陰陽是心意拳的根本，五行是心意拳的橫縱。

拳法上的陰陽，還須同人的呼吸同時論述，因呼吸之氣也分陰陽，故須與人體陰陽相隨論述，只有這樣才能在劇烈運動時以力易勁，不傷己，不累己，將自身的勁道傾瀉到對方身上。

按拳譜講，人的一呼一吸謂一息，一息謂二氣，單純地從呼吸上講，呼謂一氣屬陽，吸謂二氣屬陰。陽氣稱清氣，入脈，進腦，能補增先天一氣；陰氣稱濁氣，入腎進泡，能淨化先天一氣。口的出入、鼻的呼吸叫做人體內在的陰陽，也稱人體內在的陰陽相合。身法中的仰吞吸，俯吐呼，叫做人體外形的陰陽，也稱人體外形的陰陽相合。陰陽內外的運用是陰來陽擊，陽來陰納，這叫做陰陽互根性的陰陽相合。總之，練本拳如不明陰陽，無論顧擊，不敗猶幸，安望勝敵？如明陰陽，不用交手便知勝敗，按先輩講那是借助陰陽之理也。

五行：五行學說是與陰陽學說平行發展的理論，所以講陰陽必含五行，論五行必帶陰陽。陰陽五行按五行的義理，將金象合劈拳，木象合崩拳，水象合躦拳，火象合炮拳，土象合橫拳，用陰陽之平衡，五行之物褳，創出劈崩躦炮橫五拳，由於五行入五拳所以取名五行拳。五行入拳

按拳譜講，「五行入拳者即拳者言錘，錘者言勢，勢者言氣，並以氣為經，制經為義。」

本拳引用的陰陽五行均分內外。在人身也分出了內陰外陽、內五行外五行，這內外陰陽五行各司其職，配合無隙，大大提高了五行拳運用精度與力度。

人體外五行是洞察之源，資訊之本。它們分別為左耳、右耳、眼、口、鼻。此外五行還可觀外知內。左耳東方甲乙木（震），觀耳知腎。右耳西方庚辛金（兌），觀耳知心。眼北方壬睽水（坎），觀眼知肝。口南方丙丁火（商），觀口知肺。鼻中央無忌土（中宮），觀鼻知脾等。人體內五行心肝脾肺腎，是五氣之源，性命之本，分別是心肝脾肺腎。此內五行可由內達外，心為火象而炎上，肝為木象而形曲直，脾為土象而勢敦厚，肺為金象而有充華之能，腎為水象有潤下之功。

拳譜曰：「五行好似五道關，不用把守自遮攔。」所以無論是人體的五行還是其他五行，均須一一明示後，再把與本拳有關的五行加以細述，方為十全。

五行歸類表：

天五行——青，黃，赤，白，黑。

地五行——金，木，水，火，土。

拳五行——劈，崩，鑽，炮，橫。

人內五行——心，肝，脾，肺，腎。

人外五行——左耳，右耳，眼，口，鼻。

樂五行——宮，商，角，微，羽。

拳五音——哈，咩，咦，喉，呵。

五方位——東，南，西，北，中。

五時序——春，夏，長夏，秋，冬。

五氣——風，暑，濕，躁，寒。

五臟——心，肝，脾，肺，腎。

五觀——目，舌，口，鼻，耳。

五體——四肢，頭。

五行拳：是借鑒陰陽的互根性、五行的相生、相剋、相通、相屬的互循性而定此拳。

相生：是勁節勁道變化，因剋而生，隨守勢而擊。

相剋：是拆拳走化，因生而剋，隨攻勢而顧。是因擊而生顧，因顧而生擊，此法無所謂開頭，無所謂結尾，不存在自我掣肘。

相通：是舌通心，目通肝，鼻通肺，耳通腎，人中通脾。

相屬：心屬火，肝屬木，脾屬土，肺屬金，腎屬水。

本法如運用於健身強體，按春、夏、長夏、秋、冬的五時序變化，拳與季各有所配，在所配季節，多練某把拳，此法不但增加功力快，還會舒筋活絡，順氣活血，互調互補，平衡陰陽，滋陰補陽，充足大腦，修正補缺，外強肢體，內壯臟腑，使人精神旺盛，體力充沛，標本兼壯。

下述五行拳相生相剋即單練，對練。每種練法均按四步論述。(1)按陰陽五行義理，以下簡稱義理；(2)按拳法的拳理，簡稱拳理；(3)按拳的練法，簡稱練法；(4)按拳法的用法，簡稱用法。

第二節　五行拳

五行拳是從心意拳九九八十一式中提煉的精華,是戴氏六合心意拳全部拳法的縮影和歸納,故稱之為母拳。外用五勢,內用五勁,這五勢與五勁互為關係,互為彌補。

外五勢:捧盤掇碟,舟行浪頭,山倒嶺塌,江水拍岸,輪行壕溝。

內五勁:心沉,肝吃,脾入,肺凜,腎敵。

五方:前後左右上下。這五拳外形簡約,內意理密。外形簡,約而不疏,其中蘊含著道家一生二,二生三,三生萬物的哲理。內意理密,密而不繁,其中蘊含著九九歸一的自然之理。

歌訣曰:

　　　拳法生來本五行,內含生剋變化精。

　　　陰陽二法定拳式,五行六合為拳魂。

　　　五拳循易引五行,五行入拳萬殊生。

　　　奇在弦弦皆係拳,貴為弓弓一力勁。

　　　拆開五行玄機鎖,拳中蘊拳勝穿梭。

　　　設若走出五行中,一藝求精百倍功。

五行拳既可從相生練起,也可從相剋練起;既可單練,又可對練。練內,練五臟五氣;練外,練五官五體。

劈拳:起斜落正,拳掌相合。崩拳:起正落斜,拳掌相隨。躦拳:起正落斜,肩掌並用。炮拳:起斜落正,掌肘同攻。橫拳:正起正落,拳掌相合。

　　五行拳蘊陰陽五行之理，是借鑒了昔漢儒曾本洪範，翻五行之義以解聖經，以後陰陽五行之義引用於拳術之中，此法堅實其內，整飾其外，取平衡翻轉有勢，取相生以平時練習，取相剋為對手破解。此拳對練為走化，無頭無尾；單練為生剋，互制互衍。所以前輩們總結出，心意拳入陰陽五行是本拳的貴處。

　　練時橫拳為首。因橫拳屬土，土為萬物之母，故橫拳宜首練。實際上五行拳均可循環演練，排序只是約定俗成。

　　五行拳運用相生相剋貫穿始終，相生是勁節勁道的轉變，相剋是拆拳走化的變更，此法隨攻勢而擊顧，隨守勢而顧擊，如運用於健身強體，按春、夏、長夏、秋、冬，拳與季各有所配。某季多練某把拳，有長功快的奧妙，並可外強肢體，內調五氣，達精盛神旺，體力充沛。

一、五行拳相生（圖5-1～圖5-3）

1. 劈拳生躦拳

　　拳譜曰：「劈拳似斧屬金，躦拳似閃屬水。」金能生水，所以劈拳能生躦拳。

拳　理

　　劈拳第一勁打出是捧盤縱深直起勁，躦拳的前手打出是順起斜身調膀裏開勁，在劈拳起至腮，望之眉下劈的轉折前，除含擰劈旋的捧盤勁外，又衍生出掇碟勁。此掇碟的勁道和姿勢只要一動，可就勢斜身調膀，肘尖下砸，並露出肩尖，順勢打出靠砸的山倒勁。這就是劈拳捧盤掇碟

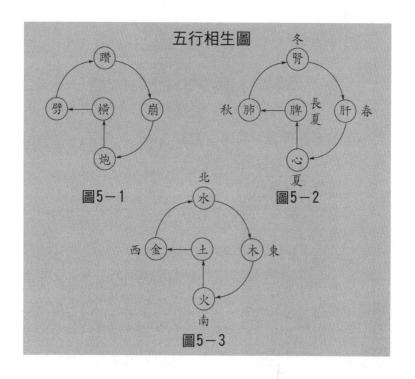

五行相生圖

圖5－1

圖5－2

圖5－3

定勢後，轉換落勾時遇到形阻，反彈出躦拳山倒的砸勁，稱劈拳能生躦拳。

練　法

六合勢，起右勢劈拳，左手拖回肋下，右手呈雞手從丹田擰旋直起，此時肘拐平心貼向膻中穴，手占中心，改變軌跡用捧盤之勢橫起直奔腮部，到達位置時右手手心朝外，不做望眉下劈動作，而是由掌變瓦楞拳，肘尖向自左足面方向下砸，肘下砸時，肘拐平心露出肩尖，露出的肩尖同時下砸，猶如山倒之勢。

用　法

用法是因劈拳的攻勢被炮拳所剋，故需生出躦拳反剋炮拳。

我先起右劈拳，右腳踩左旁門，右手捋向對方左臂肘關節以上。如對方退右腳用直起勁化我，再上左步，用身起手落拍壓勁擊我；我需左腳踩右旁門，左手用開勁撥作，上右步出右勢鑽拳進攻對方。

2. 躦拳生崩拳

躦拳似閃屬水，崩拳似箭屬木，水能生木，所以鑽拳能生崩拳。

拳　理

鑽拳的嶺塌勁，是肩尖上起掛頂勁，崩拳的舟行浪頭是臂和拳頭的直起上衝。運用鑽拳的嶺塌時，肩尖復起掛頂，在掛頂中產生出很大的反彈勁，這反彈勁順勢又衍生出崩拳直起上衝的舟行浪頭勁。所以說躦拳能生崩拳。

練　法

六合勢出左腳，向前半步停住，然後上右腳呈舒勢，起右躦拳，右手手心朝下，左手手心搭在右手手背上向後拖，拖到右手在前，左手在後，右手外旋，左手裏旋時肘尖斜下砸，肩尖斜靠砸。左手拖到臂彎，護住曲池穴，此時兩手同時由陽翻陰，右手呈雞手，手心朝外，左手呈雞手，手心朝上並護住曲池穴，此時兩手同時由陽翻陰，右手上起用領法置於耳後，左手成拳打出舟行浪頭的勢法。

用　法

因躦拳的貼身靠打法，被橫拳的勁節勁道所剋，故需

生出崩拳去反剋橫拳。

我起躦拳，在手抱丹田的基礎上先出左足，後上右足呈舒勢，然後出右鑽拳進攻對方。對方如退左步，左手領捗，上右足起右勢橫拳，用上起勁破我；我退右步，右手纏裹下壓橫拳，然後再上左步，出左勢崩拳進攻對方。

3. 崩拳生炮拳

崩拳似箭屬木，炮拳似炮屬火，木能生火，所以崩拳能生炮拳。

拳　理

崩拳的舟行浪頭是直起上衝勁，炮拳的江水排岸是上挑外開勁，在舟行浪頭直起上擊，擊到頂點時，拳可順勢向外旋轉，並以拳變掌，兩掌向外，兩肘拐心，打出炮拳的拍勁。

練　法

六合勢，出左足起左手，用領法將手置於耳後，然後上右足出右拳斜上起，左手下拖置於肋下，右拳起到與鼻齊時用雞轉脖的勢法將拳面朝外，此時左手升起貼於右小臂正面，打出下甩勁和開勁。此勁稱江水拍岸之勢。所以稱崩拳能生炮拳。

用　法

因崩拳的臉對臉上擊法，被劈拳的捧盤掇碟之勢所剋，故需生出炮拳的江水拍岸勁節勁道反剋劈拳。

我起右崩拳先出左足，上右足，打出右勢崩拳進攻對方。如對方退左足，用右劈拳的捧盤勁追擊我；我退右足出右手，用右炮拳的舟行浪尖下甩外擺的開勁將劈拳的捧

盤上劈起追勁擠偏。此謂崩拳生炮拳。

4. 炮拳生橫拳

炮拳屬火，橫拳屬土，火能生土，所以炮拳能生橫拳。

拳　理

炮拳的勁道是上捧下甩、雙手外擺、雙肘內拐的開勁，橫拳左右臂的勁道是外裹下押弧行直衝勁，在炮拳外擺開勁出現剎勁的剎那間，剎勁的反彈勁順勢衍生出橫拳輪行壕溝，直衝的勁節和勁道。此謂炮拳能生橫拳。

練　法

六合勢出左足，上右足，右手在下，左手搭在右手手背上，然後左手後拖到右手手腕處，兩手向外大翻掌，下甩，兩肘向肋下撤回，撤中帶夾，利用兩肘相夾的勁節，兩拳頭外擺打出開勁，利用兩肘撤到肋下的反彈勁道，我打出右橫拳。

用　法

因炮拳下甩外擺的江水拍岸勁，被躦拳貼身靠打的山倒嶺塌勁所破，故需生出橫拳反剋躦拳。

我起右炮拳先出左步，然後上右步，出右勢炮拳進攻對方。如對方退左步用躦拳攻擊我；我退右步，出右橫拳，打出輪行壕溝的直衝勁反剋對方。這是用法的炮拳生橫拳。

5. 橫拳生劈拳

橫拳屬土，劈拳屬金，土能生金，所以橫拳能生劈拳。

拳 理

橫拳的勁道是外裏下押弧形直衝上起勁，劈拳的第二勁打的是落勾阻的下劈勁，橫拳斜上起的輪行壕溝直衝勁，到達打擊部位翻轉拳頭打出寸勁後，遇到形阻時橫拳自然向上，上起至腮時就會自然而然地生出捧盤掇碟的勁節和勁道，這就是拳理中的橫拳生劈拳。

練 法

六合勢，出右手上右足，右手在下握成實拳，拳心朝上，左手成掌，手心朝下蓋在拳心上，雙手同時隨身法前攻上起，待拳頭起到乳的位置時，雙手同時翻成90度向乳上一拳頭處擊打，在擊到此部位時左手上起，蓋住拳眼就勢下劈，打出落勾阻的勁節。此謂練用法中的橫拳生劈拳。

用 法

因橫拳的輪行壕溝斜起勁被崩拳的舟行浪頭直起勁所截，故需生出劈拳反剋崩拳。

我如出左步上右步，生右勢橫拳進攻對方。對方退左步，左手纏裏橫拳，上右步，生右勢崩拳進攻；我用右勢橫拳生出的右勢劈拳破對方右勢崩拳。

二、五行拳相剋（圖5-4～圖5-6）

1. 劈拳剋崩拳

劈拳屬金，崩拳屬木，金剋木，劈拳剋崩拳。因崩拳剋橫拳，所以橫拳生出劈拳剋崩拳。

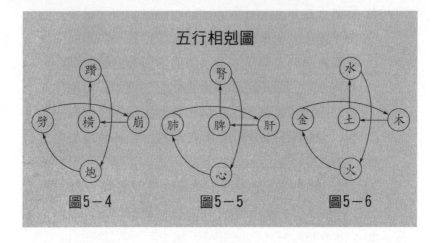

五行相剋圖

圖5-4　　　圖5-5　　　圖5-6

拳　理

崩拳舟行浪頭的軌跡是由下向上裏擠的直上起勁道，此勁雖然是上起勁，由於多了一個橫起、向前的外擠勁，所以又稱為直勁，其法合橫勁破直勁的拳理。

具體勢法是劈拳的起法和崩拳的起法，初起時姿勢略有差異，但勁道基本相同，待起到與乳齊時，劈拳改變軌跡呈斜上起，一直起到腮時再度改變軌跡，逆勢下落打出斬截勁道；崩拳卻不改變軌跡繼續上起，這就將上肢暴露給劈拳捧盤掇碟的起勁和落勾阻落勁的軌跡中，這就是劈拳上起斜擠的捧盤掇碟、落勾阻法，破截了崩拳舟行浪頭的直起勁。此勁是斜勁與落勁破直勁起勁之法。

練　法

六合勢，起左勢橫拳到位後變右勢劈拳，左右互練，週而復始。

用　法

如對方起右崩拳擊我；我左腿退半步，右手挑中帶押對方右手。對方勢必踩我左旁門，並用右臂裏壓我左臂；我復上左步，生左勢劈拳攻擊對方。

2. 崩拳剋橫拳

崩拳屬木，橫拳屬土，木剋土，所以崩拳能剋橫拳。

拳　理

橫拳的輪行壕溝之勢是縱深直進，打出的勁道為直勁，崩拳的舟行浪頭之勢是直起上擊，為橫勁，二勁相接為陰陽十字勁，橫拳起勁為陰，崩拳起勁為陽，此法稱陰來陽破。從另一個角度講，卻是採取不招不架的法則。此法是在右橫拳的直進中，從裏側用左勢崩拳破右勢橫拳，右勢崩拳破左勢橫拳，此拳理是橫拳用的斜上起外旋直進勁，崩拳用的外旋直起勁，這外旋直起勁能破壞橫拳的外旋縱深直進勁，此法又稱以起勁破直勁，也稱以豎圈破平圈，或稱豎勁破直勁。

練　法

六合勢，起左勢躦拳，左勢躦拳到位後，左手翻轉領挎並下壓變右崩拳，變時將前手撤回，再打出右勢躦拳，右勢躦拳到位後，右手翻轉領挎，打左勢崩拳。練時循環往復。

用　法

因橫拳剋躦拳，所以躦拳生出崩拳剋橫拳。此法如對方起右勢橫拳擊我，我起左崩拳從裏側用舟行浪頭之勢格擋直起，直起時就能順勢破壞對方的輪行壕溝之勢。

如對方用右勢橫拳擊我，我左腳上半步，用左勢崩拳攻擊，出拳時先出右手攔格裏押，出左手打出舟行浪頭之勢，反攻對方。如對方用左勢橫拳擊我，我用右勢崩拳將右臂插入彼左臂裏側直起，此法不但能破對方輪行壕溝的軌跡，還可以用直起的拳頭打對方下頜部位。

3. 橫拳剋躦拳

橫拳屬土，躦拳屬水，土能剋水，所以橫拳能剋躦拳。

拳　理

躦拳的山倒嶺塌勢是身貼身的下砸勁，而橫拳輪行壕溝的勁道是呈弧形向上的直衝勁。躦拳用肩尖打出砸勁後，橫拳打出上衝勁道，此勁道可順勢截住山倒勁不能下砸。此意是躦拳下砸，用的是裏旋下靠勁道的法則。由於橫拳不走圈，採用正起正落輪行壕溝拳法，此法呈切線進拳，發寸勁於對方乳部，此法謂以正剋斜。

練　法

六合勢，起右勢炮拳，此拳到位後左手收回，蓋在右手拳心上，用輪行壕溝之勢打出。輪行壕溝到位後右拳內翻，左手搭在右手手背上打出右勢炮拳。

用　法

因躦拳剋炮拳，所以炮拳生出橫拳反剋炮拳。

如對方起右躦拳擊我，我出右步踩進，起右手領滾，再上左步生左勢橫拳進攻對方。

4. 鑽拳剋炮拳

鑽拳屬水，炮拳屬火，水剋火，所以鑽拳能剋炮拳。

拳　理

鑽拳是由裏向外的裏擺勁和開合下塌勁。炮拳是以陽翻陰由裏向外拍打的開勁和直起拍壓勁，拍打對方中心線。在發勁的同時，前拳猛然收回，使拳產生相對的離心力，在發出離心力時，鑽拳由裏向外裏擺，生出下塌勁將其勁順勢送出，使其離心力超出範圍走偏，失去威力。此法是以順勁破橫勁的法則。

練　法

六合勢，起左勢劈拳，劈拳到位後，左手由拳變掌，右手順勢將手心搭於左手手背，然後雙手回到虎窩起右躦拳，右躦拳到位後，起左鑽拳，左鑽拳到位後，左手翻90°由掌變拳，右手順勢蓋在列缺穴處，望眉打出左勢劈拳。如此循環往復即可。

用　法

如對方起右勢炮拳由裏向外拍打我兩肋，我用鑽拳的開合下塌勁由裏向外順著炮拳向外拍打的勁道，靠貼對方右臂肘關節以上部位，向外旋滾、裏射，迫使對方超限外拍，改變軌跡，兩肘離肋。

5. 炮拳剋劈拳

炮拳屬火，劈拳屬金，火剋金，所以炮拳能剋劈拳。

拳　理

炮拳含江水拍岸的勁節勁道。先打出的勁節勁道，是直起領格的勁節勁道。劈拳含捧盤掇碟勁節，先打出的是捧撐上起的勁節勁道。劈拳的捧撐上起勁節一出現，炮拳的領格上起勁節，將起就起，將捧撐上起的勁節順勢領雲

走偏，促使劈拳失去中心。此謂以順破順。

練　法

六合勢，起右勢崩拳，到位後右手打裏拳，左手成拳回到虎窩，右手拖到肋下伸出，手心在下鑽於左手手心之下打出右勢炮拳，到位後兩手同時內翻，右手成拳拖到耳後再降到虎窩；同時，左手上起打出左勢崩拳。循環往復即可。

用　法

如對方起左劈拳挩我大臂，我退右步，生左勢炮拳，身落手起，復上左步展身，拍壓對方。

五行拳相生相剋歌訣

相生歌訣：

> 起手橫拳勢南照，生出劈拳撞丹灶。
> 劈拳勾阻反勁生，生出躜拳山倒勁。
> 斜身調膀山倒塌，生出崩拳似彈發。
> 舟行浪頭擊下頸，生出炮拳拍又押。
> 江水拍岸起波濤，如打相生反南照。
> 此為五行相生法，多為平時練連結。

相剋歌訣：

> 起手劈拳捧盤行，擠裏崩拳浪難升。
> 崩拳打出提籃勢，輪行壕溝拳難起。
> 輪行壕溝前後衝，山倒嶺塌中門空。
> 山倒嶺塌霹靂閃，江水無波難拍岸。
> 江水拍岸倒捲濤，捧盤摋碟將勢消。
> 此為五拳相剋法，送與對方細破截。

三、五行拳單練

1. 劈　拳

拳譜曰：「劈拳似斧屬金，非斧也，有捧盤掇碟之勢，猛勁爾。本拳無論練用，從虎窩起拳，是揮斧和捧盤的勁節。這揮斧和捧盤的勁節，為上起的半個立圈，起至腮，落時望至眉；落勾阻為下落的半個立圈，這一起一落為一個完整的圓圈。左右互練，拳拳成圈。成圈時用力宜均。師弟龐高鵬如是說，內含三要，又藏七勁。三要是借順滾，七勁是捧掇劈追落勾阻。借，為心之動，借人之力。順，為意之合，順人之勢，滾，為氣之騰，丹田催腹，腹催胸，胸催肩，肩催肘，肘催手，以內催外，陰陽翻轉。此為借則裹，順則旋，滾則進。進時，身步膀肘要體現出移勁，特別是小臂尺骨橈骨起時的外旋，落時的內旋，內外二旋皆要有移勁體現；同時要打出硬崩摘豆角的勁道。無論練用皆要束展吞吐一氣，起落斜正一勢，手腳連環，肩胯相隨，肘膝相合，內外三意相連，丹田發勁貫根節，根節催中節，中節挺進，中節催梢節，節節貫穿，驚起梢節，梢節直追，追時吸氣，落時呼氣，無論吸氣或呼氣皆宜短。」

拳經曰：「起劈拳足不寸，足踩中門呼吸短，斜身調膀臂貼身，臂似鋼叉斜穿勁，掌似鋼刀剐脖頸，肘拐平心裏頂勁，一呼一吸掇落循。」此拳作用到對方身上，一擊不中或不在緊要之處，瞬變下式，用把把咬、式式扣、一勢三拳連環演的拳理，擊倒對方方住手。

拳譜曰：「起如鋼叉落如勾，進步車輪彈打球，內含四德揮斧手，順逆有序勢如猴，進擊捧盤用臂手，貼身掇碟動肩肘。一式三法，借順滾，一馬三箭，落阻勾。」（四德指龍、虎、雞、熊，龍為天德，虎為地德，雞為仁德，熊為智德）

劈拳起時，未起先存摘籽意，未落早生墜地心，折身起勢猶如捧盤掇碟。捧盤掇碟起擠追，落勾阻時落脫錘。落脫錘時，摸落翻腕劈胸掌，落勾阻拳直出。拳直出時似鋼錐，用鋼錐寸前步，肩包裹。肩包裹時肘屈挺。肘屈挺時要斜身，斜身起肘尖頂足，扣身圓撑，前柔沉，後剛猛，以內催外用劈勁，變掌為拳截彼橫。

戰林師弟如是說，劈拳的主勁為起勁，因樹的根在下，人的根在腰，劈樹是往下劈，劈人是往上劈。阻是本拳的補勁，擊打對方遇到形阻時，用我的神聚生出的反彈勁為之補勁。

站六合勢（圖5－7）。

圖5－7

如練守法，手型呈金雞奓落手，此式亦稱勾手，譜稱熊勢，出左步打左劈拳。

如練攻法，站六合勢，手型呈為船指航，亦稱千斤掌，譜稱鷹勢，進左腳上半步，過右腳向前邁一步，步為本人的一腳半（圖5－8）。然後用消息全憑後腳

蹬的法則復上右腳，右腳跟靠在左腳的大拇趾根關節部位略停，此時在後的右腳變為前腳，在前的左腳變為後腳，呈舒勢（圖5-9）。

用左腳的消息全憑後腳蹬，將停靠在左腳大拇趾根關節部位的右腳，在中節攻的勢法下踩進。踩進時丹田上射，腳直射，腿直進，身直起（其他拳法皆用此法）。同時，呈金雞聳落手的左手拖回肋下藏起，右手手心向內，下沉回歸虎窩，然後做90度翻轉，用龍身中的三搖和肘拐平心的方法，身落手起的定律，手在懷中變的技巧，將右手從虎窩旋出上起，右手起到中府、雲門二穴處，改變直起的軌跡和角度呈向前斜上起；此時左手從肋下伸出，順勢貼於右手手臂的尺骨側面，手起至腮的高度，此時肘與心平，手與嘴平，手的虎口略側並和嘴對成一條線。

如練捧起勁，三心橫，向內，手指左式朝左，右式朝右。

圖5-8

圖5-9

如練捧追勁，手指朝前似槍刺棍點，向腮部進擊。無論哪種勢法，掌至腮後均向上望眉變勢。此法是變掌為拳，用勾法落下產生形阻，再用神聚之意向前出擊，然後起另式劈拳。例如起右劈拳，右手下壓回到虎窩處再以拳化掌出洞，左手從裏側沿中指搭於手腕骨

圖5－10

（醫稱橈骨頭突），最高處蓋在列缺、陽溪二穴上，此法稱護脈門，也是為了夾肘更緊，達出拳不亂及避險身安的目的。

如練攻，也是站六合勢，手型呈為船指航，進左足上半步呈長三虎步，打右劈拳（圖5－10）。

注意事項

練用劈拳，左右手前後配合運行的主要勁節和軌跡是向前滾動的立圓圈。此拳需左右互練，才可協調平衡，兩頭回轉，左右互用。

練　法

1. 左起式；2. 右起式；3. 左起式；4. 右轉身；5. 左起式；6. 右起式；7. 左起式；8. 右轉身；9. 左劈拳；10. 收勢。

以上是劈拳循環動作的一組演練和修煉，其他四行拳與此拳相同。關於劈拳的用法已在生剋之法中舉例說明。

　　下述劈拳與肺的關係：劈拳與肺，按五行說，劈拳屬金，肺亦屬金，劈拳以起勁為主，肺以凜為主，前二者皆屬金，後二者皆為升，所以講，劈拳屬金象肺。在練劈拳時如順逆合規，對理肺效果顯赫。再者劈拳的運行軌跡在手太陽肺經經絡上運行較多。手太陽肺經是調整呼吸系統平衡的經絡，而劈拳的運行軌跡，是沿著這一正經而運行的，在練劈拳時有意無意地起到了啟動手太陽肺經的穴道，特別是練劈拳上捧掇下勾阻的動作，更能直接啟動這一經絡的通達。如起劈拳裏肘時，大拇指為嚮導並且將意念集中於少商穴，在束身沉肩，起臂裏肘中，包含著擰、轉、裏、旋、起、落等六種勁道。

　　這六種勁道能全面牽動手太陽肺經的第一穴、中腑穴和第二穴雲門穴，隨著動作的延伸，緊接著尺澤、列缺、少商等穴均陰陽大翻轉，此動作除能起到按摩肺經和擠壓肺區的作用外，還能啟動督脈的大椎穴等，這樣將兩經脈的大部分穴道，都在無形中起到了自行按摩的作用，這就起到了宣肺氣和增加肺活量的效能；同時還間接地達到了治療和預防呼吸系統的疾病，促進肺部健壯，外邪無法浸潤，全身內外通透暢達，經經之間相互啟動頻繁，自我調節活躍，技擊與益壽共獲益。肺凜為宣洩。

劈拳守法與攻法的運用

　　（1）守法。敵人若用左炮拳的勢法擊我，我用左手起捧盤的法則將敵擊我的右手用外裏旋法向上挑拎，在此同時，右手協同左手雙手打出上劈勁，在上打劈勁時右手乘隙用捧盤之勢，肘拐平心之法，手掌邊搓砍敵脖頸左面。

（2）**攻法**。我若主動攻擊對方，我的左手在前挎住對方的右手，我的右手順自己左手手背滑出用捧盤的法則，斜起向對方天突穴部位打擊。如對方閃脫我，我左手順勢直上，用掇碟的勢法用手掌邊裰對準對方的下巴，並順勢搓剮脖頸側面。如對方回手外撥，我將對方回撥之手臂當支承點，收手出肘，用肘尖擊向對方乳部；同時我大旋臂，運用摸落翻腕劈胸掌的技法攻擊對方。此時對方如若不倒，我借劈胸掌下落的落勾阻所產生的形阻反彈，反彈產生的直勁，用其直擊對方小腹部位。

下附舊拳譜原文。

劈拳屬金似斧非斧也，折身起勢猶如捧盤掇碟姿勢，出手摘之，回手墜之，起至腮，望至眉。起如鋼叉，落如勾，進步車輪彈打球。起擠追，落脫錘。突出似鋼叉，進步似彈滾，摸落翻腕劈胸掌。捧掇貼身雙手似輪，身落手起拳搓身，橫搓直勾掌落脖。

上法（用法）縮小束進，動之隨之疾翻轉，貼身挪寸步用原步，又須抱裏曲挺，頂扣摸落。

劈拳歌訣

歌訣（一）：

　　　　劈拳捧盤觸肺經，啟動中腑與雲門。

　　　　尺澤跟隨拳勢滾，列缺少商大轉身。

　　　　捧起落勾為一圈，牽動肺經肺自安。

　　　　心與肺合雷聲沉，上劈下截橫拳生。

歌訣（二）：

　　　　劈拳屬金橫拳生，劈拳理肺循醫經。

　　　　腎水上返歸鼎寬，心火降下入爐門。

　　　　起如鋼叉斜穿勁，落用勾阻肘剋心。

　　　　精神意氣須一貫，起腳進步捲地風。

　　　　起為摘搓口對口。落脫翻掌劈膻中。

　　　　至腮望眉為尺寸，捧盤掇碟勢與勁。

　　　　劈拳似斧亦非斧，其中奧妙君品悟。

　　　　有朝一日忽然悟，方知似斧亦非斧。

歌訣（三）：

　　　　劈拳似斧性屬金，捧盤掇碟直項行。

　　　　此行未觸至要處，勢如勾杆用落勁。

　　　　落勁牆倒容易推，天塌難擎直勁追。

　　　　劈拳三要借順滾，又含七勁潛其中。

歌訣（四）：

　　　　中腑雲門至少商，劈拳一起不休閒。

　　　　手擊脖頸肘胸膛，秋練劈拳肺安康。

拳經歌訣：

　　　　起落似浪波，一波推一波。

　　　　一氣貫足，手劈毒物。

　　　　五行齊，恨齒斷牙，肋骨咋咋響。

　　　　捲地風，喝聲狂，怒髮衝冠。

　　　　未起摘籽未落墜，斧劈華山落脫錘。

　　　　掌剁脖頸劈胸骨，拳似輪轉勾阻擊。

解 曰

　　起如鋼叉，落如鉤，進步車輪彈打球：起如鋼叉指打獵時用鋼叉刺獵物之勁。落如鉤指用鉤鐮從上往下削樹枝

之勁。進步車輪彈打球中的進步車輪，指無論進退步有圓意。彈打球，指足起與足落時猶如彈丸運動，此彈打球是指舊時遊醫手指上戴的九連環，手指一動鋼球轉圈打在鐵壁上的勁節。有一謎語為證：「一物生來扁又圓，肉棍插在它裏邊。肉棍不動彈不動，肉棍一動彈打球。」（謎底：野郎中手指上戴的九連環。野郎中亦稱遊醫）

2. 崩　拳

崩拳技理，丹田養穩固，身似押海舟。從外形講，有三種手法。這三種手法，先起的手，一為領挎，二為壓押，三為裏擠。後起的手，一為前擊，二為上擊，三為旁擊。以上三種法則的內勁配合，皆為肝吃。

拳譜曰：「崩拳屬木，似箭非箭也，有舟行浪頭之勢，靈勁爾，動卻猛。」此拳練用大體有三種姿勢。

一上法，二截法，三擒捉法。

（1）**上法**。左手成拳斜線向上領挎，右手朝前上打出，譜稱浪頭行舟。此意是船在航行時向浪尖衝去，喻於拳中是指拳頭斜上起，擊打對方下巴及鼻部。

步法配合用梢節步。梢節步是先寸左足，將前寸之左足與對方的右足留出一拳頭的距離，然後上右足，上右足的同時出右拳。所上的後足，左足出左拳，右足出右拳。

身法的配合，以六合勢為基礎，無論用何種拳法均要縮束如貓團，踩撲如兔脫，傳動用熊腰，調膀隨身斜，身斜背呈橫，背橫腰臂擰，一擰拳起進。

（2）**截法**。截法左臂壓押，右臂之手成拳上擊，譜稱舟行浪頭。此意是船在航行中，四面八方的水彙集一處從

船底湧起，借喻到拳中是拳頭直起，擊向對方下頜。膝稍偏隨拳同起，略後於拳，擊對方襠部及臍下部位。步法的配合，邁中節步，腳踩中門。

（3）**擒捉法**。擒捉法左臂裏擠，右臂之手成拳橫擺擊出（俗稱捉籃式），譜稱舟行浪打。此意是船在航行中，浪頭從側面擊向船舷，借喻到拳中是指挪閃橫擺，擊打對方耳根或腮幫。步法的配合，邁根節步，運用龍蛇二行的步法。用此步法要身隨步閃，閃時猶如船家往左往右，其妙不在船頭而在船舵，船往何處，船家將船舵一擺便定。如運用於崩拳的舟行浪打，敵用左橫拳擊我，我左足便要踩到敵左足外面，這個動作須先擰腰調臀，同時將足挪閃而過，以足尖對準足橫面。不過不可過近，離對方三寸為規，因近則身法無勢，難以發出掌勁，如遠則會出現側身不到位見空的弊病。走外盤時，還須身步同動。在我右腳到位時，左腳呈跌步樣，探進一步，這叫和身輾轉不定勢，左右縱橫任意行，挪閃束身鑽，起拳緊隨身。此法是出左步起左拳，出右步起右拳。

身法的配合著重體現硬進，不過練時從舒到展要毒狠，用時從舒到展要崩橫，毒狠即練功時要腳釘頭頂，也就是拳譜中的釘頂毒狠弓催放。毒狠是練前任後督氣行滾滾，此氣是在頭頂的前提下，真氣循經脈周天循環。崩橫是練井池雙穴發勁洶洶，此勁是在頭懸升的前提下，把勁從兩肩的肩井穴和兩肘的曲池穴，將丹田之勁猶如某物橫空出世，傾瀉於對方。此勁是口傳中的釘頂崩橫弓催放。此處的肩井穴，不指醫學穴位，而是指肩窩部。

崩拳的練法和用法分中三路和上三路，一般不打下三路，如打下三路時，下地盤擊陰部。在用和練時無論哪種方法，均須注重肝經翕張性靈空的內功勁道。運用到崩拳中，指心一動內勁鼓蕩，眼一動手足齊到。外形動時能在一氣前，莫在一氣後；內意動時能在一思前，莫讓一思存。以上為意與氣合的前提，氣與力合的結晶。也可以說此法是氣催形動的練用法則，也是練內外配合，精神意氣一貫的必由之路。

以上之法均是重神不重形，重內不重外的縮影，也是本法的心中想和意中法。

練　法

六合勢，起右崩拳，左足向前邁半步，右足跟進，靠在左足大拇趾根關節處。左手領拐起到耳的部位，身呈舒勢，足向前邁進，呈長三弓箭步。同時，右手握拳從虎窩直起，起時拳心朝左，起到與眉齊停住；待右手起拳時左手落回下丹田處。左足向前寸出，前寸的尺寸為本人一腳；右足前寸踩住尺寸後復上左腳，左腳靠在右腳大拇趾根關節處。同時，右手領拐，並將右手指拖到耳的部位。此時身呈舒勢，足向前邁一步，步眼是本人的一腳半，還是呈長三弓箭步。在邁足的同時，左手成拳直起，起至眉；右手下落，回到丹田處。

此為左崩拳。左右互練即可。

另一種練法：左手成拳，拳心朝上貼於腿根，左手拳心與前手拳心相扣，在猴勢展吐時左手向上，肘拐平心，雙臂雙拳擰旋而起，左拳橫擊對方心窩乳部，右拳拖回護

心。

功　用

崩拳梳肝。崩拳屬木相肝，發聲時無論長短高低，均要清濁相和。如練架勢，無論一領、一起、一裏、一格、一擺，這些特定動作的運行軌跡大部分沿足厥陽肝經的走向而運動。在勁道方面由於崩拳無論練用皆為起升，所以在練用崩拳的過程中可迫使兩腳的兩個大拇趾用力扣地，使大拇趾上的大敦穴和腳上的行簡、太衝、中封等穴受到刺激。又膀在裏押時肋骨的合，拳起時肋骨的開，膀一裏，拳一起，肋骨猶如魚鰓的開合，按《黃帝內經》中講肋開可開胸，肋合可順氣。又拳從急脈穴（大腿根部內側的海底低側面）起，過章門、期門二穴時，肘的擠、臂的摩，間接地起到了按摩此二穴的作用。

所以崩拳的一個完整動作便可將足厥陽肝經的大部分穴位啟動，這是其一。其二在內五行中肝為吃，吃猶船截物，船身下沉的尺寸叫做吃，運用於崩拳中，身體靠近敵人，下沉身軀，也稱吃；在練猴勢時為含胸。肝喜吃，崩拳用吃，以吃帶吃便可起到肝的舒暢條達、開胸順氣。這是有一定哲理的連帶關係。

用　法

（1）**領挎法**。敵用左橫拳擊我，拳頭如在膻中穴以下，我用右肘壓押，截住橫拳輪行壕溝的勢法，左手成拳，臂貼對方，拳從胸部的中心線直擊對方下顎。敵如用右橫拳擊我，拳頭在膻中穴以上，我用左手領挎（圖5－11）。

（2）**裏擠法**。將輪行壕溝的軌跡引偏，且破壞輪行壕溝的勁道，在此同時起左崩拳擊向對方下巴或鼻部（圖5-12）。

（3）**提籃法**。敵如用左橫拳擊我，使出硬打硬進的勢法，並且勢猛勁足，我用挪閃步走側峰，左足邁向對方左足旁，以此回避對方銳峰，用斜身法，手裏擠對方，在挪閃裏擠的同時，起右拳，橫邁左足，擊向對方耳朵部位或腮部。

圖5-11　　　　　　　　圖5-12

崩拳舊拳譜原文：

崩拳屬木似箭非箭也，起落緩衝，猶如浪頭行舟，舟行浪頭，舟行浪打姿勢，並含硬崩摘豆角勁節勁道。

上法：中三路，上三路處處顯示返弓，內含三節拳，實乃起勁。

崩拳歌訣：

崩拳屬木似箭穿，生炮剋橫起拳峰。

側用旁擊提籃勢，拳如浪尖擊船舷。

起拳似彈變勢靈，釘頂崩橫用寸勁。

斜身調膀舟行勢，橫擊耳朵正擊地（地指地閣）。

拳合肝吃性靈空，心與肝合髮衝冠。

肘摩肋動胸氣順，運用崩拳肝氣攻。

舟行浪頭是上法，浪頭行舟截勁生。

舟行浪打趨避勢，春練崩拳疏肝氣。

拳經歌訣：

　　崩拳似箭射物，舟行浪頭起伏，

　　拳似彈，助魂魄，心血旺，肝氣吃。

　　腳踩中門硬起膝。

3. 躓 拳

躓拳技理，流斜曲水進，噴孔直射起。外形用杳砸，內勁合腎敵。

拳譜曰：「躓拳似閃屬水，有山倒嶺塌之勢，靈勁爾。」此法主用根節，技擊時用擠砸頂顛的勁節勁道。此拳練法即是用法，並一勢含兩種勁道，一是臂肘翻裹，肩膀下杳，用肩尖砸擊對方乳部，稱山倒；二是復起時肩不離彼身，用粘法將肩尖拷頂對方胸肋，稱嶺塌。做以上一勢二勁的動作，要肩於胯合，步小勢圓，不可大動，而是小動和微動。

此法在小動和微動中下砸，要遵循流斜曲水而進，蓄水鑽洞而旋，並含曲曲流行覓隙而鑽的勁道砸擊對方。砸

擊時小臂開敵中門，前肩下砸，後肩起隨。拐頂時前肩起頂，後肩隨落。雙肩的前落後起猶如杠杆兩頭雙使，這就是拳譜中的前肩落旋砸，後肩起自隨。

躦拳中的「閃」字，內含兩種勁節，一是閃現，二是閃收。

閃現，出拳束而躦，貼靠對方，猶如空中閃電，窄而迅疾地將天撕開一條縫。瞬息做工完畢，叫閃現。此法多運用於貼靠法的山倒之勢。

閃收，是貼靠對方後用沾黏之法不讓對方微離，猶如平地水噴，直而勢猛，射向半天，瞬息落地定勢，叫閃收。此法多運用沾黏法的嶺塌之勢。

躦拳屬水，是本拳借喻易經中五行生剋變化的哲理，使練本拳者，能對本拳舉一反三，加深理解。

步法配：如打顧，我須起原步，上左步；如攻擊，我須起左步，右步變勢，變勢邁根節步，邁出的根節步下部踩住，中部擒住，之後便可單顧、單攻。此二法俗稱獨佔。

身法配合在本拳中稱鑽貼。鑽貼時用熊形下砸的勁節由正變斜，上步搶方位，去沾敵身。沾時身落手起，沾住後，身起手落；沾時身落即鑽，鑽進時與對方呈膠著狀態謂貼。貼住即砸，砸時斜身下旋，肩尖跌出；起時身略前傾，肩尖拐頂。

須注意：前肩落，後肩起；前肩起，後肩落，才能不抽扯，不乖戾，才可勢法大順，勁力大增。

練 法

（1）**右躦拳**。六合勢，左足向前邁半步，上右足跟進貼靠於左足大拇趾根關節部位停住，呈舒勢。同時，右手從左手下面向前伸出，左手不動，右手伸到左肘彎，左右手由陽變陰起至眉，雙手皆外翻，翻到右手心朝外、左手心朝上停住，右手的高度不變，只做翻腕旋臂動作，大小臂疊住，右手尖對準足面，露出肘尖下砸；下砸時左手呈雞手，靠在肘彎處貼住。此法俗稱護池（曲池穴）掌。在起臂的同時，右足邁出，呈長三步紮住。

（2）**左躦拳**。接上式，呈長三虎步定勢後，將左足向前寸出，右肩調回。足前寸時以腰肩為軸，右臂調回時身軀由斜變正。雙手在身軀變化時內翻，手心朝下，同時右肘夾肋，臂內旋，手腕內翻，右手下壓，左手從右手下面伸出，邊伸邊起，起到與眉齊時，左足向前邁半步呈舒勢（圖5－13）。

圖5－13

（3）左足向前寸出，呈長三弓箭步。同時，雙手外翻，左手心朝上，高度不變，大小臂疊住左肘尖對準右足面，露出肩尖下砸；砸時右手呈雞手，靠在肘彎處貼住。左右互練即可（圖5－14）。

圖5－14

練時用雲領之法，蛇吸食勁道。橫順十字勁的勁節，肘拐平心的法則，起手挑攔，臂動旋翻，肩尖旋跌砸擊，砸擊時左右二臂使勁相等，肩肘手在內勁的催貫下，協調統一而動。如左肩下砸，右肩不隨起，就得不到自順的功效，出勢即散。

另一種練法：六合勢，左手上鑽，右手護住小臂，兩手同時下翻，左手外旋270°，右手內翻180°，雙手呈雞手，左手手心朝外，右手手心朝上，中指部位貼於左臂肘彎，在拳頭旋翻時回裹，裹向懷中打出剎勁。在打剎勁時的裹撒中，將小臂帶回並靠大臂疊住，疊住時左手指尖

不可超過肩尖，並將肘尖回到身體的中心線為宜。這種姿
勢一為送出肩尖，二為防守嚴密，還可以達到不累自的目
的。

用　法

如敵迎面擊我，只要在我雙乳之上且不在中心線，我
皆可使用本拳，吞胸弓背，順彼拳的來勢定身法斜左斜
右，並在斜身中迎敵拳鋒，用虎抱頭中的眼視敵，用犁牛
直項鑽貼。鑽貼時如左手在前，左手指對準彼的花點穴進
擊，緊接肩出，臂疊，用疊回之臂從彼的臂裏開門打出山
倒嶺塌的勁道。

須注意：是運用躦拳不可遠擊。

功　用

躦拳補腎。拳譜曰：「躦拳似箭，屬水。」相腎，腎
氣主水，水暢則腎氣足。此拳主順，順則腎氣裕。腎在內
五行屬水，藏精，主人體發育，生津納氣，充實骨髓，通
腦，此華在髮，開竅於耳，司二便。其位居脊柱節十四
椎，左右各一。

練躦拳時，脊椎骨一弓一展、一抻一查、一斜一正的
運行軌跡，間接地起到了按摩和刺激腎臟的作用，所以從
武學角度講，腎敵為抵擋，含深入向裏夾靠的意思；從醫
學角度講，腎敵為引進來降下去，含下降的意思。

躦拳舊譜原文：

躦拳似閃屬水，起落翻轉猶如山倒嶺塌之勢。上法；
步小勢圓微動，下部寸步踩住，中部用挎擠擒住，便可打
落勁。以上五拳的特點尺寸短，勁力足，角度刁。

躦拳歌訣：

　　躦拳屬水漩渦勁，勢如閃電貼彼身。

　　山倒砸擊敵乳根，嶺塌復起挎顛頂。

　　曲曲流水水相腎，腎水蠕升育軀身。

　　進身似閃擊彼胸，硬鑽旋倒用落勁。

　　逆剋炮拳起中攔，順生崩拳升不停。

　　躦拳勢法內藏追，啟動根節左右隨。

　　沓腰跌膀伏身進，身足齊進身貼身。

　　小臂外裹占中門，不用拳肘用肩峰。

　　肩尖擺顛手撩陰，五臟氣亂傷骨筋。

　　進退不亂柔為貴，鬆靜定慧暗反弓。

　　腎水上返入丹窊，心火調下進爐門。

　　煉精化氣腎為本，久練躦拳滋補腎。

拳經歌訣：

　躦拳屬水形似閃，曲曲流行內藏追。

　夜追風雲塌砸勁，是直勁，開門吸食肩占中。

　陰氣降，陽氣上，倒塌山嶺。

　拳法順，腎氣裕，體壯肢靈。

　化拙力，退脊力，肩尖點頂。

　指似電，棉藏針，柔接剛進。

　熟生巧，巧生妙，拙苦為經。

4.炮　拳

炮拳技理，外形開拍，內勁合心沉，心沉在拳中指下
查。拳譜曰：「炮拳屬火，其形似炮，有江水拍岸之勢，
拍岸者炸勁爾，又拍岸者向下，向下者威力甚大，有加濃

之意。」

炮拳屬火，火在五臟相心，故拳順則心中靈明，拳乖則心中蒙昧。本拳在運用中為心意拳單行手法的上等拳，按拳譜中的講義，炮拳者乃斜正之宗，吞吐之基，開勁之源，實乃拳中之堅也。

在練用中可借用坡落膀的「起而未起，何用再起；落而未落，何用再落；起手閉日光，落手雲遮月」的勢法，此謂「出手梢節疾打冷，人亂先從眼中慌」。此動作梢節拍，中節點，根節撅。梢節拍、中節點此二法，無論修煉還是運用，均要在丹田翻放中運用；還要「身落肘擊展中拍，反手倒卷吞中吐」。

練　法

（1）**右炮拳**。起六合勢，左足向前邁半步，右足緊跟上半步，呈舒勢。同時，右手手心朝下，從左手下面伸出，邊伸邊起，起至腮時，右足向前邁半步踩住，呈虛靈步定勢（圖5－15）。出步呈長三弓箭步，此時右手手指朝上，掌心朝前，左手護住右手手腕，雙手外翻，手背朝外甩下，甩到下顎位置，雙手用勁對拉，用撕棉手的勁節勁道打出開勁。此勁的外形動作為兩肘向裏、兩手向外，打出此勁節（圖5－16）。

（2）**左炮拳**。在打出開勁定勢後，以腰為軸，右腳前寸，左腳上半步，呈舒勢。左手手心朝下，從右手下面伸出，邊伸邊起，待起至腮時，左腳向前邁出半步踩住，呈長三弓箭步。此時左手手指朝上，掌心朝前，右手護住左手手腕，雙手同時外翻，手背朝外甩下，甩到下頜位置

圖5－15　　　　　　　　圖5－16

時，用對拉穿梭勁打出拍勁。此法可左右互練。

用　法

凡敵擊我乳上中門線部位，無論直擊還是下砸或用劈拳的勁節，我皆用炮拳雙手呈人字形上捧的頂肘法顧擊。如對方未倒，我上捧的手超過頭頂，手心朝上變成陰手，然後雙手大翻掌，還是手心朝上，手背對準對方面部甩下，甩到對方下顎時雙手突然外拍，雙肘借勢內拐擊肋。炮拳的運用還有：「膀調一線梢節起，陰出陽收中節頂」。

功　用

炮拳養心。炮拳在五行中屬火，內五行象心，外五行象口。在練功中牽動最頻繁的經絡是以手少陽經為主，手厥陰心包經為輔，以足太陽膀胱經為接壤，這三條正經在炮拳的出手、上捧、中頂、大翻、開排的一系列動作中，

都直接和間接地牽動了與心臟有特殊關係的穴位，例如手少陰經的少衝、中府、神門、湧泉等穴，均皆有健心肌的功效；而手厥陽心包經對心臟有減壓作用。

以上諸穴均可在炮拳的運行軌跡中，得到搓拉擰旋翻等動作的刺激，所以練炮拳可以養心。

炮拳舊拳譜原文：

炮拳似彈屬火，非彈也，折轉起落有江水排岸之勢。

練炮拳上法：縮身吞腹，挾乳含胸，起後落先，肘拐平心，斜身同調膀，擺胯同擰身，梢節打人似拔草，中節打人似點頭，根節打人似猛牛，下步踩住，肘尖起點，起落二法加拍勁。

炮拳歌訣：

> 炮拳屬火火相心，生橫剋劈橫開勁。
> 拳似彈丸滾鑽穿，技擊秘法反掌中。
> 中頂上落反甩手，閉月遮日如走路。
> 江水拍岸暗勁抖，巨浪倒捲落吞撅。
> 起而未起何用起，雲中撥日顯鷹勢。
> 落而未落何用落，肘與心齊手捧挌。
> 吞胸吸腹束曲弓，斜身架手肘頂中。
> 進退連環勢不停，速擰地盤撩下陰。
> 心動炮烈吃人意，中間鬥手快打遲。
> 心與眼合多一明，心與耳合多一靈。
> 心與舌合多一精，心與肺合陣雷聲。
> 雙肘夾乳助心氣，久練炮拳定養心。

拳經歌訣：

把把翻掌，江水暗湧。

處處揚波，波浪拍岸。

拳拳捧分，惡龍入江。

步步踩扣，追風趕月。

式式雲領，閃電火燒。

招招緊合，猛虎出山。

肘肘拐心，江水排岸。

龍騰虎躍，動火煙手，靈敏一箭雙雕。

5. 橫　拳

橫拳俗稱鳳拳。起手橫拳似南照，猶如鐵輪滾深壕。

橫拳技理：外形呈前滾，內勁合脾入。

拳譜曰：橫拳屬土，其形似彈，有輪行壕溝之勢，滾勁爾（兒）。在五臟相脾，其拳順則脾胃和，其拳乖則脾胃弱。

其形似彈是指拳頭進擊的速度，輪行壕溝是借喻藥店中藥碾碾藥時的勁道。此勁道，無論進退皆呈弧形衝擊。本拳勁節勁道的低架是眾拳之基，無論練用均須意念瑾警，動機察秋，用意念做到心靜意斂，六合不懈疾反變，輪行壕溝瞬顯剛。

橫拳屬土，不走外門，無論練用均須先搶中央。譜有「橫拳一起搶中央，搶到中央占中央，占住中央顧中央，顧住中央守中央，守住中央進中央」。此意謂身不占中肘

占中，肘不占中手占中，手不占中肩占中，肩不占中足
踩中，足踩中時膝鑽中，膝占中後足離中，離中旁閃又占
中。占中時要形正、心狠、意惡、拳快。不過無論哪種
方法，還要切記出手打奸戰，回手打滑戰，打者要強戰。
在奸戰和滑戰中還要將擰滾旋彈脫抖決崩點針等法體現出
來，成為強戰。只有這樣才能把橫拳的把把、步步、拳拳
做到隱現恍惚，起到意擊形化的作用。

練　法

（1）**右橫拳**。六合勢，左足向前邁半步，右足跟進靠
在左足大拇趾根關節部位，再上右足。同時，右手成拳，
拳心朝上，置於大腿根部裏側；左手成掌，蓋在右手拳心
之上，呈舒勢（圖5-17）。

出右足的同時，左手隨右手旋轉而出，到達所擊位置
時，右手成拳，左手成掌，左手中指指尖與右拳邊齊，左
手掌蓋在右手掌根凹處的大陵內關間使三穴處，以備技擊
時撥作領挎（圖5-18）。

圖5-17

圖5-18

（2）**左橫拳**。在右橫拳長三步定型後，右足前寸，左足跟進，左足足後跟靠在右足大拇趾根關節處呈舒勢。同時，左手由掌變拳，右手由拳變掌，左手拳置於左大腿橫紋處，拳心朝上；右手掌蓋在左手拳心上，與右勢橫拳方法相同。左右互練即可。

用　法

敵上右步用右勢躦拳擊我，我用兩種方法破截。

（1）我退左足，起右勢橫拳直擊對方乳部；或斜身調膀，左足不動，左手和小臂護胸，右足向前邁半步，隨斜身打出橫拳的輪行壕溝勢法。

（2）敵用右躦拳擊我，我用先正後斜之法，先用護拳的左手撥托對方右肘，同時，上右步，出右勢橫拳進擊中門線。進擊中門線時拳從對方下丹田處起拳，拳心朝裏如輪倒滾，待起到對方心窩處，便可擰旋拳頭用寸勁擊出。

注　意

擊打時不可超過心窩以上一拳頭。在出洞入洞時，不可架肘聳肩。發勁時要沉肩，杳腰，臀部下坐。起拳時可運用「起而不起何用再起，落而不落何用再落」的法則，此意是出擊不可拘泥於某個部位。

功　用

橫拳健脾。拳譜曰：「橫拳，拳勢順則土自旺，拳勢乖則土自脊。」此意是指橫拳在演練中拳勢要順，即拳架到位，呼吸協調。只要做到以上兩點，即可內健五臟，外強五官，五氣充盈，使本拳拳勢凌厲。如拳勢乖則五氣難聚難升，更難朝元，而且極有可能削弱「五行好似五道

關，不用把守自遮攔」的自我呵護。

橫拳的內勁配合脾入。脾入在拳中指上提。如將此法的技擊與健身強體並論，本拳的運行軌跡均可啟動與脾臟有密切關係的足太陽脾經。如肩下沉出拳可拖拉刺激胸鄉、固榮二穴，此二穴是治療因脾胃不和引起胸肋漲痛的大穴。臀下坐的動作可使腹結、大包二穴受擠壓，此二穴是治療因脾虛弱而引起氣喘的大穴。特別是放置拳頭的地方是衝門、府舍二穴的部位，此二穴是治療腹痛、腹脹的要穴。以上諸穴皆有健脾功能，所以講練橫拳可健脾。

橫拳舊譜原文：

橫拳似彈屬土，非彈也，有輪行壕溝之勢。

上法：無須練用，常保持猴背、鷹膀，此拳最能隨機應變，把把步步拳拳，氣擊意化形避，隱現恍惚，本拳實乃起勁也。

橫拳歌訣：

　　　　橫拳屬土拳似彈，生出劈拳劈胸膛。
　　　　攻擊對方占中央，剋制躦拳用陰膀。
　　　　疾速似箭斜身進，輪行壕溝呈弧形。
　　　　眼毒手奸動五行，沉吃凜敵脾入攻。
　　　　心靜意斂瞬萬變，射丹崩橫頭要懸。
　　　　梢節步法起拳頭，中節步法暗用肘。
　　　　左右來復返弓彈，輪行壕溝環連環。
　　　　起橫落順橫變直，斜正來復虛與實。
　　　　滾旋捧截擠押塞，串踐踩撲快步邁。
　　　　式式化圓內勁催，綿綿翻滾弧形錘。

横拳起横不見横，形正心狠抖絕勁。

練家細悟横拳横，內用崩横外打順。

横拳美名稱鳳拳，冠名華麗內藏針。

拳經歌訣：

先斂意，意氣相連，氣灌勢。

先緊拳，輕靈式圓，圓似輪機，催拳起。

拳起，黑虎出洞，式式輪行壕溝雲追月。

拳落，白龍潛潭，拳拳旋滾點擊氣門關。

四、五行拳生剋對練

本法如反覆對練，經常走化，可悟出五行拳是心意拳之綱。

練　法

雙方一左一右立正，中間距離以五步為宜，雙方轉身呈面對面，同時起六合勢，皆用一寸二踐搭手定勢。此為對練套路預備動作（以下動作我方為甲，對方為乙）。

甲、搭手後，足踩左旁門，右手捋對方小臂，上足起左勢劈拳進攻對方。

乙、退右步，起右炮拳，右手起撐，雙手翻擺；上左步，展身上挑、中頂，挑排甲方劈掌。

甲、足踩乙方右旁門，左手撥滾；再上右步，生右勢躦拳，進攻乙方。

乙、退左足，左手領化；上右足，生右勢横拳進攻甲方。

甲、退足，起右手纏壓横拳，上足生崩拳進攻乙方。

　　乙、足退半步，左手挑搭甲方左手，並足踩右旁門，挑搭的左手順勢捋甲方左小臂，上右步生右勢劈拳進攻甲方。

　　甲、退左步，生右勢炮拳；上右步，展身挑壓乙方。

　　乙、足踩甲左旁門，右手撥滾，上左步，生左勢躓拳進攻甲方。

　　甲、退足，右手順滾；上左足，生左勢橫拳進攻乙方。

　　乙、退左步，左手纏壓橫拳；上右步，生右勢橫拳進攻甲方。

　　甲、左足退半步，右手挑搭乙方右手。

　　乙、右足踩甲右旁門，右手捋甲右小臂，上左足生左勢劈拳進攻甲方。

　　甲、退右步，生右勢炮拳直起，上左步展身挑壓乙方。

　　乙、右足踩甲右旁門，左手撥滾，上右足，生右勢鑽拳進攻甲方。

　　甲、退右足，左手滾領，復上右足，生右勢橫拳進攻乙方。

　　乙、退右足，右手纏壓橫拳，上左步，生左勢崩拳進攻甲方。

　　甲、右足退半步，左手挑搭乙方左手，左足踩乙方左旁門，左手捋乙方左小臂，上右步生右勢劈拳進攻乙方。

　　乙、退左足，生右勢炮拳直起鑽撐，復上左足展身排壓甲方。

甲、左足踩乙方左旁門，右手領滾，復上左足，生左勢鑽拳進攻乙方。

乙、退足，右手領滾，上左步生左勢橫拳進攻我方。

甲、退左足，左手纏壓橫拳，上右腳，雙方搭手後生右勢崩拳進攻對方

乙、左足退半步，右手挑搭甲方右手。

雙方同時後撤，打出倒輪手拜勢的姿勢，呈六合勢收勢，互相行抱拳禮，歸隊。

五行拳運用總歌訣：

劈拳起打占中線，崩拳起膝先起拳，

躜拳疊肘顯肩尖，炮拳跌落兩肋邊，

橫拳滾起擊乳房，對拳生消無有拳。

第三節　十大形練用法

練肢體技巧與大腦配合。十大形有龍、虎、猴、馬、蛇、雞、鷹、鷂、燕、熊組成。七小形由鼉、鮐、烏牛、鹿、喜鵲、蜻蜓、蜘蛛組成。其他小形由貓、蜂烏、螳螂等十二小形組成。眾形形取其形、傳其神於技術之內，以此化出種種靈妙手法，既可突出每形的特點，又是一組短小的基本套路，功力各有側重，動作各有多變，是突出每形技能的練法。練用時可起腿，也可不起腿。

以上十形龍有撒骨之法，虎有撲食之勇，蛇有撥草之能，猴有縱山之靈，馬有奔蹄之功，鷹有捉拿之準，鷂有入林之法，燕有取水之巧，雞有敵鬥之勇，熊有出洞之

猛。

據前輩傳，如將以上形形之法借鑒於拳法中，可達無堅不摧，無懈可擊之境，故此形形所以為學本拳法者不可忽也。此理古已有之。例：古有問成人於夫子：「何以成人？」夫子答曰：「若藏武仲之智，么綽之不欲，卞莊之勇，冉求之藝，久之以禮樂，亦可以為成人矣。夫智也，不欲也，勇也，藝也，四之獨有之特長也，合而萃與一人之身，則可成人也。」

練形形還要練出虎形似病，鷹形似睡，貓形似臥，猴形似呆，蛇形似僵，熊形似鈍等障目之外形。例如學龍身，先學龍身之和，後學魚之抖鱗。因身和則體活肢靈，身抖則拳疾勢猛。無論何種形形，在練用中都須注意的是，身抖時要從腳後跟抖至頂門心，並含火燒身的勁節。

總之學形形，假的不必求真，真的不必造假，此意謂學形形不是學一模一樣，一定要有一個集中、概括、提煉、誇張、縮小、裝飾、虛擬，最後洗練，取其精而後運用。首先，學形形要忘掉形形，雖出之形形可要超於形形。古人笪重光在《畫鑒》中說：山本靜，水流則動；石本頑，樹活則靈。

1. 龍 形

練脫身換影。龍有靜蜇動驚之法，為東方人的尊物。龍的一身凝聚著我們民族對人類的美好想像，如龍角為鹿角，象徵著美麗和健壯；龍頭為馬頭，象徵著忠誠不疲；龍身為蛇身，象徵著靈活善變；龍皮為魚龜之鱗甲，象徵著自我保護；龍爪為鷹爪，象徵著兇猛除惡。總之，龍形

集本拳至大至剛，至中至正，此龍形猶如《易經》中所闡述的「天行健，君子自強不息」的哲理。

龍形一法在拳法中最靈，擅長伸縮、升降及見首不見尾，變化莫測。故練龍形要以煉神為主。除此外還須練身軀的大起大落，手法翻掌時的大陰大陽。身起時足高、手高、身直，身落時下盤坐穩。練龍形要練出身軀的柔和、筋骨的柔韌，並能練到心火降下，腎水抬高。

練時周身須用力，兩肩兩臂沉垂，五行相印，氣沉丹田，身軀肢體手足一氣貫穿。龍形取法於龍的張牙舞爪、上下波動多變，撲擊時有抖鱗撒骨之法，折身纏繞之意，上下起伏之勢，並以貌驚人，以勢嚇人，以聲震人。運用本法的化拔、足踹蹬、手押壓，手足合一截對方的進擊。練龍形，束收而盤團，團曲而旋起，進退而直行。龍形一法的運用謂拳譜中的一打三。此意是一把龍形可擊人的上三路、中三路和下三路。

練　法

(1) 起六合勢，手足緊連起右膝（圖5－19）。

左手在前，右手在後。足落地，左腿下旋成地盤，然後迅速旋起。同時，右手前推，含推託對方胸部的意念（圖5－20）。

膝起到四平，手與鼻齊（圖5－21）。

手變連環手，手起摸疾翻掌，並隨身落而下壓（圖5－22）。

(2)手起摸。足直蹬下地盤連環起落，要大起大落。

以右式龍形為例：六合勢束勢束身，右臂上斜，右腿

圖5－19　　　　　　　　　　圖5－20

圖5－21　　　　　　　　　　圖5－22

從懷中蹬出。展勢兩手下摸，左手在前，右手在後。足落地，左腿下旋成地盤步，然後迅速旋起。同時，右手前推，含推託對方胸部的意念，左手拉回到丹田處。此為右式龍形單推勢法。變勢中要含「不動、小動、微動」之意，借對方勁節勁道而帶化（圖5－23、圖5－24）。

注　意

手法是摸掌，摸時掌心朝下，向上蹬腿，譜稱「丹鳳朝陽」。不上起之腿足尖外撇，力點落在足後跟。

圖5－23　　　　　　　　圖5－24

龍形歌訣

　　龍形翻江倒海行，水中翻浪如同鯨。

　　一波未落一波生，彷彿神龍水面行。

　　忽而衝空高處耀，聲光電影令人驚。

　　搜骨伸縮為本能，升降之形性屬陰。

　　龍形步法龍形手，縮骨探爪龍鱗抖。

　　內剛外柔伸與縮，一氣貫穿起與落。

　　拳順練出心火降，腎水上抬自調衡。

　　上下相印脊節通，久練龍形下盤穩。

　　側身雙分前足定，後足抬起踢彼胸。

　　縱身而起高處躍，兩手翻轉打落勁。

（電影，指夜間閃電，瞬間照亮大地）

2. 虎　形

　　練伏身靜守。虎有抱頭斂狀，離穴雄風，為國人勇猛之偶像；並有先天撲食之勇，三踐一掃之法。其拳順則清氣上、濁氣降，真精化氣還於腦，靈氣灌漑於三田。練虎

形以練踐撲為要。練時抱頭縮項；鑽撲時學虎的兩爪為先鋒；出手時不露中節，有趨避隱藏之意。虎形拳起橫落順，兩爪有排山之勢。練出虎威虎猛虎毒之後，還必須練出虎形似病的外形。

練　法

(1)六合勢，兩肘挾掩，伏返身軀，全身屈疊折弓吞，吞時內翻丹備勢起裏拳（圖5-25）。

(2)備勢時束身又束手（圖5-26）。

圖5-25

圖5-26

(3)吐時射丹田，射丹田時抖身又撒手。無論吞吐均要一氣一勢。雙手從丹田起，從口的位置出，兩手大拇指互扣。左足在前時左手在前，右足在前時右手在前。力點在掌根，掌根催至指尖（圖5-27）。

圖5-27

用 法

裏挾裏外用，遇高掫，遇低押，中平推。也可丟摟掬三勁連環練。連環聯用時搬而上掫，抛而擲地，摸而脫落。不過以單練單用為宜。單練丟把，先引吸，落摸貼身含起勁向前推出，如按瓢之勢。但丟時肘須挾緊兩肋。練時兩手與自乳齊，用時直擊對方乳部下方即可。摟把打出時要一把之中含三勁，謂落也打。掬把無論練用，兩肘宜並，兩手宜對，謂起也打。

虎形一法，最能體現疾、狠、真。

注 意

此法無論練用，在用氣方面均為長吸短呼，出擊方面均反彈驚纏抖訣。運用抖訣時要氣催、氣化、氣擊，顯出虎膽、虎氣、虎威，看像似鼠，撲入似虎。本法練踐為要，練撲為長。做動作時雙手要相同，動作要一至。

歌 訣

伏身離窩清氣升，雙掌截推坐洞中。
上摟下掬中平丟，踐撲坐窩敵球手。
撼山容易軍何難，只為提防我者先。
猛虎施威頭早抱，其心合意仔細瞧。
性命雙修龍虎勢，龍吟虎嘯丹田氣。
風雲成陣又何難，環衛諸胥士卒完。
蒙馬虎皮成霸績，陣師牧野可同參。
虎形練骨虎氣生，臂堅腰實動中靜。
猛虎出洞闖木籠，長嘯一聲陣雷聲。
外裏推出擊胸前，裏挎推出在丹田。

臀尾起落不見形，猛虎坐窩出洞中。

抱頭全憑精靈氣，束展二字自分明。

3. 猴　形

猴形練弓。學猴形要學猴、練猴、心中裝猴，多處部位似猴。學猴形還要借鑒猴的弓靈敏巧，舒縮伸漲，縱捷跳躍，一觸便應，並學其上樹之巧、墜枝之法、獻桃之奇及刁拿躲閃之天性。練猴形時要身法圓滑，起意眼乖，定氣備力安神，還須充分體現出身法的包裹屈弓，手法的莫測恍惚。無論練用，均要帶出猴勢巧疾準狠之性。無論一勁一氣一開一合，均要一合而無不合，並顯現出如弓反漲自然而然的造化。

練　法

(1) 六合勢，背弓，臂弓，心中弓，頭龜縮，臀坐腿屈上左步。上步時丹帶足翻，肘挾手耷落（圖5－28）。

(2) 出手從上往下返回，手由下往上分，由上往下一打三，由下往上分單雙（圖5－29）。此形無論單雙，在

圖5－28　　　　　　　　圖5－29

練用中均雙開雙閉，左右連鬥手，才符合本法要求。

(3) 束身抬右腿，雙手從懷中抽出，左手在前，右手在後，右手翻成陰手（圖5－30），左手翻成陽手（圖5－31）。

(4) 展身呈虎步，雙手翻擦兩次，如同雙把向前向下刺出（圖5－32）。

(5) 步不動，突變雙把推出（圖5－33）。左右互練即可。

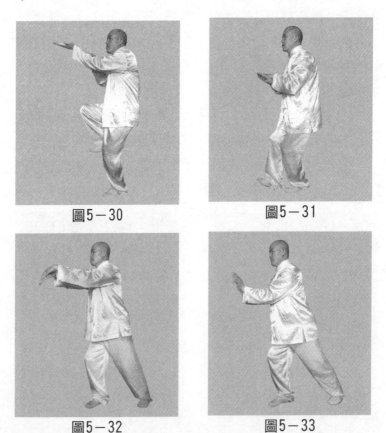

圖5－30　　　　　　圖5－31

圖5－32　　　　　　圖5－33

注　意

前步起膝時膝峰不能低於腰，腳尖向上蹺，手與口平，手落下用水中按瓢的勁節勁道。

歌　訣

猿猴出爪指如鐵，漂把按下水中截。

裏拳按下掌出懷，縮身海底將桃摘。

進退趨避環環連，縱山跳澗處處靈。

晃手反打肘膝藏，金沙迷眼實難防。

猿猴獻桃手法奇，力透指端鷹爪勢。

不是飛仙體自輕，居然電影令人驚。

突爾彈起奇橫勢，儘是旁通一片靈。

敏捷輕疾猴本能，縱奔弓躍勢不定。

乖巧脫節秉性奸，動難見形爪為上。

性屬陽剛縮力精，拳順練出心寧靜。

攀登跳躍身似弓，縮束展繃天生定。

趨避得機進退神，走高走低皆本能。

4. 馬　形

馬形練起。練馬形時要十分注意拳法中的六種勁道，即起勁、剪勁、點勁、踏勁、頂挎勁、彈抖勁。這六勁齊發，才可發揮出馬形拳的威力。

起勁：即馬形形似箭，雙拳在胸前交叉剪擊時向上的勁道。這起勁表現在馬騰空，雙蹄向高處提起之勁力，可破來自頭部的招式。

剪勁：像剪刀裁衣之勢，有利脆之勁力。喻雙拳交叉像一把剪刀。擊時雙拳急分。

點勁：表現在剪勁之後，用肘向對方胸脯顛點、頂擊，也稱暗勁。

彈抖勁：剪拳上擊時，運用射丹田法在身抖手撤時將剪拳催出。

踏勁：此勁是雙拳剪擊之後的下落之勁，運用在敵似倒非倒之際，雙拳用像馬奔蹄的勁節勁道，分前後砸向對方胸腹處。

頂挎勁：在拳上剪之時，提膝上頂並含挎勁。

練　法

(1) 六合勢，眼不大睜，用引地功彈步踮起，踮起時起左足提膝，呈四平勢。雙手虛握，兩肘拐心，雙手起至兩腮（圖5-34）。

(2) 然後雙手分撥下砸，下砸時虛握之手變拳，右手用坳勢砸于左腿膝蓋以上一拳頭處（圖5-35）。

圖5-34

圖5-35

(3) 左手也握成實拳用順勢砸於原處（圖5－36～圖
5－39）。

本拳先單練，後雙練，單練時前手馬奔蹄，雙練時上
下合二為一去練，單練用刨勁，雙練加崩勁。

圖5－36

圖5－37

圖5－38

圖5－39

注　意

兩拳起時拳面朝上，拳心朝外，起至腮。落拳時拳面朝下，前拳砸下在膝尖以上本人的一拳頭處，不下砸之拳拖回護肋。

歌　訣

> 人學烈馬疾蹄刨，良將爭功膽氣豪。
> 英雄四海揚威武，學精此形得名高。
> 馬有仁智善忠勇，馬奔虎踐均神通。
> 起勢無極變六合，修真養性練丹田。
> 丹田內催剪拳起，落步雙蹄踏胸前。
> 拳起膝提呈猴形，雙拳抬起護耳根。
> 六勁齊發射丹田，拳似剪刀分雙拳。
> 雙拳落下呈虎步，起落進退皆勇悍。
> 氣順心定神又寧，內柔外剛拳生風。
> 此為馬形如真龍，摔轉衝闖義為重。

5. 蛇　形

蛇形練趨避。譜有「文東武西自成章，蛇行撥草步呈強。學它奇能悟深處，遊蕩趨避細端詳。水之翻浪又翻浪，水之翻浪細思量。水面漂繞花落意，逆順起落又沉底。入陣翻浪易進退，莫測突變柔也威。蛇行恍惚見縫進，束縮成陰是本能。擺盤直曲靜取藝，纏繞靈變吸帶叮。蛇為水陸大行家，撥草覓縫乘隙入。」練蛇形要體現蛇的以靜為養，盤守靜定，行滑毒叮，舒氣意圓，疾熱吞吐，長吸短呼，以守為主，一觸疾攻；擊時下用蛇盤，上用蛇叮。蛇形一法無論練用，在摸按繞翻

蛇吸食時均要輕舒韌柔，心一動渾身波動，波動周身皆圓。只有周身皆圓，才能內中真陽透於外部，打出撥草風似快，進退如蛇行的勁節勁道。《孫子兵法・九地》中曰：「故善用兵者，譬如率然。率然者，常山之蛇也。擊其首則尾至，擊其尾則首至，擊其中則首尾皆至。」練時還要力求動作柔中有剛，柔韌靈猛，開合吞吐脆剛，氣柔身出，臂活腰靈，指似鐵釘；要含行乎不得不行，止乎不得不止之意。

練 法

(1) 六合勢，束身左足向左跨出半步。左手從右肩窩下劃撥，雙指緊並隨身步點出（圖5－40～圖5－42）。

圖5－40

圖5－41

圖5－42

（2）足停踩定勢後，右足向右跨出半步。同時，右手從左肩窩下劃撥，雙指緊並隨身步點出（圖5－43～圖5－45）。

如此反覆進行。

圖5－43

圖5－44

圖5－45

注　意

（1）雙手做平圓動作時手與乳齊；撥草時用橫滾丹田帶動雙手。

（2）練蛇行以氣為主，其氣吞吐要抑揚；要沉靜柔實，未著物時看似無力，但出指擊時風似快，回手時猶如

蜻蜓點水一觸即止；出擊之手出自何處回自何處。

(3) 練蛇形臂活腰靈，柔身進退。起蛇叮，兩指骿架齊驅，若蛇之兩舌。行步遊蕩曲折，即拳譜之謂「有行乎其所不得不行，止乎其所不得不止。」

歌　訣

> 蛇形步法蛇形手，交叉兩側觀勢走。
>
> 束身調尾到身後，地盤叮吸打三路。
>
> 起如旋風落如箭，好比仙猿把桃獻。
>
> 蛇形趨避蛇撥草，蛇形趨避閃挪繞。
>
> 蛇形撥草風似快，蛇形撥草兩邊倒。
>
> 蛇形出擊首尾應，橫順曲斜任意行。
>
> 纏繞本能屈與伸，盤吐開合性屬陰。
>
> 從來順理自成章，逆則難行莫強梁。
>
> 寄語聰明人學藝，水中翻浪細思量。
>
> 草上蛇飛見縫鑽，挑起畸角自應心。
>
> 起時束身落時藏，節節貫穿在腰間。
>
> 落若箭至起山崩，追風趕月不放鬆。
>
> 拳拳相應連環用，均在龍蛇二行中。
>
> 誰能悟透蛇形意，曲曲繞繞免危機。

6. 雞　形

雞形練跟。雞有獨立之能，振翼之威，謀略爭鬥之雙慧。練其形能讓腳跟之勁，上升到泥丸宮；也能讓頭頂之氣降下到湧泉，並能促進真氣循環於四肢百骸之中。此氣上可補腦中元神與陽神，向下入海底養靈根。練雞形一法，要謀局、謀勢、謀子。不過以謀為要，以勇為輔。拳

經歌訣曰：「上將以謀勇出陣，出陣勇敗用謀贏。靜觀細看二雞爭，雞爭實為本拳根。金雞獨立練寒功，熱脹冷縮是本能。浩氣貫胸心膽正，人學金雞練導引。提腿獨立為調氣，引頸縮項清濁分。一拳三勢肘擊胸，抬足起腿用膝頂。」

練雞形時進足要扣，提膝要扣，步出催踩雙足要扣。本法如原步起勢，即是打上法，也稱開拳。開拳首需三拖步，次用三跟步。這兩種步法皆要顯出追風趕月不放鬆，一氣呵成之勁節。也可原地打三式。

練　法

(1)六合勢，束身起右腿，右拳從懷中變出（圖5－46）。

(2)用點勁將右拳擊出（圖5－47）。

(3)然後右拳回裏翻扣起肘擊出（圖5－48）。

(4)緊接右拳下落至左腹旁，擊打對方陰部。同時；右腳前踩變為長三虎步（圖5－49）。

圖5－46

圖5－47

　　另一種練法：六合勢，左腳向前邁半步，右膝提起，左手手心貼於右手手背（圖5－50），屈肘將雙手拖至右耳處。右腳踩出落地時左腳跟拖，右手成拳擊出；右腳復進，左腳跟拖，將左肘屈頂出，左手返回到耳朵處停住。

　　此為左式雞形拳，如練右式雞形拳，反過來即可。

圖5－48

圖5－49

圖5－50

注　意

(1) 起雞腿要連環進退。在杳腰坐臀腿跪時起腳。支撐之腿稍屈，另一腿膝與胯平。

(2) 拳擊出高不過口，低不下乳。收拳頂肘時要肘拐平心，後手護於肘側；旋肘出肩峰時，護肘之手順臂上滑於肩窩。

歌　訣

> 獨立之形振翼威，雞手雞腿顧擊隨。
> 司晨報曉催人勤，獨立起撲兩奇功。
> 細看雞鬥虛實意，處處動作用一氣。
> 雞腿雞脯雙爪蹬，起膝擊臍人難明。
> 雞形猶如鳳翅鏜，兩翅忽扇雙爪藏。
> 站立竄撲提踩蹬，隨高隨低步法靈。
> 鬥勇鬥謀又鬥智，方知化羽有靈通。
> 呆若木雞最為上，伸頸束勢腿弓彎。
> 既和且平溜雞腿，一拳一手步步追。
> 拳中取勝雞腿功，拳勢若順任督通。

7. 鷂　形

鷂形練旋擺。練此形飄若鷹鷟，翻若蝶蜂。鷂形的拳勢最鋒利、最敏銳，飄忽猛烈。此形有束翅之法、入林之能、翻身之巧。練內可收心斂氣，氣歸丹田；練外能裹身縮體，亦可收先天之氣歸丹田；如內外齊練，能束身而起，藏身而落。

無論練用，手法藏在膀內，肩法藏在肘內，腳法藏在膝內，起點藏在心內，落點藏在意內，尺寸藏在眼內。此

形用開勁可直進直入，用閉勁可閃挪閃退。步法配合無論順拗可用原步、串子步、虎步等。

練　法

(1) 六合勢，束身呈虛靈步，兩手胸前繞撥，右手置於左腹部，左手置於右肩窩（或心口部），手指中指與肩齊（圖5-51）。

圖5-51

(2) 左足邁出半步，呈長三虎步。右手隨身步朝右打出，打出的尺寸與自膝的高低相同，手小拇指與足的外邊齊，不可靠裏亦不可超外（圖5-52～圖5-54）。此為左式。

圖5-52

圖5-53

圖5-54

用　法

如運用此手技擊，上起之手擠對方肩部，下面之手卡住對方胯部，並用臀部擺擊對方臀部。練鷂形要多練射丹田。

注　意

練時膀由下而上側身而入。

歌　訣

　　鷂子經天揚伏鑽，群雀驚飛兩向波。

　　鷂小入林手托頂，收腹縮身鷂翻身。

　　飛鷂一翔內強梁，束展兩翅賽鳳凰。

　　束翅直鑽擒捉意，猶如彈丸離弦勢。

　　左右翻滾步法跟，偏身側飛順入林。

　　鷂形打法用肩尖，提氣入林如飛箭。

　　鷂子入林不損身，步步斜進巧藏身。

　　內剛外柔靈巧勇，試觀擒捉嘴爪攻。

　　束身而起藏身落，勁力混元體欲衡。

　　取此形形修此身，貴在其形自束身。

8. 燕　形

燕形練絞。燕者，最靈巧之物。此形有躍身之法、輕捷之靈、取水之能。練燕形能加快腎水上提、心火降下的速度，促使腎水與心火相交，使心火得限，腎水得溫，並能使丹田之氣充塞周身。練其拳若順則穴通、竅開、神足、腦聰。

練　法

(1) 六合勢，束身呈左虛靈步。同時，兩手繞撥，左

右手交叉合於胸前（圖5－55、圖5－56）。

圖5－55

圖5－56

　　（2）左手上起於天突穴處，右手落下至海底部位，展身成虎步（圖5－57）。

　　練燕形無論投手起腳以六合為重，十六助為主，縮束下蹲內翻丹，氣斂神寧，兩眼束收，瞳仁相合，靜守天目主竅。開拳步踩，落鑽起撐，釘頂鑽起，左右分撥，肘擺手截，兩膀左右疾

圖5－57

跌。內意須含陰陽二膀，此膀也稱起落膀。燕形一法還須在十字披風膀中練用，練用時須眼與心合，心與手合，手與身合，身與膀膝足合。出拳時梢節打開，帶進中節，鑽

進根節。

注　意

出掌時雙掌從心口分開，一手向上，一手向下對拉，上手高不超過下頜，下手低不過海底。

歌　訣

自古文武寒暑成，功到雲路自然通。

展翅取水經章清，兩翅巧捷借風行。

返起鑽天飛似箭，翻身摩摸咦呵聲。

高空旋轉不定勢，弧落弧起斜劈翅。

起落翻繞蕩遊身，縮束返下絞前攻。

抄水弧飛左右滾，起落束翅輕柔靈。

丹田之氣充周身，煉精煉氣又練神。

燕子不喝低頭水，抄水敏捷又旋回。

一藝求精百倍功，才識學士高士風。

功到試看燕取水，方知燕形意中空。

機巧伶俐燕有靈，側翅斜飛旋入雲。

有朝一時飄逸下，劈翅抄水又升空。

9. 鷹　形

鷹形練定。鷹為飛物，性最狠烈，有下瞅之能，捕抓之功。此形爪有捉法，膀有打法，眼有瞅法。此物目能視微物，外陽而內陰，有眼賊、爪利、膀勁足之稱。此形練外能出捕捉之巧，練內可促使腎中陽氣升於腦，貫於四肢。練此形時原步微動起左手，提膝挎打右手搓，落勢倒步單起單裹單搓。上手要貼撲入鑽，進攻對方中門線，手背搓擠翻滾，手心反扣，五指狠抓而入，入進後全身後倒

呈跌樣，手返回襠部。

練　法

(1) 六合勢，束身抬左腿。左手從丹田往上抬到胸口，並含回鉤之意，右手順左臂向上翻扣（圖5－58）。

(2) 左腿向前邁半步，展身呈長三虎步定勢。雙手翻轉，按到丹田（圖5－59）。

如從挑領接鷹形，先左手下擊陰部；同時，右手向鼻部打出。

圖5－58　　　　　　　　　圖5－59

注　意

練鷹形起手與髮際齊，手形為鷹爪；下捉後雙爪重疊，雙肩沉抱。

歌　訣

英雄定然起疾奮，易便何處去學鷹。

九秋顯然鷹得志，擒定狡兔便超升。

雙目炯炯電光閃，眼與目合截敵心。

以靜制動寒透骨，把把鷹捉發雷聲。

鷹視微物是本能，步步行動動五行。

彼若不動咱不動，彼若一動截其伸。

手為鷹爪擒捉功，雙爪重疊肩抱攏。

學鷹嘴爪眼聚神，乘威截意效盤鷹。

英雄處世不驕矜，練拳學鷹下瞰功。

動靜虛實有無有，皆在鷹熊交技中。

10. 熊　形

熊形練擠。熊為走獸，性最鈍，而形最威猛，並有沉著果斷之思維和豎項之力、甩膀之勁、坐洞之猛、出洞之威、翻身之法。練時取熊的膽豪與粗中藏細，謹慎留防，無論攻防均候機而動。還要意在前氣在後，勢起為熊意，勢落為鷹意，又意合拳藏謂熊意，意合拳伸為鷹意。故鷹熊二形合演時，取鷹捉物的準確悍猛和熊守禦的渾厚勢洶之特點融而合一。

練　法

(1) 六合勢，起左式熊形，左足向前踩半步。左手成掌，右手成拳，掌貼於小拳眼，則身向左前方上擊與鼻齊（圖5－60）。

(2) 右足用三角步向右前方踩出。雙臂隨身擺向右方，在擺的過程中右手抽回藏於肋下，左手握拳從右臂彎處砸向右腿膝蓋（為本人一拳頭以上部位），然後左手成拳，右手成掌，掌貼於拳眼，右足方向不變向前踩出一步，拳隨步向右前上方打出（圖5－61）。

圖5-60

圖5-61

注 意

起用蛇行步，踩用三角步。舉雙拳於耳旁，臂隨身轉。

歌 訣

熊之出洞最威猛，疑實疑虛很謹慎。
老熊行行出洞中，為了護自膀不伸。
為得趨避取一點，交戰剛烈勇相爭。
俊靜險山熊守洞，意長輕身心最勤。
出洞入洞心中意，為了守洞肘拐心。
老熊頑鈍體形強，外遇強魯使愚像。
拙策藏巧是本能，強項豎身用腰功。
任憑饑鷹盤旋飛，豎項禦守顯神威。
橫膀裹胯致命肘，追風趕月肋下錘。
真情寄語有情人，桓桓出洞老熊形。

第四節　七小形

1. 鴿　形

練豎尾。譜中有「鼉鴿二形尾對尾」之練法。鴿似鷹非鷹，似雕非雕，性直氣猛，身著白毛，尾短，有豎尾之能、犁翅之法，抓物時擰身調頭迎面截擊，豎自尾擊彼頭；上起可以超升，下落豎尾搗物。此鳥生活在大草原，當地人稱之為胡鷹或鴿鷹。古有「八月邊風高，胡鷹白錦毛。孤飛一片雪，百里察秋毫。」來形容其鷹。如練其拳，先虎抱頭，後射丹田，打一把雲中撥月。打時前腳撥，後腳蹬，雲中撥月即鴿形。

練　法

(1) 兩手下垂，左足提起與膝平，兩手夾足趾尖與足底齊（圖5－62）。

(2) 翻手時前撐相併上撥，但撥時寧可前合，不可後炸，其手相距不可過遠，落時插押（圖5－63）。

打時再變其他手法。翻掌時總要與乳齊為準，一翻便截。翻時將兩陽掌翻為兩陰掌，手心發外打空（同圖5－63）。打時一手明一手暗，打成交叉手。

出手動胯要疾強快到，起撅摸落，一左一右為套路，起左手為截斬，起右手要捋帶，右手捋帶時回肘，回肘起頂，如不起頂胯打也可。運用時單手化撥，左右胯擺胯打；也可胯打不用手，手打時不用胯。

圖5-62

圖5-63

注　意

鮐鳥犁翅時，肘的起頂高不過肩，低不下心窩。

歌　訣

意藝精純方中剋，百倍神明我用截。

鮐形豎尾內斂沉，繞地行走起落勁。

動擊分撥調臀尾，收尾遊蕩豎尾功。

地盤點丹虎步踐，鮐形犁翅足側蹬。

束身直進起中撐，起翻落鑽槐蟲行。

轉身裹押出點勁，虎形雙把丹田生。

2. 鮐　形

練滑步。祁縣人稱剪子蛄，亦稱水馬兒、蜉游等名。此物如同長翅的螞蟻，它在水面四蹄齊發，橫行豎走如飛，停滑蹦跳自如。本拳法的串子步、龍蛇二行步、顛步、快步均有鮐形這一特點。練法借水鮐站如船拋錨，動似風吹帆，寓意為站穩行速。

329

練 法（有鮐形及鮐形六勢）

(1)鮐形。起六合勢，打一把炮拳（圖5－64）。

(2)身軀縮束下蹲，杳腰坐臀裹胯。左手置於右胯，右手置於肩窩，雙腿交叉呈卡盤（圖5－65）。

(3)左足邁出呈長三虎步，左臂屈肘向前擊出（圖5－66）。

(4)右足跟過左足齊落地，提起左足。雙手手心朝上，置於左腿根部（圖5－67）。

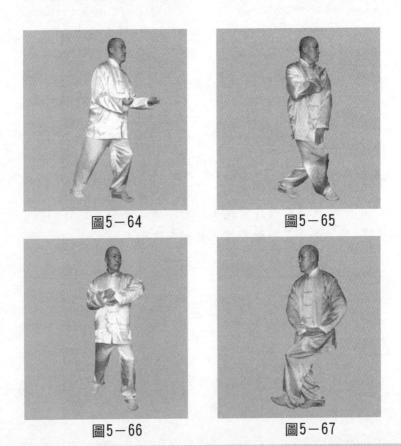

圖5－64

圖5－65

圖5－66

圖5－67

(5)腳蹬提膝，雙手轉到丹田處（圖5－68）。

(6)雙手交叉直起，架滾抖放腳踢，可一左一右連環踢，也可單踢。踢時雙手架滾，翻滾至頭頂（圖5－69）。

(7)腳落地時將架滾的雙手收回到丹田處（圖5－70）

(8)出右足，呈長三虎步。按虎形雙把雙手推丟前出（圖5－71）。

圖5－68

圖5－69

圖5－70

圖5－71

起臂與踢腿一致。雙臂架滾時高不過眉，底不下口。

歌　訣

　　　鮐形束身雙手撥，展身出腿一丈八。

　　　一步三拳滾押截，雙把撲擊身中法。

　　　左右縱橫無定勢，本拳學鮐漂與移。

　　　水面行走數鮐靈，身輕巧捷天生成。

　　鮐形六勢練法：(1)地盤單點；(2)虎步剪拳；(3)弓步頂肘；(4)滾手側端；(5)地盤押手；(6)虎形雙把。

3. 鹿　形

　　練背角。鹿形亦稱背角走林，此意為鹿從小就行成直走彎行，橫轉趨避，頭膀臂胯蹄合而偏撐，返弓而行，突迂猛竄，心敏眼和腿足捷，在山野叢林以腿為生，隨意躲閃。人學鹿背角走林取法于鹿在飛奔中頭的角擺，身蹄合一，躲繞閃進不觸物之本能。

練　法

　　(1) 六合勢，斜身調膀，左手手心朝上前伸，右手手心朝下置於臂彎，邁出左足呈虎步（圖5－72）。

　　(2) 原步，原起，原肘柔旋頂起至腮（圖5－73）。疾落自摸，將頂起左肘撐旋外翻，手握實拳，拳

圖5－72

背朝外，用落脫錘勁打下，打到與臍齊停住，右手順勢收到左臂彎處（圖5－74）。

圖5－73

圖5－74

左右演練。也可左右肘微擺拼而齊起，落時一拳單旋轉擺齊。

注　意

臂上起要沿大腿外側，起臂與提膝一致。臂呈弧形，不可伸直。無論練用兩手均為陰陽掌。

歌　訣

> 背角走林蛇行步，步行四門八卦中。
> 身學龍身二旋意，起臂提膝為一勢。
> 臂呈弧形不直伸，雙掌出入陰陽分。
> 左右擺肘隨身旋，頭領足隨轉擺臀。

4. **烏牛形**（無圖）

練擺頭。烏牛擺頭意在頸與角，無論家牛、野牛，均

以角取意。在雙牛對頂中直頂猛擺頭，複直進勾尾，直前不退擺頭。

練　法

烏牛擺頭無論練用，均與鑽拳相似；在鑽拳的基礎上另加一頭，前用點頭，後用仰頭，左右用擺頭。

注　意

烏牛擺頭雙貫耳、單貫耳，雙拳均不可超過髮際，均擺於耳前太陽穴處為宜。最下不可低於腮幫。擊腮幫時擊點要靠後為宜。

歌　訣

　　犁牛直項頭為領，烏牛擺頭為截等。

　　和尚撞鐘前點頭，餘遲後瞌闔禁門。

　　烏牛擺頭雙貫耳，均往太陽穴處尋。

　　頭為一拳只打遇，此法卻在雙拳中。

5. **蜻蜓形**

練點水。蜻蜓點水有輕巧的姿勢，靈敏的動作，落飄尾點，起升前衝，折轉停繞，忽而點水不顯形，忽而顯形勢不動。此法以輕捷求能，運用於技擊，要一快二準三不善，全憑遇空束身進。

練　法

六合勢，出左腿出左手，左式長三虎步定勢。單點下擊與自襠齊（此法用時，與對方襠部齊）。定勢後右腳向前邁出半步，右手由掌變拳疾點咽喉而落步。此法稱身起手落肘進前，也稱上下翻飛眼進前；此法也屬一步三拳，一拳三式。練時細揣深悟修本身。此法要左右互練。

注　意

點時要極短，並且富有彈性，一觸及回火燒身。

歌　訣

> 蜻蜓點水不見形，上打下巴束身進。
>
> 提膝擊陰縮束緊，拳點陰部速展身。
>
> 束身直進佔中門，單點刨砸似蛇攻。
>
> 一快二準三不善，全憑束展射丹靈。

6. 喜鵲形

練登枝。無論練用以步法為要，輕快翻繞，收尾斂氣，登枝輕守，重平衡。起落時膀與手合，頭與尾合。

練　法

六合勢，原步，原手，原勢，虎步踩撅，右帶裏旋，左手按押，右手托塔，然後雙手上架。左腿微屈支承，右腿出心窩猶如掏出之勢，蹬向對方乳部或胸部。展身成長三虎步，左手在前，右手在後，翻轉下押從胸部直至腹部。左右互換演練。

單練時原步或其他步法手法。單步單手練用要輕沾疾毒脆顛；也可顧前返後，顧左擊右，及四面地盤和伏盤而起。

注　意

撺地盤時，身落提丹，起落順意。一手按押時一手要吞吐。蹬腳要高於心窩。

歌　訣

> 喜鵲報喜樹梢求，登枝輕守用爪勾。
>
> 輕沾疾毒手托顛，顧前返後步在先。

7. 蜘蛛形

練織網。蜘蛛出帳入帳走復來。蜘蛛為節肢小動物，拉絲織網捕捉，網上游移自如。學此形取意張網，取法足爪。雙練以吞吐、裹纏、繞貼、勾掛、轉翻出勢。此為結網布八卦，靜等彼進網。

練　法

單練。六合勢，左腿呈虛靈步。左手起至右耳後，右手暗出與乳齊（如運用於技擊，右手出擊與對方乳齊）；也可左右雙裹雙推而出，也可用卡腿轉盤前後左右單雙手托出。此法多以擺步配合，手法還須輕化靈撥，並以身帶肘而動。

注　意

體形不可散，心意不可亂，無論練用均要身內化手，雙肘旋轉360°，身法旋轉270°，方為合格。

歌　訣

> 蛛蛛之形步法多，出帳入帳佈陣圖。
> 手法步法雙截法，三三九節無一節。
> 卡腿坐盤雙手托，身內化手肘頂擊。
> 身法不散意不亂，如要運用大旋身。

8. 貓　形

練上樹。貓形猶如狸貓上樹。貓有捕捉之能，喜歡跳躍，故練貓形以練身軀為主。練時以猛為主，以卡脖為要。

練　法

六合勢束身，甩兩手貫對方雙耳，出左腳，向前邁出

半步，展身呈長三虎步定勢。雙手翻轉，兩大拇指相對向前推出，尺寸與自脖頸同高。

注　意

出手與對方脖頸同高即可。

歌　訣

> 狸貓上樹足爪藏，落勁巧抓柔中剛。
> 你也有法我也有，神仙難逃滑狸手。
> 你也起手我也起，總歸手快打手遲。
> 狸貓上樹卡脖頸，展身虎步膝頂陰。
> 束身起拳貫雙耳，原步原勢也洶湧。
> 踩撲裹束心毒狠，狸貓用爪內藏峰。

9. 蜂鳥形

赤稱遊蜂，練摘蕊。蜂鳥勇繞動定，停轉折起，輕飛漂蠕，蕩遊銳敏中扎針。

練　法

六合勢，左起勢，左足向前邁出半步，踩虎步，脫身鑽入。出左掌撥左摘右，復上右足踩中門扎針。單扎針要低走，猶如熊跌膀，跌到中平出動鷹抓兔的勁節勁道，觸摘脫身，遊踩鑽撐，趁機窮身而入摘定。

注　意

摘蕊扎針時須含蛇叮勁道（遊蜂是南方一種專吃花蕊的小鳥，當地人稱其為蜂鳥，有人誤以為蜜蜂矣）。

歌　訣

> 遊蜂摘蕊旋左右，上摘下頂中藏針。
> 脫身遊踩頭領進，左撥右摘含點勁。

搖身進步巧貼身，遇縫見孔順扎針。

輕飛漂蠕轉折靈，上摘下頂手擊陰。

10. 龜　形

練跌步。為水族中最靈之物，有游泳之能，提氣浮水之功，伸縮導引之本能。常練此形可身輕。

練　法

六合勢，原身，原步，原勢，左手呈金雞夺落手，向前抓出，含下壓勁道；右手同左手做同樣動作，只是右手伸到左臂臂彎處貼肘下壓。此法也稱龜形跌步出鷹捉。出鷹捉時起手半劈，跌步鷹捉。

注　意

轉身跌步時在猴勢束身中進行，不展身。

歌　訣

動物之中壽最長，頭伸項縮吐納方。

身呈六合夺落手，轉身跌步鷹捉手。

11. 金魚形

金魚跌脊平地起，金魚抖鱗一股勁。

歌　訣

金魚跌脊躍龍門，三搖二旋魚抖鱗。

身手跟隨步法進，一葉落身抖決中。

12. 螳螂形

練落閘。螳螂為物之最勇猛者，此物有硬打硬進、知進不知退的秉性；有起推落阻之勁，含起落不空之意。

注　意

起推落阻時雙肘必須拐心，雙手必須到耳。

　　　　硬打硬進無遮攔，上下翻飛肘進前。

　　　　起推落阻最勇猛，捨命知進謂螳螂。

13. 鶴　形

　　練亮翅。有束翅之功、拍打之勁。譜有「白鶴亮翅擊側方」的法則。

歌　訣

　　　　鶴性不爭靜守身，一腿獨立引地功。

　　　　束翅裹纏為防上，單雙亮翅擊側方。

14. 豹　形

　　獵豹搶食不留情。

歌　訣

　　　　獵豹竄踐用足勾，起手天突封重樓。

　　　　獵豹上樹後足蹬，起手落足不留情。

　　除以上形形之外，還有若干形形之法可學。拳譜曰：「鯨吞食，魚抖麟，狗閃雞撲形中精。」以上形形為要，它者故略而不詳，此所言者大略。譬如貓串、狗撲、兔蹬、寒雞腿、鷹眼、猴手、鶻束、狐狸心，也屬形形之精要。如能尊此性化而用之，則術達最上乘。再者，華佗之五禽戲亦含形形之意。此意為眼看取其形，心法取其神。而六韜則觀其形，取各物之保身看家之本能，使人兼而有之。

　　如專練手眼身法步，必至行動靈敏，立勢穩固，起若風，落若箭，行似狸貓，站似虎，進可攻，退可守。須持之以恆心，不畏苦，不懼勞，純功習練。古譜曰：「須數載如一日，五載而功必成。」學者宜勉之。

第五節　四　把

練口對口沾陰。四把分交誼四把、摩摸四把、六合四把、蛇形四把等。

這四種四把，每把四拳，共16把拳；每拳兩式，共24把拳。這24把拳法，架勢不多，一拳又可生出三式，三式還可衍生。這四種四把，將足膝胯肘手指及身體的前後左右上下，基本面面俱到地運用於拳術之中。

1. 交誼四把

也有人稱交際四把，或宗合四把。此四把為本拳具有代表性的拳法。這種四把謂八式，八式合四拳：橫拳、挑領（嶺）、斬手、鷹捉。

拳譜曰：「起手橫拳似南照，展開四平前後梢。」望眉斬截反背如虎搜山。其主拳是掌手炮，車行如風，鷹捉四平，足下存身。又四把鷹熊非尋常，雞蛇鷹虎連環演。如虎搜山截手炮，所向無意純自然。

練　法

四拳八式，起拳熊勢，從立正開始，然後身呈猴勢。

【頭拳】：

(1) 橫拳，左足出步呈虛靈步（圖5-75）。

(2) 左足踩進，足尖朝後拖至右足處停住，右腿膝蓋離地一拳頭（圖5-76）。

(3) 用蜇龍升天勁、出手照鏡修面法柳手摸眉法。手背朝外向上直起，背至頭如一直杆（圖5-77）。

　　(4) 柳手摸眉用車輪步倒一足呈虛靈步，手足齊出，
足為虎步，手為偷手（圖5-78）。

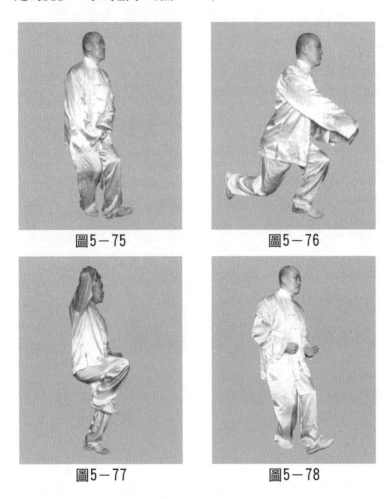

圖5-75　　　　　　　　　　圖5-76

圖5-77　　　　　　　　　　圖5-78

　　一寸二踐起橫拳，隨即全神貫注，一齊鑽進。鑽進時
右手成拳，左手為掌，掌蓋在拳面上，拳置於大腿根部，
與五行拳中的橫拳雷同，向前擊出。

【二拳】：頭拳變如虎搜山式，也稱鷂有側身束翅之法。在頭拳起到位時，右足前進半步，右手向外向下旋轉，左手還是蓋在右拳拳面。旋轉時右肘緊貼肋部，身向後轉，猶如摔跤中的變臉。其中勁節為押塌鑽裹頂五種勁道（圖5－79～圖5－81）。

圖5－79

圖5－80

圖5－81

【三拳】：二拳變挑領式，即左足靠住右足。同時，左手邊上升邊翻轉，手心朝外起到右肩窩處，呈護肩掌，右手下至左腿根部。足復出轉身90度，身呈正面。右臂上抬，五指大張；左手在肩窩部陰陽大翻轉，直下護襠，手指搭於右腿根部（圖5－82）。

【四拳】：

(1) 挑領變鷹捉式。右手不動，左手貼身上起，起到與肩齊時勢不停頓，沿臂上起，此時右小臂呈90°下彎，並手心向裏轉；左手手背貼於右手手心，雙手十指齊時左右手同時翻轉，左手外翻，右手內翻，左手搭於右手手背（圖5－83）。

圖5－82

圖5－83

(2) 雙手下刨，有將一物下壓足底的意念。同時，原地不動向上跳起，在後的左足邁為前足，在前的右足倒插為後足（圖5－84）。

圖5－84

【五拳】：

(1) 鷹捉變掌手炮。此拳與劈拳勁節勁道相同，差異之處劈拳為掌，掌手炮為拳；劈拳為起至腮落之眉，掌手炮起至腮便落，不望眉。左右各打一把為宜（圖5－85）。

(2) 掌手炮變單點。在掌手炮落到虎窩時，在下成拳之右手，向上倒捲變掌蓋在左手手背，在上之左手成拳變為在下之拳。此時在前的左腳不動，在後的右足跟上，與左足靠齊；同時，用馬形擊蹄法刨擊，此時全身呈蹲猴勢（圖5－86）。

圖5－85

圖5－86

(3) 單點變車行如風。在單點到位的瞬間左腿前出，右腿用寒雞步過左腿起膝，起膝時將右小臂用腿順勢頂起，一直頂到肘尖為度，右小臂與大臂呈90度並拳頭朝上，左手呈掌貼於右手小拇指處。此拳高至鼻尖，低至下

領為宜（圖5－87）。

　　(4) 車行如風變倒領手。右腿後撤，左腿不動，足蹺起即可。將置於小拇指旁的左手從右手向上倒撤，撤到右臂肘彎處，順右小臂向前伸出，伸到展而不展、曲而不曲為度；右臂從下撤回，撤時以拳變掌，撤到後不露肘為度，身呈鷹勢六合定勢（圖5－88、圖5－89）。

圖5－87

圖5－88

圖5－89

歌　訣

> 起手橫拳似南照，一寸二踐掌手炮。
> 柳手摸眉是起式，偷手斜戳兩軟肋。
> 反背顧後鷂入林，燕子抄水挑雲領。
> 鷹捉四平攀天門，順勢下跪足底生。
> 望眉斬截斧劈薪，全在束展二字精。
> 車行如風拳膝起，起膝起拳一勢成。
> 去意好似捲地風，消息全憑後足蹬。
> 四把八式淺而深，起落二法式式跟。
> 要知本拳真妙訣，全在口對口沾陰。
>
> 　　　（陰指人的前面）

（柳手：謂此手法像柳條枝下垂的勁節）

2. 摩摸四把

歌　訣

> 摩摸四把加按頭，引手出擊領刀手。
> 轉身鷂子入林勢，陰手把把五官扣。
> 單點滾出通天炮，車輪步法離心膀。
> 起手單點蜻蜓形，掌手炮落橫截勁。

3. 六合四把

歌　訣

> 裏裏外挎六合勢，左右橫拳燕劈翅。
> 鷂子入林單滾肘，進步擒拿爪發抖。
> 擺來鼓手連珠炮，拳拳出擊頭早抱。
> 起翻丹田落束鑽，步步行動似浪翻。

4. 蛇形四把

歌　訣

> 起手美女懶梳頭，馬槍直刺四平走。
>
> 蛇形撥草草上飛，忽開忽合起栽錘。
>
> 押摩膀法熊出洞，搖步熊掌追風雲。
>
> 雲摩膀法陰陽手，順截左來橫截右。
>
> 肩打一陰反一陽，鷂子入林虎搜山。
>
> 雲摩膀法要雙使，束身踩步胯擺截。

注　意

　　四把是一個擅長爆發內勁的套路，稱之為六形合一。它一練眼，二練神，三練身。暗合十大形之意，有以短擊長的技擊特點。如踐步之後加頭手，名引手，此手法無論練用皆要打出滾勁。

　　本法與橫拳相同，為顧擊之手。如打鷂入林，將右拳虎口從外轉向下；斬手炮起手不可太高，宜與口齊，或與下頜齊。車行如風，起手與鼻齊，不可太高等。總之還須拳繞身、身繞拳，此謂潛入橫縱一思機。

第六節　三　拳

　　三拳與三刀三棍並列成為戴氏心意拳簡練的經典招法，譜稱三毒。三刀指扭扣三刀；三棍指澎棍（古稱崩棍）、炮棍、反背棍。三拳指鑽拳、裹拳、剪拳。

　　三刀：扭扣三刀，起手扭挑截爪爪，捨身靠貼刀扣摸。

三棍：澎棍直要猛，滾扣而進紮，挎勁要大。炮棍類風行，下挑而上押，返勁要疾。反背形似箭，避挎而兼刺，紮勁要猛。

三拳者：鑽拳，形似閃，內藏追，手為壓格，膀不高，出拳宜平，踩步連環用。裹拳，類虎踐，內藏押，手為托格，肘宜低，托肘宜跟，臂手連環用。剪拳，似馬奔，內藏裹，手為領格，臂宜平，起手宜近，肘手連環用。

這三拳是三拳、三刀、三棍中的徒手拳法，是合練合用的技法，式簡而面全。本三拳由鑽、裹、剪三種拳法組成，此三拳三刀三棍的創出可運用於工農士商自衛，也可運用於保鏢上戰場。練三拳時要分，用三拳時要合，無論練用是一組打中有顧，顧中含打的拳法，熟後顧打一式。在練用此法中如欲強退，全身貫住一齊退；欲強進，知進不伸一齊進；欲挪閃便纏裹，欲相迎便閃進；如出擊，隨機應變，連環進退；進擊時，三拳歸一勢；退守時，一勢藏三手。因本書不涉器械，本節只對三拳做闡述。

拳經歌訣曰：「三拳三棍非尋常，經章圓滿是正方。學士若至精深處，武藝之中狀元郎。」

鑽拳形似閃，裹拳類虎踐，剪拳似馬奔，連環一氣演。

解　曰

三拳三棍非尋常：三拳三刀三棍的創出是根據練本拳從自然練到必然從必然練出規律，此意為技擊中無論從哪個方位角度顧擊，這三拳三棍守可顧，攻可擊，而且是守

攻一式。這三拳三刀三棍皆可達到迎面不見其首，尾隨不見其後，執拳理之道，禦拳法之驟。因這三拳三刀三棍是用人的技擊之道引申出來的規律之道，所以，弱者如應用此法也會變成強者。故拳經中出現三拳三刀，三棍非尋常的辭彙。

經章圓滿是正方：理法一至，缺陷難覓，弊病難找。此處經章的經有兩層意思。(1)經指縱，也指眾多。章指法，也指規矩。此意為練用本拳猶如織布，織布的縱線叫經，橫線叫緯；如按道路講，南北路為經，東西路為緯；如按中醫講，人體氣血運行通路的主幹經脈叫經，孫絡為緯。此意謂如此繁雜的理法已經理順。(2)所謂經還指經典，如儒家的代表作《春秋》、《論語》等尊為經。經又指一事一藝的傳書，如《黃帝內經》、《山海經》、心意拳中的《內功經》及《戴氏心意拳要語彙錄》等。如就此拳而論，經，指技擊爭鬥中運用拳法的規律；章，指破壞拳法的規律。

經章的章在本拳也指章程、章法、條理、條目及文章的主題、細則。如將經與章合二為一加以論述，此二字的含意也可這樣理解，經為拳經要語，章為拳譜拳架。經章圓滿是正方，指拳經的拳理和拳譜的走架、拳法的實際運用已達到了圓滿無偏差的境界。

學士若至精深處：此意為學本拳者如能用理論指導實踐，用實踐檢驗理論；用拳經之道，道拳術之竅，方可精通本拳。拳經曰：「一身勁節有多般，百法收來無空間；誰能敦透其中妙，恢恢遊刃有何難。」

武藝之中狀元郎：此意為學者如能將以上之法運用得遊刃有餘，科連三捷又有何難。

躦拳形似閃：形正突斜，猶如閃電，看正是斜，肩砸手襲陰。

裹拳類虎踐：束身進步，猶如老虎，前撲踐跳，足蹬身硬進。雙爪齊出，四爪騰空。此意為在練用裹拳、步法時，左足先進，右足跟進頂在左足跟，左足複進複跟。無論左裹、右裹，均以裹裹之法練習。

須注意的是，練左鑽拳膀，在鑽拳膀到位的瞬間，右臂裹拳起，左肘定要貼肋而出。左右雷同。

剪拳似馬奔：起膝、起肘時猶如馳馬收韁，前蹄有上提之形。

連環一氣演：此意為「出手躦拳山倒塌，裹拳起攻鷹膀旋，剪拳出擊肘拐心，雙手開剪加里勁。」運用時，可單獨使用，還可連環使用。連環使用時，須體現出束弓反撲、追風趕月、夾扣裹擠、鎖押脫化、直鑽擰裹剪開起頂。如主動攻擊對方，遠加穿手，追隨堵截；近加起膝，出肘暗頂；單頂起膝肘，雙頂加裹手。

三拳連環擊人時，無論遠近皆要一勢三拳，體現閃展、騰挪、貼身。正面用裹押，側面用烏牛擺頭。此法靜不妄動，動必上步弓身。三拳無論練用，皆要三拳一氣，步大頭懸，擒用巧，取用智，拗順均用半步，展截裹挎卻要一步到位；進半步時順勢，進一步時乘入，步步皆寸連環演。

練　法

三拳各有三種練法：一正門、二斜門、三地盤。三拳內藏追裏押，裏拳最靈捷。

(1) 躦拳內藏追勁，手壓托格。無論練用，膀不可高。束躦踩步時，手足連環練、連環用。練時先打一把虎形（圖5－90～圖5－92為地盤躦拳）（圖5－93～圖5－96為斜門躦拳）（圖5－97～圖5－100為正門躦拳）（圖5－100也為補拳）。

圖5－90

圖5－91

圖5－92

圖5－93

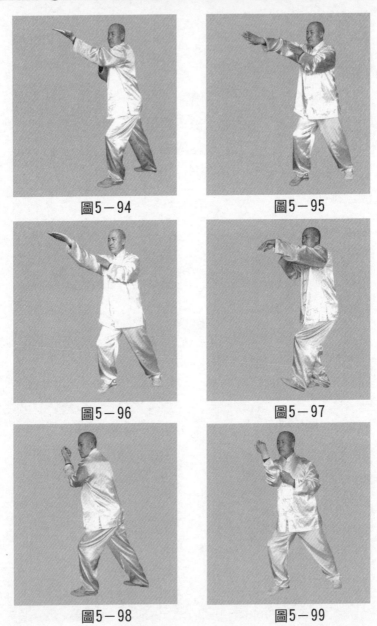

圖5－94

圖5－95

圖5－96

圖5－97

圖5－98

圖5－99

圖5－100

圖5－101

圖5－102

圖5－103

注　意

前手外翻高不過口。手上起時最高不可超過髮際。

(2) 裹拳內藏押勁，手是托格。無論練用，肘宜低不宜高，還須緊貼兩肋，既不可炸也不可架（圖5－101～圖5－103）。

注　意

裹手搓高不過眼，低不過心。臂裹與束身協調一致，足搓與展身協調一致。

（3）剪拳內藏裏勁，手是領格。無論練用，身法均須帶壓。此拳法回手顧前門，出肘打彼穴，還須含踩外門之意（圖5－104～圖5－108）。

注　意

雙肘與心齊，雙手開剪狀。大拇指置於耳下，其餘四指置於耳上，左置左，右置右，不可反了。

圖5－104

圖5－105

圖5－106

圖5－107

圖5－108

圖5－109

三拳連環演

練 法（二種）

（1）起六合勢，全身縮束，上身杳弓，足虛懸。左手從自身中門線下插，手心朝外，一直插到膝處裏側，停住打出躦拳膀。在躦拳膀到位後下半地盤，右小臂在下半地盤中，小臂朝上向裏旋裏，一直裏到手心朝外停住。此時身軀猶如木匠托

圖5－110

拉鑽返回原形。此時左足向前邁出半步；同時，將左肘頂出。這叫躦裏剪單滾肘。如在足邁出的同時將雙肘頂出，叫做躦裏剪雙滾肘（圖5－109、圖5－110）。

注 意

在三拳連環演時，起躦拳要有押塌鑽裏頂的勁道；起裏拳要有纏沾不離不碰的概念；起剪拳要有斜撅橫撤的勁節。三拳均含突縮突漲的意念。

(2) 起六合勢，全身縮束，上身杳弓，下身屈疊，足邁出，左手捧領，右足跟上，停靠在左足足跟旁；右足前出，身鑽合膝，同時左臂尺骨纏裏。右腳繼續向前邁半步，呈長三弓箭虎步定勢，打出剪拳。這種剪拳也稱螳螂錘、藏底錘。

注 意

起剪拳要在裏拳纏吞吸中變勢，起雙馬奔蹄，然後返回原勢起單馬奔蹄。起單馬奔蹄，具體動作除雙為雙起肘，單馬單起肘，其他動作相同。三拳的文字雖不豐富，可字句基本意達。

躦拳歌訣

束身直進速展身，砸用肩尖挪步行。

肘膀垂裏帶押勁，進步補擊掌藏針。

掘地炮出肘占胸，陰把束勢鷂翻身。

犁行膀沉陽手擒，一步三箭肘頂心。

裏拳歌訣

裏纏吞吸手是托，地盤底錘陰中襲。

裏風膀法地盤施，螳螂手中藏殺機。

步打七分手打三，曲曲繞繞柔含剛。

身法順和變時靈，脫落起疾難見形。

剪拳歌訣

狸貓上樹後腿蹬，領手出擊剪狀形。

押摩膀法藏裏勁，地盤起落如鮐形。

挪踩外門用龍身，龍形搜骨魚抖鱗。

身不前腑不後仰，燕子取水有經章。

三拳連環演歌訣

知曉三拳識其理，六合貫注用一氣。

三拳連用躦裏剪，截心截意又截面。

躦裏剪法藝中精，進身好似麻擰繩。

身不左歪不右斜，正身側擊肋間圓。

落而鑽靠起而翻，躦拳襲陰砸胸腔。

裏拳纏抱分裏外，兩裏一搓肘入懷。

剪拳起肘肘頂出，肘拐剋心又擊肋。

追裏押丟連環用，內含拿法身屈弓。

裏拳弓身急吞胸，吞胸吸腹中節攻。

追裏押丟身法跟，身起手落打寸勁。

躦裏剪法連環演，虎踐馬奔地盤旋。

第七節　十趟閘勢

　　十趟閘勢也稱螳螂閘勢，閘勢即螳螂手起落法。閘勢者如下禁令，禁門千斤閘之意。

　　閘勢分前五趟後五趟，前五趟中又分前三趟後兩趟。據傳此拳法是螳螂門山東人金世魁師傅所傳。又傳，前五趟中的前三趟為金世魁師傅所傳，後兩趟為戴家依據前三

趙所創，後五趟則出之先師戴魁所傳。拳譜曰：「勢而曰閘，意取其勾阻，蓋取其起推落阻之勁，復取螳螂擋車有進無退之意，然此拳非僅閘勢也，而統名之曰閘勢何也？因重閘勢，故而以閘勢命名耳。」下述五趟閘勢概要。

1. 頭 趟

練時猿猴形，毛猴象，包裹自身，縮束緊湊。身軀弓屈蹲，左轉身，左腳踩出半步，雙臂裹帶打出臥虎勢。伏身射丹身縱，寸踐步順勢射球勢，挎變右步左手挎，右手挑領，挑領也稱螳螂手，此時中節隨，根節追，追中跌砸，左右領裹跌砸。

預備式（圖5－111），起拳式（圖5－112），拖步臥虎勢（圖5－113），一寸二踐射球勢（圖5－114、圖5－115），螳螂手（圖5－116、圖5－117），魁星勢（圖5－118、圖5－119），順腰勢（圖5－120～圖5－124），白鶴亮翅（圖5－125～圖5－127），射球勢（圖5－128），探海錘（圖5－129、圖5－130）；射球勢（圖5－131），螳螂閘式（圖5－132～圖5－136），魁星勢（圖5－137）。

歌 訣

螳螂翻飛肘進前，起退落阻肘起顛。

退步步齊奎星勢，順腰連環手底撐。

起架白鶴雙亮翅，收勢起身射球勢。

螳螂閘勢反步齊，步齊虎步魁星勢。

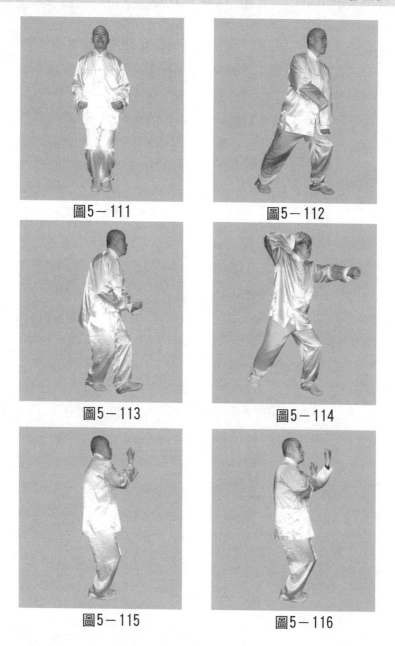

圖5－111

圖5－112

圖5－113

圖5－114

圖5－115

圖5－116

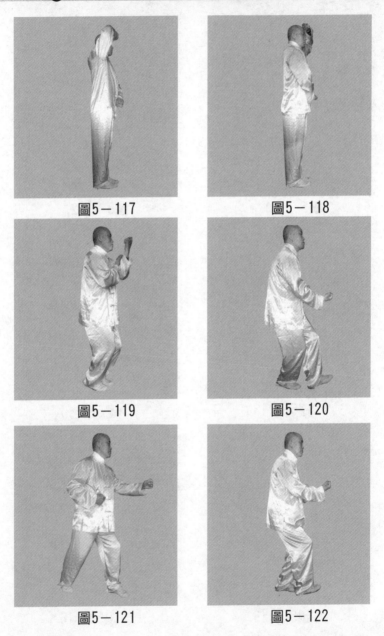

圖5－117

圖5－118

圖5－119

圖5－120

圖5－121

圖5－122

圖5－123

圖5－124

圖5－125

圖5－126

圖5－127

圖5－128

圖5—129

圖5—130

圖5—131

圖5—132

圖5—133

圖5—134

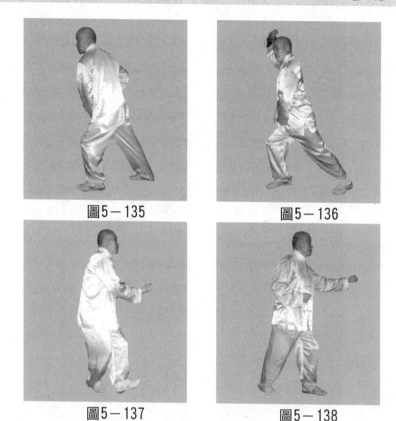

圖5－135

圖5－136

圖5－137

圖5－138

2.二　趟

左轉身右手裹搓（圖5－138），擺來鼓手（圖5－139）變連環手（圖5－140、圖5－141）。原地反步坳勢單錘連環變順勢（圖5－142）。一馬三箭，掃腿落步起左單錘（圖5－143、圖5－144）。原勢反撤十字手，底撐起落白鶴單展翅，踐直挺射球勢，倒步地盤步，探海錘緊連踐步，踐步射球勢，螳螂連環閘勢，步齊奎星勢，收勢。

圖5－139　　　　　　圖5－140

圖5－141　　　　　　圖5－142

圖5－143　　　　　　圖5－144

歌　訣

　　螳螂翻飛肘進前，擺來鼓手變連環。

　　原地反步起單錘，一馬三箭落出腿。

　　原勢反撤子午手，白鶴亮翅起單肘。

　　射球地盤探海錘，射球連閘奎星收。

3. 三　趟

　　左轉身，單劈，單點，單閘錘，左右犁行膀（圖5－145～圖5－148），攔馬疊膝、蹬腿連環搓、收勢（圖5－149～圖5－151）。

　　前後轉盤，白鶴亮翅，左右射球勢，探海錘。

　　起勢，連環滾錘，變步射球勢，螳螂連環閘勢，虎步奎星勢，收勢。

圖5－145

圖5－146

圖5－147

圖5－148

圖5－149

圖5－150

圖5－151

歌　訣

螳螂翻飛肘進前，向左轉身起劈拳。

單劈單點單閘錘，左右犁行疊膝跪。

蹬腿轉盤鶴亮翅，射球探海又起勢。

連環滾錘變射球，螳螂虎步奎星收。

4.四 趟

左轉身裏裹帶挎，雙手交叉，疾就帶接；同時，左肘急掄頂，隨而手摩擠摸押，左轉步齊橫擺肘轉，催胸貫節。上步束鑽摸押，返步帶拖手，翻攔快步急掄脆踩，蜻蜓下點水，急展身起膝往上冷頂，原步踩跺雙剪，剪中轉身，裡拳原步左手搓挎，揉起掛畫倒步托塔接連環手，白鶴單展翅，射球勢，探海錘，射球勢，螳螂連環閘勢，虎步奎星勢，收勢。

歌訣

> 螳螂翻飛肘進前，轉身裏挎交叉手。
> 強頂摩擠又摸押，擺肘催胸又貫節。
> 摸押拖手卡跪踩，蜻蜓點水膝望懷。
> 原步雙剪急轉身，掛畫托塔雙翅展。
> 裡拳原步左手挎，射球探海復射球。
> 螳螂閘勢連環用，虎步奎形把勢收。

5.五趟

起勢押摩膀，左旋轉貼臍撐抽十字交叉手，柳手摸眉，追風炮。左轉伏身擺旋貼身。揉擒摸落追風炮。原地出寸步，左手裏搓帶撥同時竄踐步，擺來鼓手左右連環連珠炮。原地步變拗順，左右通天炮，上步伏盤地瑞連環掘地炮，左捉邊又摸邊，連環錘順勢踩借吞架抽起變單手白鶴亮翅，疾合翅騰起射球勢，倒撤步地盤探海錘，踐步射球勢，倒轉挎手變螳螂閘勢，虎步奎星勢，收勢。

歌訣

> 螳螂翻飛肘進前，押摩膀法左右旋。

　　　　貼臍掫撐十字手，追風摸落又追風。

　　　　原地拗順通天炮，扶盤地瑞掘地炮。

　　　　捉邊摸邊連環錘，吞架掫起單翅飛。

　　　　合翅疾快射球勢，倒撤地盤探海錘。

　　　　踐步射球倒領手，奎星虎步把勢收。

　　有關後五趟另述。這前五趟可整練、散練、花練、單練、倒練。

　　練一至五趟，第一趟站六合勢，二至五趟不站六合勢。又一至四趟不用練白鶴亮翅。其法也可以從尾開始練起，然後再順練，這種練法在運用時能促進拳法順其自然地快速、深層次變化。

　　拳譜歌訣曰：「起手螳螂勢無雙，上下翻飛肘進前。黃雀落如金彈打，起推落阻是真傳。」

　　下附十趟閘勢名稱：

　　頭趟：起勢，臥虎勢，一寸二踐射球勢，雙閘勢，奎星勢，上步連環手，順拗勢，白鶴亮翅，射球勢，探海錘，點步射球勢，閘勢，奎星勢，收勢。

　　二趟：擺來鼓手（鬼轉車），一馬三箭，順式錘。

　　三趟：單點，馬奔蹄，左右犁行膀，劈胸掌，攔馬疊膝，順式錘。

　　四趟：摩擠摸押，錘胸貫甲單擺肘，坳勢掌手炮，蜻蜓點水，剪拳，裡拳，托塔掛畫掌心吐，順式錘。

　　五趟：押摩膀，左右追風炮，起鑽掌，落摔炸。左右連珠炮，起尾二展勢，中間一束勢。左旋右轉，側邊節夾子，出步帶鎖。順式錘。

六趟：起落摸，右斜門肘，截錘，飛錘，左斜門肘，截錘，飛錘，擺來鼓手中心錘，疊肘，背錘，柳手摸眉，順式錘。

七趟：雙把，上下式，一馬三箭，角錘，雲中撥月，鷂入林膀地盤，掛畫，托塔，中心錘。

八趟：陰把，鴛鴦掌，追錘，地瑞，天擊，玉女穿梭亦稱老和尚撞鐘，順式錘。

九趟：六錘，鹿角肘亦稱拗勢掌手炮，補錘亦稱順式錘。

十趟：左右裹風膀，狸貓上樹，敵球，臥盤，霹靂手亦稱追風掌，中心錘。

第八節 雲龍九宮八陣圖

練萬人敵。八陣圖亦稱天地陰陽八陣圖。

此圖由休門、生門、傷門、度門、驚門、死門、景門、開門組成。

休門：一字長蛇陣。入卦乾。

生門：二龍戲水陣。入卦坎。

傷門：三星陰山陣。入卦艮。

度門：四海衝波陣。入卦震。

驚門：五行生剋陣。入卦巽。

死門：六合破韌陣。入卦离。

景門：七星連環陣。入卦坤。

開門：八卦生死陣。入卦兌。

八陣圖分前後二節，照九宮之數，列三才之位，內有八門，中藏五行，含奇正相生、正偶相照、陰陽相合及陣門變化。此圖是戴氏心意拳由套路到散手，由散手到套路的鍛鍊陣圖。

此陣圖有進去出不來之說。圖內要求戴氏心意拳的八十一式均要體現出重輕靈三功，還需尚意不尚力。陣內變化要求陰陽相合，魂魄相合，以意運氣，進退有序，勾踢自如，充分體現出輕如燕子凌空，沉如老熊坐洞，活如神龍行雲，綿如蛇形蠕動等法。練法有二。

練法一：六合勢掘地炮，蛇行左右各一，沖天炮，龍形雙，連珠炮，侯形雙，捉摸二炮，追風炮，熊形雙，躦拳雙，柳手摸眉，裹拳雙，猴形雙，掌手炮雙，柳手摸眉，剪拳雙，蛇形，收勢。

練法二：直線變捷，直出直入，舉一反三。

一字長蛇陣：連環緊湊上下中，突竄掌。

二龍戲水陣：反前削摸掌，反後肘尖頂，測步三節拳，旋滾撥拔。

三星陰山陣：尚暗勁，陰陽掌，倒插步，竄步，拗勢起肘頂擊。

四海衝波陣：鷹捉物，轉盤貓把爪，去左擊右，左右轉盤中節炮。

五行生剋陣：截腿地盤疾起膝，快起深踩單虎撲。

六合破韌陣：返身籠罩神氣定，烏牛擺頭左右擒。

七星連環陣：南斗六郎北斗七星，龍探爪馬騰升，馬蹄擊下變虎形。

八卦生死陣：心和意絕，出手搣撅，強暴突決，死中復活，轉盤裂踩，蛇形收勢。

歌訣

六合站樁靜守身，炮打凌空龍行雲。

蛇形莫測旋轉靈，竄步蛇形疾吐信。

束身反攻連珠把，鼉形滑步一丈八。

扣臂領手肘擺撥，蛇形蠕動截眼法。

左右兩肋雙炮行，摸眉迷眼陰中陰。

地盤搶步左轉身，右旋膝擺鹿走林。

獅吞連環丟摟抽，猛虎回頭落爪勾。

左攔右挎快起膝，馬奔虎踐剪拳出。

轉身七星燕取水，鷂入雙調雙挾扣。

指似針穿掌發抖，雷聲陣陣如獅吼。

連環盤轉八卦步，退步扶收歸本陣。

關於陣法，孔明八陣圖謂兵法，文王八陣圖謂教學，岳飛八陣圖謂鬥法。

炮拳歌訣

炮拳勁道射勁足，勁勁均從丹田出。

上打沖天護頂心，下打掘地護七寸。

左打捉邊護脾肋，右打摸邊護肋肝。

猛打斬手胸腹安，鑽打追風沾敵穩。

追打連珠似閃電，另加中節順勢攻。

（中節炮擊打主心骨）

第九節 心意拳大調手

練抻筋導引。

六合勢：

　　　　雙手抱丹指相連。　　除渾身之寒邪。

　　　　撒手撕到臍肋邊。　　消兩肋積聚。

　　　　兩手擎天重相試。　　理上焦瘀滯。

　　　　回槌兩鬢復舒前。　　除二目火之邪。

　　　　拳收左右回小腹。　　運氣理上焦健脾。

　　　　背後圈住掛胸間。　　寬胸理肺。

　　　　弓背腰眼刮一次。　　理腰腎風寒之邪。

　　　　雙手拄腰槌相連。　　助腎陽。

　　　　分開按下提左右。　　除肝肋之邪。

　　　　反拳重推如推山。　　調理肺氣。

　　　　抽回雙手按胃脘。　　二次運氣養心氣。

　　　　揚槌擊腹濟丹田。　　補土健脾。

　　　　虎背熊腰面朝天。　　壯水補腎。

　　　　兩手攜石抱肩尖。　　充金補肺氣。

　　　　雙攬明月駐胸間。　　補肺氣。

雙打肚腹暗推寒。練後天，充肺氣，水穀精氣充真氣。

猴背熊腰又同先。補先天，充脾氣，空胸實腹煉精氣。

背後圈前仍借昔。開胸順氣通帶脈。

　　兩手蓋頂吞下泉。真氣上旋達天門，下通地戶百脈
通。

　　提閘放水左右換。膽氣舒暢肝氣疏，四梢風寒皆盡
除。

　　左推又推十字步。祛除四肢風寒邪。

　　搖膀轉手扭兩邊。助氣血通返本源。

　　雙鼎弓背捻十指。舒筋活絡金剛體。

　　一應功夫俱周全，百病消除如童子。

◇ 第六章 ◇
對拳單練

第一節　走　錘

　　走錘也稱六合錘，單練對練皆可，本法由預備勢（圖6－1）、六合勢（圖6－2）、擺來鼓手、連環三錘（圖6－3～圖6－5）、砸錘（圖6－6）、沖天錘（圖6－7）、甩錘（圖6－8）、蜻蜓錘（圖6－9）、反手錘（圖6－10）、左右邪門肘（圖6－11）、左右栽錘（圖6－12）、左右飛錘（圖6－13～圖6－15）、左右角錘（圖6－16、圖6－17）、左栽錘（圖6－18）、蜻蜓錘（圖6－19）、左右蛇形錘（圖6－20、圖6－21）、馬形錘（圖6－22～圖6－24）、左右雞形錘、燕形錘組成。練時用力猛，勁力強，抖勁大，撅勁足，並且要錘錘射丹田。

歌　訣

　　　　步法為妙錘周旋，步出拳擊射丹田。
　　　　兩肘抱肋拳不亂，膽量抱氣起雷聲。
　　　　疾速束身丹田生，錘錘皆要四梢驚。
　　　　飛身勢法搖步進，飛錘單截火燒身。

下點臍襠背後擊，地盤角錘海底襲。
蛇形盤兔蛇擺尾，猛蛇吸食嘴對嘴。
馬形奔騰馬蹄起，錘錘落下擊肚臍。
燕形取水燕劈翅，燕子穿簾疾升起。
彈起身軀領起氣，偷襲海底不誤事。
上下左右錘顧擊，式式猶如錘開石。
起要翻丹落要鑽，出錘起陽落成陰。
地盤撐提收走曲，錘錘爆發如雷劈。

圖6－1

圖6－2

圖6－3

圖6－4

圖6—5　　　　　圖6—6

圖6—7　　　　　圖6—8

圖6—9　　　　　圖6—10

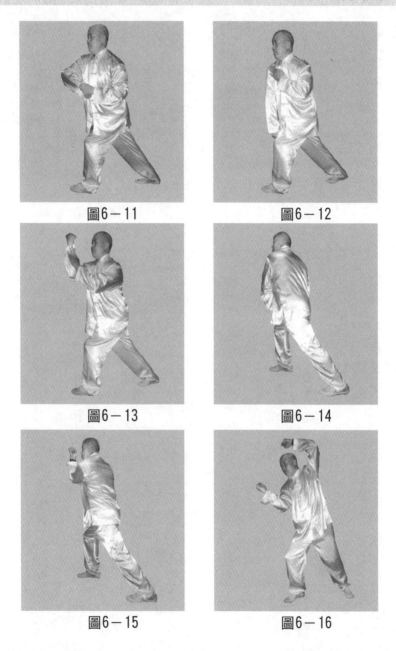

圖6－11

圖6－12

圖6－13

圖6－14

圖6－15

圖6－16

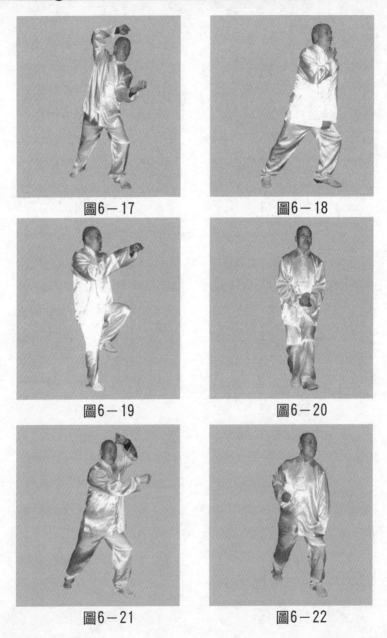

圖6－17

圖6－18

圖6－19

圖6－20

圖6－21

圖6－22

圖6－23

圖6－24

第二節　咬　扣

起六合勢：

> 上擠下壓襠裏鑽，反步擺肘陰膀打。
> 束身閉肩補陰把，反步截手單穿掌。
> 含胸吞腹出丟把，化手點頭取胸膛。
> 倒撒地盤撩下陰，提步伏身發機手。
> 領住敵手迎面錘，斜身化錘橫搓掌。
> 身內化錘出雙把，吞吐纏繞外裏拳。
> 反步暗手反中節，斜身跌膀補左手。
> 退步伏身起龍腿，攔腿上步出托掌。
> 挾住手腕肺一拳，反步翻腕踩足面。
> 起膝原步貓把爪，車輪反步開胸掌。
> 橫步截掌鹿形肘，身內化肘砸熊膀。
> 起手柔勁剁膀法，左斜右轉吐劈掌。

狸貓上樹變鷹爪，托肘吸食起掏把。

左手解開右手搓，退步挑挎摩摸掌。

搏住敵手水漂瓦，急倒反絆挑攔手。

你搓，我閉肘，化你肘，起雞肘，肘手肘，中間連鬥手，進退連環手，連環共六手。此拳法為戴氏心意拳的對拳，既可對練也可單練。

◈ 第七章 ◈
手抄本要語錄

養氣，養氣之必要，養氣之功用，養氣之法則，混元運轉法，身法謹慎法，天柱骨，叫門法，瞅動法，論近法，論快法，內外相見合一家，手中訣竅（亦稱十六把氣功）。

1. 養　氣

氣者勇之實也，養氣即養勇也。黝舍之流不膚撓，不目逃，視不勝猶勝，刺王侯若刺褐夫，視三軍若無物。蓋習拳有素，氣充乎四體也，而溢乎其外，猶有精者存焉。

2. 養氣之必要

身體之伸縮，四肢之變化所需也。人賴於筋骨血肉五臟六腑之主內者，似與氣無涉，曰不然。人之所動猶如輪船氣房，運動變化固賴乎此，否則機關靈透終無大用。

3. 養氣之功用

氣生於一，終分為二，即魂魄也，陰陽也。魂氣屬陽，靈明清輕，可靈實剛柔，循環變化神乎！神乎！至於無形微乎，微乎。魄氣屬陰，渾厚重濁，強堅猛烈，毅兮催堅，剛兮拔山，氣之功也。伸縮走勢玄乎玄乎，至於有

形窮乎窮乎。

4. 養氣之法則

心意之講養氣者多矣，或胸中努力，或腹內運氣，皆不明根本。根本者何也？明三節，講四梢，練八字，熟九歌是也。用氣者，過於用心則助，助則暴而氣亂矣。不用心則忘，忘則蕩而氣散矣。果明此意，則內家要求畢盡乎，斯又豈獨心意哉。

5. 混元運轉法

左挾窩，右閉窩，關元花店降八蛾。天地法門聚陰處，封閉外邪任督通。

6. 身法謹慎法

身法自古意中含，唯有提防我走先。君子修得一身正，意氣君主骨肉臣。

眼常循環耳報應，精靈之意在我心。出洞隨身寒之秀，回洞隨身冰之清。

接手能見一形至，摸不見一身從何出。眉笑面喜唇不動，逼近冷發鼻骨焚。

7. 天柱骨

欲陷腦後天柱骨，須用手托下顎，蓋因植物之根在下，而人之根在上，天柱骨被陷，則全身無主，而不能動矣。

8. 叫門法

叫門者，使敵先動而我方動者也。其法不一，或以聲叫，或以手晃，或以外五行動作。動物中善叫門者莫猴也，吾人叫門仿猴可也。

9. 瞅動法

敵不動我亦不動，敵微動我隨動。我之動雖在敵後，而我反在敵前，故善技巧者其第一主旨在瞅動而矣。

10. 論近法

若要打得美，還須咀對咀；若要打得遠，還須臉對臉；若要打得狠，還須身貼身。總之打人如同嬰兒撲乳，此為近者成功，遠者徒勞。

11. 論快法

你知我知，心乖打心癡，手快打手慢。你曉我曉，只怕步遲了。與人相角心快、步快、手快為要。

12. 內外相見合一家

震龍兌虎各東西，朱雀玄武南北分。戊己二土中宮位，意為媒引相成配。

眼耳口鼻外五行，手足四梢並頂心。久練內外一氣成，迅雷電雨起暴風。

心無心來意無意，無心無意顯真藝。日磨久練精氣神，近在眼前一寸中。

13. 手中訣竅（亦稱十六把氣功）

一陰到中，二陽開，三陰到中，四翻陽回乳，五陽出，六陰到中，七陽開，八到頂，九落耳，十陰出，十一翻陽，十二翻陰騎馬，十三陰到中，十四回乳，十五舉起下地三蹲，十六跳起回乳三蹲。練時先定心。

14. 練猴勢初入門三害

一為努氣。蓋因努氣太剛易折，導致胸悶氣逆，頭暈耳鳴腦漲，更有甚者會流鼻血。

二為拙力。運用拙力，全身四肢百骸之氣血不能暢通，陰火上升，氣行凝滯，滯於何處何處為病，輕者肉跳，重者劇痛。

三為挺胸提腹。逆氣上行，氣不歸根，通體得不到中和，足似浮萍，身如倒塔，上重下輕。猴勢根要，腰背清分，猴背呈弓，熊腰直挺。腰彎撅臀，輕者脊彎，重者背駝。

15. 宗　旨

乃陰陽五行六合是也。拳術之陰陽，以其變化之靈也。蓋天地有陰陽，始能生化萬物而不窮。拳之有陰陽，始能生化萬拳而不竭。拳若無陰陽變化翻轉而直勾直掛，直出直入，何勁可言，何法之有？故陰陽入拳拳之貴也，拳起由陰變陽，掌落由陽變陰，二者復至變陽是也。然變化翻轉，貼黏彼身，彼動方始動耳，過遲自僵，過早則不靈矣，敵可變矣。

16. 內五行動法

心動似火煙，肝動似飛箭，肺動陣雷聲，腎動快如風，脾動大力攻。心一動全身具動，內外齊一。五行合一處，放膽即成功。又六合之外膽與怒合，誠合以膽，方有怒氣，有怒氣方有殺心，有氣有怒方可成功。故一怒間一枝動百葉搖矣。學此技者形動不及心動，外動難逾內動，外動內不動枉然也。

17. 束　長

與人相角，身法之變化不外乎束屈疊，長（展）抖撅是也。束沉肩催肘催手，抱肩裹胯收臀，含胸拔背收腹，

提肛縮尾撩陰，雞腿、熊腰、猴背、鷹膀、虎抱頭、龍身是也。束身時，渾身下逯，足跟與枕骨呈一直線，十趾抓地。展身時，頂心上射，丹田催腹，腹催胸，胸催肩，肩催肘，肘催手是也。展身出步時如搓，足掌先著地。如踩足跟先著地漸次踩至足尖，足跟蹬穩，腿繃直，其足腿腰背至枕骨呈一直線，兩眼平視略下瞅。束身時將氣吸至丹田，展身時由鼻呼出。氣的吸于呼隨動作而定快慢。

18. 心意拳與閘勢

心意與閘勢本非一門，論拳勢則不相反背，故合練亦可也。然心意拳講九節，打取顧分一勢，非大功不易見效。閘勢講三節，顧中有打，打中兼顧，雖功小不至失也。閘勢取法乎心意拳之猴勢，優劣之點，觀此可見矣。

◈ 第八章 ◈
戴隆邦拳序（六合拳序）

　　天下之治道有二，曰德曰威；天下之學術有二，曰文曰武。然武之所重者技藝也，況國家講理有法，蒐（古有春以田曰蒐，田指打獵，蒐指春天打獵）苗（苗指夏天打獵）獮（獮指秋天打獵）狩（狩指冬天打獵）各有其時，徒事虛文也哉，故武之技藝，不可不親歷其事，而其間精微奧妙更有不容率意妄陳者。余嘗以循著為論，公諸同好，恐語言不精，反誤後世也，其心耿耿，曷其有極，慈見岳武穆王拳譜，意既純粹，語亦明暢，急錄之以法，餘愛慕之誠無以名狀。云：王諱飛（字鵬舉，河南湯陰人也）。王父早卒，事母最孝，少負氣節，優於戰略足智多謀，其智勇絕倫超群，當時名將無匹及，常應募於東京留守宗澤談兵。宗曰及將軍者方可言孫武、姜尚。大將善以少擊眾，自率八百人破王善五十萬眾與南薰門，八千人破曹成十萬于桂嶺。其戰兀術於順昌則側背後蒐，八百人破朱仙陣，五百人破金兵十萬。謀定而後戰，故有勝無敗。猝遇敵不動，故敵為之曰：撼山易，撼岳家軍難。張俊問用兵之術於王，王曰：仁、信、智、勇、嚴缺一不可。平生好賢禮士，博覽經史，雅歌投壺，恂恂然如書生。每戰

勝必辭功。曰：將士效力，飛何功之有？而忠憤激烈議論持正，不挫於卒，以此得，為宗深惜。

　　當童子時受業於名師，精通槍法，以槍為拳立法以教將佐。名為意拳，神妙莫測，蓋從古未有此技也。王以後金元明數代鮮有其技。獨我姬公，名際可，字隆鳳，生於明末清初，為蒲東諸馮人氏。訪名師於終南山得武穆之拳譜，後受余師曹繼武先生于秋浦。時人不知其勇。先生習武十有二年，技勇方成。康熙癸酉科捷三元，欽命為陝西大靖遠總鎮都督，致任歸籍。余遊至池州，先生以此拳授余，餘學之十易寒暑，先生曰：「子成一元矣。」命余回晉。至洛陽遇學禮馬公談藝甚洽，囑余為序，余不文焉能為序？但見世有勇敢之士未嘗無兼人之力，及觀其藝，再叩其學，手不應心語不合道者，何也？不得其真傳故也。所謂真傳者名雖曰武，其實貴和，和者智與勇順成自然之謂也。其今世，捉拿鉤打封閉閃展，逞其踴躍，悅人耳目者，何比此意拳。意拳大要不外陰也陽也，陰陽五行，動靜、起落、進退、虛實其妙。又須六合，六合者：手與足合，肩與胯合，肘與膝合，眼與心合，心與氣合，氣與力合。苟能日就月將，智無不圓，勇無不生；得乎知之禮，會乎知之情，自然能就、能弱、能強、能進、能退、能柔、能鋼，不動如山岳，難知如陰陽，無窮如天地，充足如太倉，浩渺如滄海，元耀如三光，以此視近世，演武者異乎，不異乎，不異乎；同乎，不同乎。

山西祁人　戴隆邦

乾隆十五年歲次庚午荷月　書于河南洛陽馬公書屋

◈ 第九章 ◈
廣盛鏢局誡言

第一節　心意拳自己重　不可濫傳用

此拳三教三不教，三怕三不怕。

三教者：有剛有柔者可教，靈通機變者可教，忠信悌孝者可教。

三不教：不忠不孝者不教，賊盜無信者不教，無情無義者不教。

三怕：能服尊長者可怕，年高有德者可怕，耍笑頑童者可怕。

三不怕：身高力大者不怕，殺異濟仁者不怕，藝高行正者不怕。

夫三教三不教，三怕三不怕何也？蓋因天下人廣君子少，山上石多金玉稀；世上師眾明師少，自居藝高者亦不稀；吾要一見重其語，心服於他不算苦；如逢奸人不打量，濫教真藝才算苦；不如自誤自立志，行到人前得其志。

第二節　廣盛鏢局廣告　四民均宜習武藝

廣告曰：士也，終日讀書，寧無困倦之時，即擇藝學之，精神奮起，復去讀書。蓋武藝不病於士，士胡弗武。

農也，朝夕田間寧無風雨之時耶。當風雨之時擇藝而演之，及風雨止息仍去田間，是武不病於農，而有益於農，農也胡弗也。

工也商也，勞勞也，風塵道路寧無憩處，當此時即擇藝學之，及交易應求，仍去就勞，是武不病於工商而有益於工商，工商者又胡弗武。

第三節　緩則工農　急則士商

今工也農也，不事武可也，士也商也，萬毋輕視武也。何其士也商也毋輕視武？士也別毋應聲，朝斯夕斯，窮年礦工，是以致筋軟骨弱，名雖男子，實若處女，辛而發跡，無弗可者，一困寒富，僅往弗行，更可慮者，近如鄰舍，遠如鄉黨，其向明禮，循義者固多，而於頑皮奸猾之徒亦不少也，豈能書遠而書終之哉，時或與接，微有觸犯，非口出不遜之言，即身肆不規之行，及如此之人，真正把人氣殺。何不於讀書得閒時，兼習武藝，務令精熟，萬一遇其人，使鼻青眼腫，匍匐奔去。諺語云：保住身體現今福。非虛語，所以士也毋輕視武。

何其商也亦毋輕視於武？商也，將本求利，或居貨或

行貨，勞勞市途，僕僕津梁，離妻別母，寄離他鄉，猶後焉者也，假使運阻時節，本利交折，誰其憐之，殖財獲利之會，即起窺向之心，有寅衣，有路途劫奪，商也束於無策，唯仰天長歎而已，更甚者失財傷體，尤堪慟傷。假今預練於武，只須身起拳落，打他個傷筋折骨，真人間一快事也。所謂商也毋輕視武。余擬良言，非為迂腐，屢見塵世，大皆然耳。

致士也商也，各有職業，無多餘時間，只入手三拳三棍足矣。

第四節　習藝二勤

一曰腿勤。人之習藝均有長師，即其所能者學之，要知藝之在人，本自無窮。有等量悟者，有高超悟者。果有高超，弗畏山川之險，道路之遙，親覓其人，誠心求教，而人未有不誠心教我者，朝見夕磨，何犯不至高超之境，所謂一處拜師，百處學藝也。

二曰口勤。槍棍刀拳自有真形實象，始而蒙混不明，則錯亂難精，苟能虛己求解，而人未有不實心，目柴耳濡，何患不明，通之域所謂專聽，莫及兼聽之廣耳。

◈ 第十章 ◈

名人論拳

第一節 訓 誨

　　大閭論拳：以和為始，以和為終，明天地之理則知吾之心意。耳中不時常報應，語中不時常調和。調和者何也？萬事吉與凶，吾有栽樹之心，種苗之意，奈其人心不知松柏四季常青。牡丹雖好，一時豔盛；松柏常綠，嚴霜不能打，因它根深心中實。時不回頭，人心若得人心意，可喜孝弟忠信禮義恥。魚農樵讀萬事用，只為仁義禮智信。武藝但掃世不平，路途交結要用心；晚間店內須防備，事無巨細莫放鬆；逢橋先下馬，乘舟莫爭先，一人莫上舟，搬重且停行；寧走高崗十里遠，不走底凹一里平。未晚先投宿，雞鳴早看天。夜黑風烈休行路，林深石奇莫停留。能見一形，莫見一身。人量人來莫小量，可比韓信楚霸王。都遇賢才卻也少，十人搶住一人難，一人存心要佔先。

　　有人參透這句話，萬事吉凶都消散。雪裏飄黑自然

黑，蜜調黃柏終歸苦。大樹有名人多望，望它清涼蔽日光；狂風損枝無人問，不勝茲長入深山。人比花開滿樹紅，後來結果幾個成。天下人廣君子少，山大石多金玉稀；世上師眾明師少，徒廣弟賢也不多。逢善則善，遇惡還惡，審時度勢名自高，何用精細去哄人。常存仁義之心，能除萬事禍凶。上天慈悲雨雪飛，下地慈悲江河水，人間慈悲仁義信，只要萬事歸了善，不可有始而無終，己心明來萬法終，自有賢人歸吾宗。

第二節　拳術學

二閭論拳。吾師告曰：拳術學至深至奧，非訪求名師鉅子不易得其玄旨。然至遇其人，宜誠以求之，專以學之，恒以習之，虛以處之，拙以藏之，怯以拼之，忍以守之，靜以制之，逸以待之，暇以乘之，整以禦之，故有得之。至其形宜堂皇焉，端莊焉，柔和焉，游優焉，不存心焉，不著意焉，順其氣隨其勢任其勁，自然而然也。故其行也，行乎其所不得不行，止乎其所不得不止，超然泰若如羽化之仙然。而其至極之功，則熟尚也。

蓋熟生巧，巧生妙，妙生化，化之至焉與倫矣。若是技也，非僅技也，技而近乎道矣。始予之學技也，所動者身，而未及乎心，數年之後，則以心動而身隨之，方令之時，動之以神而隨之以心，至於心身則忘矣。官止神行，依乎天理，其動靜也，疾徐也，剛柔也，進退也，趨避也，反側也，屈伸也，開合也，起落也，莫不因其固然

而已。學至此，方可臻乘之境，保生養身，養盡天年之旨矣。此學者宗旨也。

第三節　心形說

李洛能論拳：形者，五官百骸也；意者，心意也，二者合言之，乃內五行要動，外五行即隨也。或曰心意之動作，即取法乎形形之意，其意亦同。總之斯拳在百姓名曰形意，戴師宗門名曰心意，然究其實一而二，二而一者也。雖予戴師宗族，予師曰斯拳心意拳，予不敢背師而曰心意也，故名形意也。

第四節　總結贊

戴良棟論拳：武藝雖精竅不真，費盡心機枉勞神。祖師留下真妙訣，知者不可輕傳人。真下必一拳打倒門外漢，亦不必一腳踢翻靈山判（岸）。英雄好武本楨幹，況是將門三軍冠。

羨君親身來自算，英姿颯爽動罡幹。每向射圃張弓按，壁上觀者喊稱讚。更有盤根、葆真、旋轉，旁通功不斷。忽然沖空翻波浪，鵬、虎、鷹、熊來天半。雷動風行勇且悍，凡此諸法在平旦。學步邯鄲俱驚歎，工夫全貴不凌亂。笑余學道未一貫，終日只知守書案。安能與君遊散漫，博得偉軀壯不長。

第五節 勿濫傳

戴魁論拳：

序：予於拳術，非曰能之碩學也，蓋因拳術為中華之國粹，且為體育之正徑，故不可譏然置之。予於拳術不寧為是，兼有二意在也：一則借雞鳴舞之，以誚胸中忿鬱之氣；一則乘養晦之時，藏藝於身，待時而用耳。況國人重文輕武習氣相沿已久，今欲移風易俗，非士大夫著手不為功。誠以風動草僵上有好者，下必有其者也。此予不畏人，而敢於自議者，值是故耳。

昔孟子曰：矢人豈不仁予哉！意在勸人慎乎擇術，然武術之學說為殺人之學說。將此學濫傳於世，大傷天地太和之氣，促人紛爭，此予所不欲將此書付印與世之故也。

昔介子推言云：身之文也，身將隱焉，用文者求顯也。

> 百般砥礪始能成，費盡精神用盡心。
> 剪暴鋤奸方可用，持強逆理莫欺人。
> 賢良密授行危困，邪妄休傳害群生。
> 大道等閒若輕授，須防九族[①]盡遭刑。

①九族有兩種說法：一為異姓親族，即父族四，母族三，妻族二，本人。二為同姓親族，從自己算起，上至高祖下至玄孫為九族。）

第六節　恒磨鍊

王映海論拳：

喜拳者多如牛毛，學拳者多如牛角，拳成者猶如牛黃。

只要路對，不怕路遠，著實磨鍊，功夫千鈞。

廣勝鏢局典故

一日，戴隆邦招集鏢局全體人員議事，事畢拿出三個一模一樣的赤金人。

隆邦說：「這三個從外形看一模一樣的金人，可是價值大不一樣，一個值錢，一個不值錢，一個特值錢，共同點是每個金人從耳朵都能通到一個去處。你們拿去看看哪個最值錢，哪個值錢，哪個不值錢，為什麼？」

眾人拿了根馬尾巴，拿起金人，把馬尾巴從金人左耳朵穿進去，馬尾巴從右耳朵出來了；又拿起一個金人，把馬尾巴從耳朵穿進去，馬尾巴從嘴裏出來了；拿起最後一個金人，從耳朵穿進去，進了肚裏不出來了。眾忽悟道：一種人是左耳朵進右耳朵出，不惹事，值錢；一種人是從耳朵進去，從嘴裏出來，不值錢；一種人是從耳朵進去，咽到肚裏不出來，最值錢。

◈ 第十一章 ◈
家 事

第一節　入門拜師帖與步驟（亦稱頂帖）

1. 拜師帖

蓋聞：武事與文事並重，智勇與仁德宜兼，可見德育與體育古聖先賢亦未嘗一日廢棄也。子路受業於孔子勇悍逾眾；姜維師於武侯，武藝超群；就學於王禪者有孫臏，從遊赤松者有張良；觀文武並重者非自今始也。但師法有道，藝勇方見出眾，教授得體，擊與養才能過人。茲因某省某縣有，某老師官印某某，甫某某，武術高明，門徒某某久思瞻慕，常想練習，情願在某先生名下拜為門徒，專心求學，此後榮辱相共，患難相扶，謹守正道，莫敢為非，不辱門庭，皇天后土共鑒此心。茲將三代年庚並籍貫列後。祖父某父某本人。某年某曰某日親書（門內人引薦或社會德高望重者引薦，引薦者著名）。

2. 步　驟

遞帖時供奉岳侯爺岳武穆王先師之神位；供三盤供

獻，油果。然後上香。上香畢，牌位如是紙質焚化，一齊三叩首，排坐先念門規戒律，接念拜師帖，後頂帖，帖與紅包雙手高舉過頭一齊頂上。師父收帖後拜師之人五體投地磕三頭，站起再與師兄弟抱拳作揖，成為同門磕頭弟兄。入門手續辦畢後，眾人向收徒師父抱拳作揖道喜。以上謂入門頂帖大概規矩。

3. 寫帖規格

折疊式十八開紙，畫一長方形大格，格裏豎寫某某某師父即可，留一段空隙再寫麾下。從右到左寫，寫時與麾字相平處寫某某某，在某字右邊另寫受業，在業字下與某字同行寫叩首二字。此為拜師帖皮兒。內寫「久仰高風敬募」。第二行與第四字齊，寫「鈞教愧無門徑專，誠晉謁拜見尊顏，本人志願學習戴氏心意拳，以弘揚國粹，今於某某某師父門下學習，師父之懿德武風定秉承弘揚，一切門規戒律絕不違背」，並絕不另立門戶，永在戴氏麾下即可。

4. 細　則

來賓就座，師伯師叔按序就座，師兄師弟按序就座，師爺就座，收徒人就座，然後全體起立，收徒的師父師娘就座。

(1) 某師父收徒儀式現在開始。

(2) 收徒師父給岳爺、以故祖師上香，眾人上香（拜師人拜師完畢後獨自上香）。

(3) 師爺在前，收徒師父隨其後，眾人跟在收徒師父後，按輩分年齡排隊，面對岳爺及祖師爺抱拳三作揖。完

畢就座。宣拜師人入內。

(4) 拜師人入內，面向師父下跪。

(5) 讀帖頂帖。師父接帖。

(6) 接帖後宣讀門規戒律。從隆邦先輩留譜理明圖舉敦促後人起到央合同門務當處置止，並告拜師人的輩分。

(7) 來賓、師伯、師叔、師兄弟講話。師父講話，本人面朝師父跪地銘誓，銘誓後站起，從大到小一一相互作揖，口說：「請多關照。」對方說：「應該，應該。」師父告誡大家：「從今往後你們就是磕頭弟兄了。」宣讀拜帖人還須說：「徒弟辦喜事必須請師父，可不能收師父的份禮，因古有師父與奶媽為再造父母，恩似親情，不可接禮。」

(8) 照相。

(9) 結束。

第二節　排輩序

各門排輩譜有如家譜，此譜猶國之有史，蓋國無史難明興衰理亂之故，門無譜難知親疏遠近之分。古人曰：「譜之設，蓋可忽乎哉。」嘗見世人敘譜，多攀顯貴，附會名賢，以自誇大門閭，難知豪傑奮興於白丁，而昧水源木本之義。茲因吾戴氏心意門，人稱居散，恐命名有犯先諱，長幼亂序，故將先人排輩之字依次注明，俾某公、某氏、某支瞭若指掌，愛敬自生，一體同宗之事宜，照垂萬世。

隆邦先輩留譜理明圖舉敦促後人，貴不凌賤且提攜，富不憎貧而周恤，門第高者不依則微為不屑，而相尚以齒，門徒繁者不依伶仃為可欺，而相映以和。少不駕長，尊不壓卑，婚喪與助，患難與濟，凡同門者愛敬滋良，此謂師徒如父子，同輩親兄弟。入門後有犯三不教者或犯同門不齒之事者，與恃強欺弱者央合同門務妥當處置。

本門自始祖隆邦創戴氏六合心意拳約三百年之久，流傳甚廣，特別是形意這一稱謂之拳滋蔓甚眾，今會集成冊以方便閱覽。本文書寫家譜，不求文辭，只求明瞭，在書寫排輩之字參考舊書時出現古字難識及古怪生僻之寫法後，認真查閱了本門若干資料，在收集重寫中保持了原譜的歷史序列。

後人如在四十字後續排輩分用字，望竭盡全力，反覆推敲，力爭字意吉祥，啟迪深刻，結構嚴謹，科學合理。古譜曰：「聞之善作者貴善成，善創者貴善繼。」略志所語以明皙此事始終。

第三節　戴氏心意門排輩四十字

心戴氏心意門原有十字排輩，後二閭在晚年與良棟又合添三十字。

> 武尚海疆新，穆斌黃族強。
> 仁義似天重，慈悲如涵量。
> 禮讓叢先進，儒道循宗光。
> 謹守聖賢缽，付華億萬良。

以上輩分用字，在戴氏心意拳中從戴隆邦始。戴隆邦立首為祖沒有排輩，大閭、二閭（武）字輩。郭維漢、李洛能、拳老五、賈大俊、溫老六（尚）字輩。戴良棟（海）字輩。戴魁、戴宏勳（疆）字輩。王映海、王步昌、高升禎、高樹聲、段錫福、段仙、趙萬躍、馬二牛、岳蘊忠等（新）字輩。這四十字為藏頭字，即武穆仁慈等。

關於排輩不用起名（起名也可），只要記住你在那個字即可。如遇同門報我在穆字輩，對方報他在斌字輩，那你就是第六代，對方是第七代。無論哪支，發展迅速，捷足先登，將排輩字享完者，可優先出字，最少為十字。字畢想方設法告知門人。

第四節　傳承

岳飛—姬龍鳳—鄭氏—曹繼武—戴隆邦—戴文良—戴文熊—戴良棟—戴宏勳—戴魁—王映海等。

第二代戴文熊門下弟子：郭威漢，賈大俊，溫老六，李洛能，王德熊，孫述論，戴良棟。

第三代戴良棟門下弟子：戴魁，戴宏勳。

第三代郭威漢門下弟子：郭和，范甲元，李洛能。

第三代賈大俊門下弟子：高降衡。

第三代李洛能門下弟子：車毅齋，郭雲深，宋世榮，李太和，白西園，賀運亨，李廣亨。

第三代王德熊門下弟子：王貴元。

　　第四代戴魁門下弟子：王映海，王步昌，王德勝，高升貞，何聚蘭，李如壁，趙萬躍，邢德勝，史雄霸，段錫福，高樹聲，郭映田，馬二牛，柳煥陰，任榮，任大華，嶽蘊忠，李森。

　　第四代王貴元門下弟子：陳懷珠，老喬文（乳名金框子）。

　　第四代戴宏勳門下弟子：戴桂蘭（女），孔繁新，段仙，范生，陳雲龍。

　　第五代陳懷珠門下弟子：楊春生，王立熊，孫素成，孫晉平，陳振家。

　　第五代高升楨門下弟子：高錫全，王蹯，馬繼忠，戴常隆，師大錄，高兔梅等。

　　第五代高樹聲名下弟子：高維緒，高玫英，高梅英，胡黃兒，胡劍彪，李占奎，尚定業，李增光，武昆，許浩，許初寬，王秀華，瑞宏，康寧，安有禮，仁光照，田征，趙培宏，馮紹雲，鼠維則。

　　第五代段錫福門下弟子：段志善，戴寶書，李奇，李月青，段天林，段天和，武昆，逯憲容，霍永利。

　　第五代馬二牛門下弟子：楊鐵明，岳存明，梁峰躍，閻啟大，史曉東，劉德貴，康祁林，薛和平。

　　第五代趙萬躍門下弟子：趙水根。

　　第五代岳蘊忠門下弟子：岳建祖，袁培超，孔慶明，王紹賢，王紹德，王沁文，王晉，王忠禮，王敦仁，段志剛，李秀寧，岳培玉，暢里慶，曹繼植，郭瑾剛，賈太生，閻龍昌。

第五代田九元門下弟子：田汝文。

第五代段仙門下弟子：段樹琪，段樹雄，張啟茂，崔秀文，龐世華。

第五代王映海門下弟子：王仲祉，王仲廉，龐高鵬，劉恩斌，王喜成，王喜忠，吳振德，郭瑾通，陳晉福，王毅，楊宗俊，喬俊海，喬五兒，景信傑，彭俊義，劉前生，高拴毛，高全喜，白剛兒，王寶榮，王寶田，王潤，王虎兒，王福龍，王太晨，王小軍，王全福，王答，史耀鵬，史志航，史豔生，陳建友，陳計生，陳申才，張樹仁，張潤喜，張志剛，張思勇，張麗華（女），劉玉智，劉辛子，劉世榮，劉削生，武秀鳳（女），武秀剛，武泉，程成功，程文，程三丑，馮學貴，華桂林，交紅，閆基亮，杜來遠，杜奴娃，李玉柱，李樹根，沈海華（蘇州），單良（南京），周武華，龐鐵兒，趙建國，郝根義，郭里貞，蔡永宏，戴天剛，高偉偉，余德鵬（廣東），薛連厚，梁文章，安建英，梁曉峰，原田惠二（日本株式會社中國傳統武術研究會代表），北西勝海（日本株式會社心意俱樂部代表），光子圭一，水上英也，柏原誠，前田互，瀨尾明弘，佐藤宏信，唐重健太郎，江口博，森本濠（以上11人為日本人），李泰良（美國國際心意道發展中心主人，先學三體式形意拳，後跟隨趙守榮學心意拳，現為王映海大師頂帖磕頭弟子，美籍華人），王仲心，王仲意，王仲拳（中文名三人均屬俄羅斯人），陳振家。

王步昌門下弟子：程振福，程國祥，田汝文，劉必

要，張玉嶺，張希傑，張健，張立道，郭子貴，韓金喜，馬漢功，梁諺競，龐傅喜，王映貴，王仲策。

第六代傳人王仲廉名下弟子：白印俠（乳名俠俠），喬三兒，張建明，河野強（日本），高瑞傑，高永生，梁海東，筱原圭（日本）。

第六代傳人郭瑾通名下弟子：郭峻景，郭鵬景，郭曉景，孫 強，梁福林，渠源，韓志偉，申佩民，郭家熠，劉葦（女），楊生玉（女）。

第六代傳人陳晉福名下弟子：陳陽，陳鴻翔，史鵬飛，孫 彪，李建輝，苗建輝，武義平，武平，高雄。

第六代傳人王毅名下弟子：王晨悅，王蔚，田璐（女），田時汀，范書雯（女），高婧（女），馬君凱，賈哲，程國凱，魏峰，高君豪，郭倩，陳聖。

第六代傳人張啟茂名下弟子：逯衛國，逯保國，鄭德旺，段發剛，李紅光，岳利勇，喬剛，鄭俊生。

第六代傳人趙水根名下弟子：岳三強，趙靜。

第六代傳人景信傑名下弟子：景守華，景守彪。

第六代傳人劉前生名下弟子：劉志剛，劉志強。

第六代傳人彭俊義名下弟子：彭劍鋒，彭劍婷。

第六代傳人王寶榮名下弟子：李威，應豪，黃智群，賈瀟揚，武子嚴，郭亞傑，石藝可，胡佳奇，郭亞茹（女），高興華，崔楊。

第六代傳人王喜成名下弟子：時源，梁旭傑，王德華，劉佳超。

第六代傳人王太辰名下弟子：朱志明，劉建平，暢玉

謙，馬保國，駝琛成，劉全樂，王田佑，王強，程淵，劉承玉。

第六代傳人梁曉峰名下弟子有三千餘人，不便一一書寫留名。

第六代傳人王潘名下弟子：陳躍章，王志強，王志剛，王貴（王潘，字文甫）。

第六代傳人馬繼忠名下弟子：許曉峰，馬彪等。

第六代傳人李秀寧名下弟子：趙忠仁，程傑，白福明，彭建剛，王承晶，王洪，劉江舟，劉文傑，范晶鑫，吳搏君，趙圳。

第六代傳人郭子貴名下弟子：郭瑞（女），梁金濟，高會近，劉江鴻，寧香傑，羅鐘祥，張寬林，曹一帆，劉建偉，程恚賢，賈樹安。

第六代傳人戴寶書名下弟子：馬國良，周莉強，戴世偉，郝孝崇，張峰強，李晶，劉全，康海玉，段相，韓金龍，武金寶，楊竹龍，李建華。

第六代傳人段天林名下弟子：趙林山，范強，范駿，梁軍，梁藝，王偉，王成陽，王天祥，陳繼偉，程錦輝，成新軍，韓益民，劉金言，喬人鳳，李娟，王永娟。

第六代傳人白虎剛名下弟子：張帆，李澤秀，李澤佺。

第六代傳人陳振家名下弟子：陳晨，陳馨，陳鴻翔，陳羿名，李志剛，高利文，楊劍強，苗林平，張俊龍，閻澤，劉澤淵，高連傑，范書豪，余彬楠，張麗英（女），閻志歡（女），張家盛，任偉，楊劍飛，王靖升，賈晨

輝，閻翠青（女），曹鈺。

　　註：戴文良名下郭維漢至李洛能等人後來皆由二閭傳授。

第五節　　點春語及走鏢

　　點春語亦稱春點語，切口語，外行人稱行話，此話為保鏢護院講明語，怕惹事，故隱去明語，使外行不知談話之意，以避節外生枝而做的特殊用語。也有稱黑國語，方言稱黑鬼語。

　　這點春語是只有正規入門後才能知道的行話，古有「寧給十吊錢，不教一把拳；寧教十把拳，不破一拳理；寧破十拳理，不露半點春。」下面將戴家廣盛鏢局部分點春語摘錄如下。點春語江湖上講究八大門通用：金、皮、彩、掛、平、團、調、柳。

　　金：算命看相。皮：行醫賣藥。彩：魔術戲法。掛：習武練拳。平：說書賣唱。團：乞丐。調：搭棚鬧票。柳：趕台戲班。練拳稱掛子行，支掛子—護院，拉掛子—保鏢，戳掛子—設場教徒，清掛—踢場賣藝，點掛—賣藝賣藥，暗掛—占山為王。掌握點春語全面者叫全春全點，用合規語講稱這種人老海。

　　保鏢—外掛，垃杆，走線。護院—裏掛，明杆，坐線。收徒—戳杆。接頭—對盤。走—扯活。姓—萬兒，劉—順水萬兒，李—規矩萬兒，王—虎頭萬兒，陳—老萬兒，田—糖根萬兒，郝—煤錠萬兒。和尚—念三，道

士—念四，尼姑—念把。吃飯—對日子，特咩。喝水—圪咩。住店—息咩。喝酒—搬山。醉了—火山串了。喝茶—押淋。菜—海子。餅—鑼兒。帽子—頂鑼。臉—腭，盤子。眼—照羅。鼻—聞羅。口—食羅，秋窩。頭髮—苗子。耳—聽羅。手—龍早（爪）。大解手—換山。小解手—挑杆。東—島。西—起。南—陽。北—黑。太陽出來—露出天眼。太陽—常圓。月亮—隨日。雨—擺線，羅扣胃津。雪—擺銀。煙—草山。酒—火山。茶—金山。水—銀溝。文人—筆尖朋友。武人—風子朋友。醫生—金生意。打拳賣藥—皮生意。算命打掛—指星流月。馬—仁子。牛—義子。狗—皮子。虎—齊咀子。狼—才子。錢—錯子。一—留。二—月。三—王。四—止。五—中。一百—挑。一千—杆。一萬—足。陰天—查棚。下雨—鑼扣。下雪—白清。天半清—挑棚。人—馬錯。歹人—裏馬錯。車後有人—跟差。大盜—大螽。橫道—大樑。岔道—二梁。大道—月。梁橋—澗溝。廟—神堂。街—桶子。進街—進桶子。出街—出桶子。街裏有人—桶裏馬錯。胡同—袖裏。胡同口—袖口。胡同有人—袖裏馬錯。房頂—棚外。院—池。院裏—池裏。褲子—蹬空子。襪子—花黑。鞋—趟羅。楊樹—陽樹。柳樹—陰樹。松柏樹—長樹。掛果實樹—食樹。桌凳—柴腳。槍—黑驢子。單刀—片子。鏢旗—眼子。裝貨—喂上。起鏢—出洞子。

　　遇上攔路截道，對方如問：「走的哪個字的鏢？」答：「哈吾二字鏢。」如截道者站在路中央不動，咱也原地不動，右手托住掛在腰間的刀把，左手放在刀鞘尖端，

說：「是朋友早早閃路，賊不閃路。」答話之人向後退三步停住，雙手抱拳說：「搬鞍認蹬，念榮華為台亮走。」如賊不走，向前進三步退一步抱拳說：「我在林外你在林裏，走高走鏢俱是一家，僧道兩門，回漢兩教，綠林線上俱不分家，要是分家萬萬不能，朋友吃遍天下留一線之地，業與小弟。」對方說：「走線朋友你拉杆靠什麼？」答：「在下外掛靠四大名山，風子朋友來了有金山銀山，我對朋友重如泰山，朋友相會如到梁山。」對方要是答：「泉裏空楚，前來對盤子。」你需拿帖遞上。對方要答「搬鍋。」那你就需拿真本領了。不過只要答對江湖話，基本不會出現「搬鍋」二字。諺云：「江湖語走遍天下，三教九流皆通。」

（退三步為出門三輩小，進三步為告誡對方三思而行，退一步為再思可矣。「搬鍋」是搶）。

接鏢，明碼標價，以值論價，按倍加價，按里收錢。起鏢時鏢頭走鏢領班：「餵上齊備了無？」要是裝車妥，人齊到，領班答：「齊催幫到了（指全體人馬及車什麼都好了）。」此時鏢頭主持喝起程酒，鏢頭說：「鏢車頭朝南，鏢師面向陽，喝了起程酒，人鏢兩平安。」隨後喝酒。喝酒完畢鏢頭說：「客官押轅子，鏢師出洞子，鏢頭守堂子，起鏢。」鏢頭將眾人送到大門口，全體人馬停住，一字排開，鏢頭與領班抱拳作揖，互道平安。鏢頭大聲喊「哈武」二字，鳴鑼，眾人起程。

第六節　念不通 愁破頭(舊格式)

通不念　　　定他意心子
形本邦氏才　共是隆戴是
通祁縣人不　二十八個字
頭破愁　　　字不會念的
個八十二通　陰嬰兒椿共
陽正斜展束　六合心意拳

此意謂只要鑽心學沒有念不通的譜，只要下功練沒有
愁破頭的招。念不通為中心開花，古稱圈圈出。愁破頭為
扒皮見筍。古稱節節高。

第七節　非常用字注解

離靜言動其失也枵（枵音消），指空了心的大樹；在
本拳中指空虛。成語有「枵腹從公」。

雷聲中的喞唶（唶音喳），聲音繁雜而細碎。

八陣圖中的六合破軔陣（軔音刃）其義一，阻礙車輪
不讓轉動的木頭；義二，牢固。

408

形意拳基本行功秘法

祁縣高降衡編

趙戴文題

序

拳術之於中國，由來久矣。高樣提擊，代有名家，草澤朝堂，各懷專技，師承雖各有自，運用初無不同，要而言之，拳術云者，實先民健體衛身之法耳。有清以降，火器發明，戰不用刀戟，人遂以拳術為無用，遞相傳演，頹然成風，數十年來，曹無以拳術倡於世者。嗚呼，庸詎知拳術之用，不僅在疆場之技擊，而實以鍛鍊精忠之體魄乎？民氣頹廢，國難日亟，豈非吾民昧於拳術，精神不振之故耶？祁縣高先生名降衡字殿卿，少從同縣賈大俊先生習拳術，盡得形意拳之奇志，既又遊於大江南北，與海內英俊相切磋，精髓歸而拳愈精，志愈篤，常有提倡拳術，以挽頹個

序

序

410

序

二

之志，然數奇卒不得其機，每對知好，輒深大甲戌乙亥間，國內咸知拳術之重要，遍設國館以為提倡，團術者，即拳術也，名以國術，豈謂拳術為中國特有之意歟？先生乃出其所學，著而成書，命曰「形意拳基本行功祕法」詳述形意拳之源流、宗派，及初學錬習之要著，學者遵而行之必有其所至，夫拳術精，體格必健，體格健，精神必強，聚四萬萬強健之人民，尚何有亡國滅種之患哉！果中國不亡，先生實有力焉。文身體屢弱，風從先生學，今先生出版是書，故略誌數語聊以述先生之志耳，是為序。

受業
前察哈爾懷安縣縣長李允文謹序

序

世之言拳技者，多稱『少林』，而少林之傳，以達摩為開山祖，至於今賴以不墜者，岳武穆公之功為不可沒，形意拳術，即公根少林而舒其獨得之秘也。惟自宋迄清，其間相傳遞嬗之迹，不可得詳，而有清一代，稱拳技之士，無不知有山西戴二閭者，戴承岳氏遺術，功行精摯，傳遍南北，三晉梓鄉，其徒尤眾，今日吾國之間是術者，皆其門人後進也。

吾嘗考之，拳術自趙宋，而有『武當』『少林』之分，武當祖張三豐先生擅太極功，於今亦盛行宇內，據昔賢遺語，臨張之傳，皆自山西復見於世。是則吾晉自古多產拳勇豪俠之士，然民風淳樸，蘊珍自享，其淹沒不彰者，抑豈少哉？

序

三

序

余性喜拳技，三晉武士，從遊者甚多，因創山西
省國術促進會，以健身強種為職志，聞祁邑高君，
降衡精形意拳，得戴氏嫡傳，竊喜其異於眾也，
旋以所著『形意拳基本行功秘法』，屬序於余，余檢
讀一過，甚佩高君能以科學之方法，次第其淺深
、以基本為成功圭臬，扼要導竅，以示學人，其
功昔賢，嘉惠後進，實非淺鮮，至個人之功行卓
異，猶餘事也，發揚隱秘，開闢津梁，余於高君
見之矣，是為序。

中華民國二十四年五月山西汾陽新午王華傑

四

413

序

凡諸有情生存競爭方法，不外制他被制兩途，其顯著者，如獅搏、虎撲、猿升、豹竄、鷹攀、鶴穿、龜縮、蛇盤，皆有制他及避免被制之本能。然皆單有一種者居多。人為壁立有情競爭方法，較諸他有情為強，雖本能不及獅虎等類之各具專長。意取而數學習反能完備而超越，中國拳術之勢法，其步武、身手、攻守方法，則皆效法人類以外他之有情者為夥。凡普遍於三大流域之武術，派別紛歧，門戶羅列，各有專長，難分優劣，果能登峯造極，皆有特妙境界。惟枭萬品之專長，集群生之本能，獨推形意一門為尤妙，創始不知於何時何人，好事者業岳武穆牛皋等為始祖，五

414

恐不盡然。

序

吾學識有限，未窺其專籍之記載，故

六

不敢云人之所云。山右形意，古代難參。但知近

世盛自祁縣戴氏，戴氏者，乳名二閭，以其性強

悍而行二，故人以二閭名之。在清道咸間，二閭

名震於大江南北，各省豪傑，相與結納，其藝得

自何人，難以探索，惟其術絕妙，繼之者鮮，其

子孫輩中，間有一二紹述者，亦未得其全。焉能

發揚光大。吾友高君降衡，祁籍也，獨得二閭心

傳，且心精力果，因國人提倡國術，於是將形意

拳學列書而行世，一以傳戴氏之學於不墜，一以

供諸國人之研學。書成索序於余。吾火學仙猿掌

法。於形意一門，毫未問津，惟粗知斯門命意之

所在及耳熟戴氏之名望。略拈數語以弁書旨，

是為序。

前山西陸軍四十七團第一營營長
熏省會警察廳勤務督察長裴翰藻 〔印〕〔印〕序於太原國術促進會

序

七

強國之基

李吉文題

宣揚國光

李相廷

像　肖　者　著

形意拳基本行功秘法目錄

著者肖像

編輯大意

二

編輯大意

一本書分上下兩編，上編敘述形意拳之淵源及要訣；下編將站丹田、奔丹田、練六合，以及五行，十二形象等勢，繪圖解說，俾初學者一目瞭然。

一本書係根據吾師所傳，及個人經驗所得，編輯而成。

一本書因時間關係，僅就徒手基本拳而論，至三蹄雜勢錘，以及六合槍，六合刀，五行棍，五行刳，雙手帶，三節鞭，黑虎鞭，孫臏拐，虎頭鈎，雙鐵筷，等俟有暇時，當陸續出版。

一編輯本書時李于章二君曾充佐詢，特誌於此

形意拳秘法

三

形意拳祕法　　四

一本書倉猝編祇，舛錯缺略之處，在所難免。如蒙方家指正，實所厚望。

，以資不忘。

序

國術一道，由來已久。雖代有名流，然其教多屬口傳，且嘗授藝不授意，攻斯術者，若無專書以入稱為東亞病夫！先知先覺者，為保存國粹，復芳，每抱向偶之歎！近夫國民精神萎靡不振，西興民族計，感武術之需要，誠救國之藥石，於是竭盡其力，以倡導之。向不輕視於人之奉譜精義，末多見諸著述，公示於人耳。余友高君殿卿，酷好斯道，精於形意拳，每工作之暇，必同二三知己，悉心研究，偶然與高采烈、通宵達旦，而未見有惜容。乙亥之春，君將其所學，編定成冊本着手，首站丹田，次練六合，使丹田之氣，靈本行功祕法其練法，必先從根，定名為形意拳基

形意拳祕法

五

形意拳祕法

六

活無滯，再將心神意氣，手眼身法步，貫注一氣，不有空隙，則內外六合成功，其次本五行相生相尅之道，以究劈躜崩砲橫五拳，精而後再習十二形象暨合種器具，務要伸縮自如，蹤躍敏捷，一發而人不及避，且此拳勢雖單純，不若花着可以悅人耳目，然一拳精，而後習以他拳，不令學者，有貪多不確之弊，亦斯拳之所長也。若能循此基礎訓練法純功習練，左右互易，進退連環，須由熟而求精，尤以實用為貴，如此尚可造其極也。是年，余留學并院，適君長院會計，時欲將其手著問世，詢諸余志，余以此舉誠有裨益於社會，然佀人於此道，向無研究，故不敢忘言，僅就管見所及，而弁之於書端，聊

作介紹可耳!

中華民國二十四年夏古陶李鄉亭敬敘於太原并州學院

形意拳秘法

七

形意拳秘法　　　　八

自序

余幼時最喜運動，讀書之暇，嘗習國術以自娛，然以派別懸殊，無所適從，十五歲時，有鄉人實翁大俊者，好道學精形意拳，聲望素著，遠近聞名，余仰其道，以師事之、賴翁耳提面命，歷十數寒暑，而行功未敢間斷，其所講之理論及應用，至理名言，所謂集思廣益，精通藝術者也，其後遊學蘇州，得過長隆鏢局之鏢師左炳興君（晉文水人）時蒙君指導之，余於是益信國術之精與玄妙，絕非旦夕可立待而成，是以益不敢自信，而愈覺不足，乙亥之春遊并門，正值本省咸倡國術之際，各地名流，一務以發揚武德，健身強國為目的，時雲集，誠可謂武術中興，千載佳會，碩宿高隱

形意拳秘法

九

，獻藝社會，發揚祕技，此其時矣。余本不文，絕不敢饒舌以誤世，然慨世之國術名家，偶有心得，必珍藏之隨習相演，今古皆然，而衣缽於是失其真傳焉。余有感於斯，就余師所傳之形意拳基本行功之方法，及各路姿勢之原意，和盤托出，間有參以己意者，亦為寔除上所應有，斷乎不敢臆度揣察也，今將此一得半解之拙見，以貢獻於世，願作初學者入門之途徑，及研究斯道者之一參考書可耳。倘蒙海內方家有以指正實所企幸。

中華民國二十四年春晉祁縣高降衡識於晉陽并州學院校舍

形意拳祕法

第一編

第一章　緒言

形意拳之基礎功夫，在乎鍛鍊丹田六合以及五行十二形各式。得其全者可以却病延年，安國保民，得其一部者，亦可壯膽，漲力，護體，擊敵，效用至廣也。然而抄襲相傳，殘缺難全，置丹田而不論者有之；棄六合而不究者有之，欲成大道，而不揣淺陋，就吾師所傳原勢，繪圖著說，並將用氣，周天、得真等祕法，以及斯拳之各要訣付印問世。通斯拳者固可作為參考，而初學者亦可藉以升堂入室矣。

第二章　淵源

形意拳相傳為宋人周通所發明，得其傳者，僅岳武穆一人。武穆名飛，字鵬舉，河南洛陽人。父早亡，事母至孝，少負節氣，足智多謀，自得周翁拳法，便殷勤行持。陝西牛臯聞名往訪，至則周翁已死，遂與武穆為莫逆交，盡得斯拳之奧妙。後金兵侵宋，武穆等為大破之，於是威震遐邇為世常言；撼山易，而撼岳家軍難，可見其武功為如何矣！惜乎金元數代，鮮究斯技，以致幾失流傳。降及明末清初，蒲州姬隆風，訪師終南，得傳，斯拳乃得重興，後傳曹繼武。繼武苦學十二載，功方成，康熙癸酉科武穆拳譜，歸而依法精練，斯拳乃得重興，後傳曹繼武。繼武苦學十二載，功方成，康熙癸酉科聯甲三元，欽命為陝西大靖遠總鎮都督。後告老

形意拳祕法　　　三

歸籍，傳河南馬學禮。學禮與戴龍邦交素篤，（龍邦祁縣小韓村人，善技擊廣交遊，時開廣盛店於河南十家店）故以武穆拳譜授之，時乾隆末年也。迨道光十八年，龍邦子文量（大閎）文薰（二閎）及妻侄郭威漢皆至十家店幫龍邦執旅店業兼講學武藝。（俗傳李政曾為三人之教師）道光二十一年間，有陝西牛希賢者來店就食。賢固牛皋之後裔，而精通斯拳者也。聞龍邦好友尚義，故來訪究竟，而人不知也。後以賢之舉動異於常人，卒為龍邦所發覺。賢被詰無奈·乃俱道所以。文量、文薰、郭威漢，等三人，自此遂以師禮事之。某夕，雷聲疊作，火雨傾盆，賢忽仰天而嘆，良久不語·時文量等侍於側，怪而問之，賢曰：余涼倒半生，

家屋殘敗，值此大雨，想已傾圮矣，故不樂。文
量等交相勸慰，並雜以他言，後亦漸安。過數日
天晴，文量等達龍邦之同意，暗差店彩攜款入陝
，代賢大興工木，歷一載有半，復方成。隔數年
，賢思歸，龍邦父子留之不聽，及還其莊，見屋
已變，心怪之，而不敢遽入，詢諸鄰人，始知顛
末，於是大為感動。居有間，復至廣盛店，盡傳
其所知。嚴後李洛能慕技往訪，至則希賢已就木
矣。文量等以其遠道訪師，行端情誠，遂與之相
友善，於是四人日究斯技，行功弗報。咸豐間，
捻匪作亂，清帝派兵征伐，匪之就擒，四人與有
功焉，尤以文薰為最，故匪平之後，敦賜黃掛以
袤其功。光緒初，文量等以年老歸里，戴五昌戴

形意拳祕法

樑棟朱氏溫老六賈大俊等因得其傳，余事賈翁有年，聆其述傳如此。

一四

形意拳流傳系統表

周通～岳武穆（未詳）——姬隆豐～曹繼武～馬學禮

牛臯（未詳）——牛希賢

戴龍邦

戴文量

戴文薰

郭威漢

戴棟棟
孫儉倫
戴五昌
溫老六
賈大俊
李洛能

形意拳祕法

一五

形意奉祕法　　　一六

附識；

1. 迄今流傳各地者因未詳確故從略

2. 戴文薰即二閭世以龍邦為二閭誤矣蓋龍邦乃二閭之父也

第三章　形意拳之要訣

一十六本

一，冲

　　冲是步也，凡前進後跟之步，謂之冲步。

二，蹬

　　蹬是脛也。

三，躦

　　躦是體也，凡練習各勢及站定時，頭，肩，臂，手，腰，臀，股，尾皆須合於法度。如頭宜上頂，肩宜下垂，身宜中正等，俱躦法也。

四，就

　　就束身之謂也。

五，夾

　　如前刀之夾也。

形意拳祕法

七

形意拳祕法　　　　　　　　　一八

六、合

合是六合也。心與意合，意與氣合，氣與力合，謂之內三合。手與足合，肘與膝合，肩與胯合，謂之外三合。

七、疾

疾者速也。凡戰手拳，不疾則不足以制前，人比我疾，則人勝，我比人疾，則我勝。

八、正

正曰足直也。看正卻是斜，看斜卻是正。

九、脛

拳譜云：脛者手摩內五行也。

十、驚

驚起四稍也。血稍、肉稍、筋稍、骨稍，謂之四稍。心機一動，四稍已齊應欣巳。
（髮為血稍，舌為肉稍，齒為骨稍，甲為筋稍）

土、起落

起是去，落是打。起亦打，落亦打。起落必如水之翻波。

437

十二　進退　進是前進，退是後退，進步宜低，退步宜高，進退須相機而行，語云進退不當枉
習智藝，學拳者宜三復斯言。

十三　陰陽　出手為陽，收手為陰，動者為陽，靜者為陰，開展為陽，歛束為陰，諸如此類
指不勝屈，要須陰陽合節，始能制敵。

十四　五行　內五行者：心肝脾肺腎也，五行拳者：橫劈躦崩砲也，內五行動，外五行須
隨。

十五　動靜　練久易易物體之位置，謂之動，逗存或維持物體之位置，謂之靜，常靜以觀其
變，常動以應敵變。

十六　虛實　虛是虛，實是實，著運勁之時，使神氣精靈，貫注全身，進而示退，退而示
進，上卸下之，下卸上之，令敵不可揣摸，則虛實之妙得矣。

二十六勁
跥，斬，胯，截，頂，裏，撲，挑，按，肘
撞，撥，栽，靠，雲，領，

形意拳秘法

一九

形意拳秘法

三

二

三　用氣法

目視鼻，鼻對臍，處處行持不可移；澈二六，連環鎖，一点靈光布在眉。心定神寧，神寧心安，心安清淨，清淨無物，無物氣行，氣行絕象，絕象覺明，覺明則神氣相通，萬氣歸根根矣。

拳經歌曰：靜養靈根氣養神，行功養道見天真，丹田成就長命寶，萬兩黃金不與人。

四　周天法

緊撮骨道內中提，尾閭骨節枕難過，目視鼎來到丹田，意存消息氣後旋，往前又是鵲橋路，十二時中隆下池，鎖住心猿拴意馬，要到丹田海底基，一時快樂無窮盡，還本追原心自知。

久練自成金鋼體，百病皆除如童子。

五　得真法

混元一氣吾道成，道成莫外五真形，真形內藏真精神，神藏氣內丹道成。如問真形須求真，要知真心合真形，真形合來有真訣，真訣合道得澈靈養靈根而動心者歔將也，養靈根而靜心者修道也。

形意拳祕法

二

形意拳祕法

第二編

第一章　丹田

一　丹田之意義

丹田有三，皆穴名也，一在頭頂，曰上丹田，藏神者也；一在中脘，曰中丹田，蓄氣者也，一在臍下三寸，曰下丹田、藏精者也。本章所述站奔之法，皆指下丹田而言。

二　站丹田法

（動作）；（甲）預備（乙）站式

第預一備

圖式

（圖解）；兩足並立，兩臂下垂、手心向地，手指向前，兩腿須直，膝蓋後挺，腰伸直

三

，頭上頂，下頷內收，目平視前方。

（注意）：作此式時，須蓄力凝神，氣沉丹田，若言其靜，則未露其機，若言其動，則未見其迹，停立片時，存機警應變之意。

預備式，為振刷精神，喚起筋骨皮肉之準備動作也，故各式開始，俱須作預備式。

第二式

站圖

（圖解）由前式兩膝微曲，兩臂交叉置於胸前作十字形，手貼兩腮，手心向外，臀部縮回，緊夾谷道是心用力向上提勁，上氣意導下降，合於丹田，稍停便起，挨次送習，以身體不倦為度。

形意拳秘法　　二四

〔注意〕：行站功時，鼻，膝，足，三尖須成一直線，夫站，丹田，純用站功，使全身神氣意力，貫注一起歸納於丹田，久則丹田自能靈活無滯，上下左右，紳縮自如矣，世稱美入掛畫者，即基如此，同道者勿忽視之。

三　奔丹田法

〔動作〕：甲預備式乙奔式

第奔
三式
圖一

〔圖解〕：(一)預備式同前(第一)預備式左足向前稍進，膝稍曲，成丁虛步，將右腿上提，兩臂前伸，兩手微曲如抱球狀，置左足上之兩旁與

443

足尖足踵成一直線。

〔注意〕：

眼視足尖，腳趾上翹，提腿時必先深吸氣一口，待出腿時，氣再徐徐呼出，動作宜隨呼吸，勿急勿緩。

第四式　奔丹田

圖二

〔圖解〕：由前式丹田用力將右腿向前方直射，落後左腿跟進，置於右腳旁，兩手由外向內搬，置於小腹前，手心向腹。

〔注意〕：

腳前奔時，頭宜向上頂，頷內收，前腳落地時，宜先用踵着地，後腳跟進時，宜腳尖先着地，身要中正，不可前俯後仰。

形意拳秘法

五

夫奔丹田者；如射箭也，丹田如弓，氣似箭此

為內功：外則兩臂比弓，腳比箭，奔之既久，

前後左右高低，意之所至，身必隨之，昔戴三

問）祖師恒能於十數步以外擊敵，人咸疑祖師有

異術，寔即奔丹田之功也。

第二章　六合

一　六合之意義

心與意合，意與氣合，氣與力合，手與足合，肩

與胯合，肘與膝合，內外皆合，謂之六合。六合

在任何國術之中，任何着勢之內，皆極重要。如

以奉擊人，必須心神貫注，氣力集中，又須，肩

，肘，胯，膝，等作相當之姿式以助勢，然後始

能達擊人之目的。形意拳之六合式前後左右，轉

二六

變靈活，進可以攻，退可以守，五行十二形皆以

此式為基礎。

歌曰：

六合基礎在丹田，　手眼身法步為先；

心神意氣須一貫，　內外相合惟我長。

二練六合法

第六

五合

圖式

手作護肩掌置左肩前，倘右腿在前下勢，作六

合式亦同前，再前後練習時，身向後轉，前腿

變為後腿，後腿變作前腿，但轉身時須先注意

〔圖解〕；由預備式左足向

前移半步，身下蹲，膝

與胯平，左臂直垂置於

左腿裏，手心向內，右

形意拳秘法

二七

形意拳秘法

後腿，左腿在後向左轉，右腿在後須右轉，此
自然之勢也。

〔注意〕：身須側面而立，且下蹲時，面積愈小愈適當
，小則容易自顧，敵亦難以沖進，大則易被敵
圖，學者不可不慎。

第三章　五行

一　五行拳論

五行者金木水火土是也。五行能相失，又能相尅
。相生者何？金能生水，水能生木，木能生火，
火能生土，土能生金是也。相尅者何？金尅木，
木尅土，土尅水，水尅火，火尅金是也。五行拳
本五行相生相尅之道，練就劈躦崩砲橫五拳。劈
拳似斧屬金，躦拳似電屬水，崩拳似箭屬木，砲

二六

447

拳似炮屬火，橫拳似彈屬土，故以相生之道論，劈拳生躜拳，躜拳生崩拳，崩拳生砲拳，砲拳生橫拳，橫拳生劈拳，反之相尅，則劈拳能破崩拳，崩拳能破橫拳，橫拳能破躜拳，躜拳能破砲拳，砲拳能破劈拳，若能依此生尅之理，純功熟練，自能變化無窮矣。

二　五行生尅圖

形意拳祕法

元

五　行　相　尅　　　　五　行　相　生

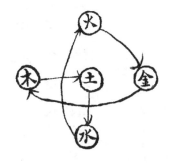 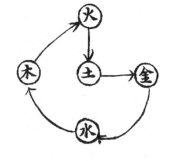

五　行　拳　相　尅　　　　五　行　拳　相　生

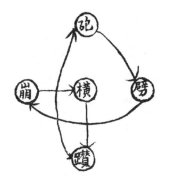 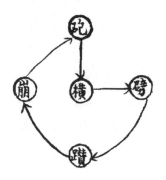

三〇

三　橫拳

（動作）：（甲）預備式　（乙）六合式　（丙）蛇形　（丁）懷中

抱月　（戊）橫拳右式

第蛇

六形

圖式

前，和左肘臂作蛇形式。

（圖解）：（一）由預備式（如

第一圖）作六合式（如第

五圖）二身稍起，左腳

前進半步，膝前曲，

成弓箭步，左手上提

前伸，肘貼脇手心向

上，右臂平橫，置腹

懷中抱月

第七圖式

形意拳祕法

〔圖解〕：由前式欽左步於原地，右手變拳護心前，左手撤回附右拳下作懷中抱月式。

橫拳

第八圖式

〔圖解〕：接前式右腿向右前側前進一步，右拳由內向外直擊，（肘貼脇）左手附於右肘內側，同時和右拳並進

三二

作橫拳右式。再歛右腳作懷中抱月式，出左腳作橫拳左式，如此循環練習，純熟以後，繼之以劈拳。

（應用）：敵用攢拳迎面擊來，我蹲身進右步，如敵右步，向敵脅以橫拳打出。倘敵由下擊我胸腹，我須欺身以拳壓倒敵手，再挺身出橫拳以擊敵腹，敵必倒矣。此不過應用之一者，餘則變化無窮，隨機應變，須臨陣時審裁之。

（注意）：動作須手眼身法步一致，且進步時尤須鼻膝腳三尖要齊。

四劈拳

（動作）：(甲)預備式 (乙)六合式 (丙)蛇形式 小劈
拳右式 戊懷中抱月式 (己)劈拳左式 小劈

形意拳洸法

形意拳社法

三二

第九圖 劈拳右式

（圖解）；（一）由預備式（第一圖）作六合式第五圖（二）由六合式作蛇形第六圖（三）將重点移於左足，右足向前進一步，同時右手向前進一步，同時右手（四）撤右足作懷

作刁手，左手用陰陽掌劈下。中抱月式（第七圖）

第十圖 劈拳左式

（圖解）；由懷中抱月式左足前進一步，同時兩手作陰陽掌劈下成劈拳左式。

453

（注意）：陰陽掌下劈時用斬勁，又手須與夾齊出，勿先手後足，致失效用。

（應用）：散用崩拳提擊，我以劈拳破之，但須應付敏捷，始可操左拳也。

五、躦拳

（動作）：甲預備式　乙六合式　丙蛇形式　丁躦拳一式　戊躦拳二式

第躦

十拳

一式

圖一

形意拳祕法

三五

（圖解）：(一)由預備式(如第一圖)變六合式(如第五圖)(二)接前式變作蛇形式(如第六圖)

形意拳祕法

三六

由前式右腿向前提，膝上舉，同時左手向前伸直內抱，右手由肩前用推按勁，向前推出，（兩手相距約五寸許）。作躦拳式一。

（注意）：提右腿時，左足須微曲，全身重点寄於左脚，右足趾上翹，兩手指稍曲，兩手虎口，對準鼻尖。

第躦十二拳式二

圖

（圖解）：由前式左手從下繞至右手背後作助手，右腿向前落地，同時兩手向下隨身法，推按作躦拳式二。

〔注意〕：落步前進時，蹬拳式二之步，
為弓箭步，惟膝前弓時，膝不得過足尖。

〔應用〕：設敵以右手當胸擊來，我用順手向外撥，
敵再用左手向右肋擊來，我以右手外格，來時
抽出左手由敵肩插在敵之後頸，向內緊抱，右
手扶按敵之頭頂。向前推按。同時以右膝提擊
敵腹，再用腳插踩敵之中門，俟左手撤回助於
右手背上，落步以手下搜，敵必倒矣。

六 崩拳

〔動作〕：

甲預備式 乙六合式 丙兩下勢 丁金雞
獨立 戊崩拳

〔圖解〕：由預備式第一圖變作六合式（如第五圖）

形意拳秘法

三七

第十三勢下圖

形意拳祕法

第十鷄金勢
十四獨立圖

〔圖解〕：由六合式左腿向左側方踏出一步，全身重點寄於右腳上勢下蹲坐於右腳上，右手置左肩前作護肩掌，左手前伸置於左腿內側作下勢式。

三八

（圖解）：接前式撤回左腿勾着地即提膝，右手由左手外下按置胯前，左手由右手内上提作鷹爪，成金鷄獨立勢。

第十五圖　金鷄獨立

（圖解）：接前式左腿向前落地膝前曲作弓箭步，後脚冲進左肘前靠作崩拳式。

（注意）：(一)下勢時，前足足尖須着地，(二)金鷄獨立之提膝及鷹爪，須與護肩掌下按手同時作成，(三)崩拳式之前肘，不得過膝。

形意拳秘法

三九

形意拳祕法

（應用）：敵以橫拳擊來，即用左手下搜而下勢，旋提右手用提勁擊敵頜面，同時膝擊敵腹，肘靠敵胸。

（動作）：（甲）預備式　（乙）六合式　（丙）兩沖天砲鑽　（丁）砲拳式

七　砲拳

第砲
十拳
六
一
圖式

（圖解）：（一）由預備式（如第一圖）作六合式（如第五圖）二接左手變拳置腹前，左腿向前進一步。膝前曲作弓箭步，同時右手作拳上架

置額旁，左拳向前撞出，肘腕須平，作砲拳一式。

第十七式　通天炮錛　圖二

（圖解）接前式進右腿提膝，全身重量寄於左腳，膝微曲而獨立，右肘下垂，拳上舉置鼻前。左拳變掌附於右肘內曲處，成沖天炮錛式。

（注意）：動作須一氣三出，即拳膝肘同時齊出之謂，作炮拳一式左腳前出。着地時，用力稍重些，同時頭宜上頂。右臂須用滾力上架，虎口向地，通天炮錛之拳宜手背向外，高度與自己鼻尖齊，因用時專擊敵面部，提膝是為擊敵

形意拳祕法

四

形意拳祕法

故上提時獨立腿稍曲，提腿須合前擊之

二三

第砲十拳
八二
圓式

（圖解）：接前式右腿勾着
地、即前進一步、曲膝
成弓箭步，左拳向上滾
架置額旁，右拳向前撞
出，肘腕須平，右肩稍
前，成砲拳二式。

（注意）：作弓箭步膝不可過足尖、且前腿上步時，
後腿必向前沖進，且前進鑽之勁須發自腰，以
肩催臂，臂催拳，才能有用，再進步要小，背
宜彎，小則易變，彎則收斂，此確而不移之理
也。

〔應用〕：倘敵以劈拳擊我，可以此拳破之。

以上五行拳練習時，可以左右互換，上所舉之

例，不過什一，餘則學者可以一隅三反，無須

我贅筆，徒費時間。至所云橫拳能破躓拳，躓

拳能破炮拳等等非謂橫拳僅能破狹義之躓拳躓

拳僅能破狹義之砲拳，蓋凡類躓拳之拳或掌擊

來，皆可以橫拳破之也。推之崩砲劈各拳，莫

不皆然。

形意拳祕法

四三

形意拳祕法

第四章　十二形象

十二形象之意義

古人採龍，虎，猴，馬，駝，貓，燕，鷂，鷹，雞，鶴，蛇，十二種動物之動作，象形取意，練成十二形象，夫龍有搜骨之法，虎有撲食之猛，猴有蹤躍登高之術，馬有蹄擊之功，駝有豎尾之力，貓有捕捉之技，燕有取水之妙，鷂有穿林之巧，鷹有抓拿之技，雞有鬥智之勇，鶴有展翅之用，蛇有撥草之能，觀其形，取其能，其各物之技術，使人兼而有之，專練手眼身法步，必至行動靈敏，立勢穩固，起若鼠，落若箭，形似狸貓，站如虎，進可以攻，退可以守，苟能持之以恆，不畏苦，不憚勞，純功習練，須數載如一日

，不五載而功必成，學者宜勉之。

龍形

（動作）：（甲）預備式　（乙）裹身藏手龍形式　（三）兩分心掌　（丙）龍尾式

第十九式　裏身藏手圖

（圖解）：由預備式左腿向後轉旋，約二百度，曲膝成弓箭步，腰隨腿向左摔，左臂上懸，橫置頭上，手心向上，肘灣處要圓，右手由胯旁，手背向前，往左方平運，至襠間，將手藏伏，作裹身藏手式。

形意拳祕法

四

形意拳秘法

〔注意〕：眼須隨左臂向左平移視線，左臂上裹時要合滾勁。

吳

第二十二圖

裹身藏手龍形

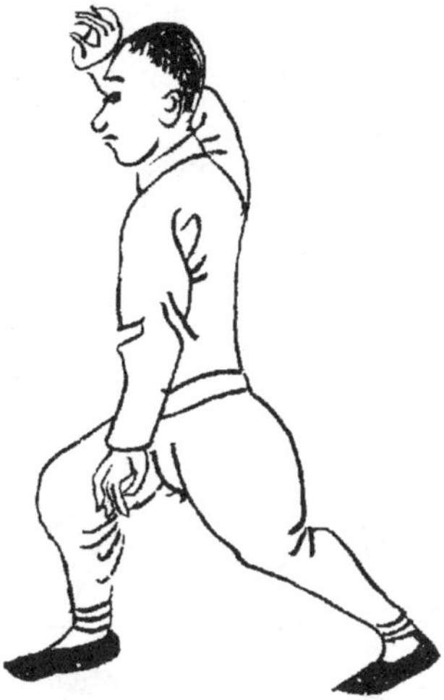

圖解：接前式兩足向右擰，曲右膝，腰隨身向右擰，右腿變前弓步，右臂由左肋上舉，橫懸頭上，手心向上，左手由額旁手心向下按，至胯旁手心向下按，至檔間藏伏，成裹身藏手式二。

背向前平運，至檔間藏伏，成裹身藏手式二。
(二)再左足向前邁進一步，但足須續至右足旁向前進，重心點則能穩寄右腳上，左臂由肋上提，橫懸頭額旁，右手由頭上手心向地下按，至胯

旁手背向前平運，至襠中將手藏過作裹身藏手龍形式二。

[圖解]：接前式右手由額角下按至右胯旁止，左手由襠前提起前推，手心蓄力，作分心掌式。

第二十一圖

分心掌（二十一）

注意：用掌前推時，勁須發於腰，以腰催膀，膀催腕，掌心蓄力，俟手到敵身一寸間，再發勁推去，敵固不及逃，勁亦難以散，學者注意之。

形意拳秘法

四七

第二
龍尾
二十
式
圖

形意拳祕法

咒

〔圖解〕：接上式右腿前
進一步，膝前曲，作
弓箭步，右手隨腿前
推，肩和腰要平，左
手指稍曲，(作鷄爪式)
向後抓，成龍尾式一

二如左步前上，左手隨腿前推，右手指稍曲後
抓，成龍尾式二。

〔注意〕：身須側進，肩向前，手腕與肩及膝成一直
線，後手與後腿亦成一垂直線。

〔應用〕：敵由左方擊來，我以左手上裹敵臂，以右

467

手背擊敵左脇。反之敵由右方擊來，我以左手背擊敵右脇，至分心掌之用法，倘敵右手當胸擊來，我用左手向外撥開，以右掌封敵胸部，龍尾式是用穿勁，倘敵擊我胸部或面部，我須下勢用穿勁，先進肩膀，以手擊敵之胸面也。

虎形

（動作）：甲預備式　乙熊胸虎步　兩抱球式（丁虎撲式

第二十三圖

熊胸虎步

形意拳祕法

〔圖解〕：預備式（同前第一左腿向東前進一步，膝前曲作虎步（弓箭步）同時兩手作拳，由脇旁上提至肩窩（肘腕要平）不可稍停，即沿胸直向下

形意拳祕法

五。

栽，止於小腹前，兩拳眼相對，成熊胸虎步。

第二十四圖
抱球式

〔圖解〕接前式斂左步，足踵提起，成丁虛步，右膝梢曲重點寄於右腿上。兩拳變掌，手指微曲，隨腿由外往內抱（如抱物狀）置於丹田下兩旁，手心向上，作抱球式。

第二十五圖
虎撲式

469

形意拳祕法

（圖解）：接前式左足踏實，移重點於左足上。右腿向前邁進一步，兩手上抱至胸口，轉掌向地，跟步一齊前撲，兩肘貼脇，成虎撲形式。

（應用）：凡敵用掌或拳當胸擊來，即用雙臂分開敵之兩臂。急忙進步用兩掌向敵中腕撲打，足須踩敵之中門。

（注意）：進步作熊胸虎步時，膀須跟腿前穿，至膝間再向上靠，作虎撲式。前腿前進，後腿沖進，肘不得過膝，過則易倒矣。

（動作）：（甲）預備式（乙）馬奔式（丙）蹄擊錘

馬形

五一

形意拳祕法

第二十六
馬本式圖

〔圖解〕：由預備式抬左腿，微曲右腿，同時兩手抱拳曲肘上舉置於頭上，成馬奔式。

〔注意〕：兩臂上舉時用滾勁，拳眼向下，兩拳相距約寸許，左足與右胯成水平，左足尖上翹。目視前方，以觀敵之動作。

五二

第二十七
擊蹄圖

〔圖解〕：由前式左足落地，右步跟進，同時兩拳向下直栽，成蹄擊鑽㈡右足進半步，兩臂再向上舉，同時再抬左腿，再下栽，如此迭次練習，（左右皆同）

〔應用〕：凡敵人用拳掌由上擊來，即用兩臂滾架，並以足踩敵中門，繼以兩拳栽擊敵之小腹。

〔注意〕：蹄擊鑽須兩拳眼相對，步須前弓後真。

駘形

〔動作〕：㈠預備式　㈡懷中抱月式　㈢駘形式

〔圖解〕：㈠預備式同（第一圖）　㈡懷中抱月式同前

〔第七圖〕

形意拳祕法

四四

第黯

十二形

八式

圖

由懷中抱月式右腿向前
邁進一步，同時左手附
右前臂，以右肘前靠右
胯，則隨肘偏豎成黯形
式。

〔注意〕：抱肘前靠時，必須藏頭，進步時身須稍下
側進，不可正身前撞，又靠勁與胯勁宜一致發
出。

〔應用〕：敵向面部或胸部擊來，左腿向左稍杉半步
，身稍下蹲，右腿前邁進一步，側身抱肘以擊
敵肋，同時下勢以胯擊敵大股。

猴形

（動作）：（甲）預偹式　（乙）猴形式一（兩）猴形式二

（圖解）：預偹式同前（第一圖二）由預偹式向左掉身，左足在前成丁虛步，勢下坐，重點寄於右足。同時兩臂曲肘，由外向內裏。左足在前。右手置於胸前，掌心向內，手指鈎曲，成猴形。

第猴
二形
十
式
一
圖

形意拳秘法

手置於胸前，掌心向內，手指鈎曲，成猴形式一。

第猴
三形
十
式
二
圖

五五

474

形意拳祕法

五六

(三)由前式向後捽身，後變為前，右足在前成丁虛步，重點寄於左足，勢下坐。同時兩手指微放，兩臂用分力前擊，掌心向外，成猴形式二。

〔注意〕：作猴形式時須合胸拔背，目視前手指端之上，前肘不得過前膝，前手不得過前足。

〔應用〕：敵用拳或掌向胸擊來，即用腕背以裏力制之，如敵由後方襲擊，即向後捽身，腕背用分力撥開敵之拳掌，而擊其面部。

貓形

〔動作〕：(甲)預備式　(乙)六合式　(丙)仙猿摘果式　(丁)狸貓上樹式

〔圖解〕：由預備式(同前)變作六合式(同前)

第十三式

第十三式 仙猿摘果
圖式一

(二)由前式身向右轉，右足踵提起，足尖著地，成丁虛步，兩肘貼肋，左手由左膝裏翻上置於面前，右手由左肩前，肘住下垂置於左手前，作仙猿摘果式。

【注意】：兩腿曲膝，身下坐，兩眼視上，右手梢高於左手，兩食指對正鼻尖。兩手心向裏，手指微曲，對

形意拳祕法

第十三上樹貓
圖式二

五七

476

形意拳祕法

五八

〔圖解〕：接上式兩手下翻，手心向外，兩手往下
繞至小腹沿胸劃立圓，但手劃至胸前，往前
推時，右腿向前踢，全身跳起，落地時左腳
仍在原地，右腳落於左腿前，仍成丁虛步，
俟右腳着地時，而手作鷹爪，須隨身向下搜，
成狸貓上樹式。再由前式作仙猿摘果式，左
腿前踢，全身躍起，右腿落於原地，兩手劃
一立圓，作狸貓上樹式，如此更換練習之。

〔注意〕：後腳前踢，一為擊敵小腹或陰間，一為插
入敵之中門，（襠間）以兩手推按敵之胸部。

〔應用〕：敵向我之胸部或面部擊來，我用兩手向外
撥開（用裏勁）後足前踢敵之陰間，踢後插入敵之
中門，用兩手推按敵之胸部，敵必為我制矣。

燕形

【動作】：（甲）預備式　（乙）燕子取水式一　（丙）燕子取
水式二　（丁）分心掌

第燕

三子取水式

圖三十一式

【圖解】：（一）預備式同前，（二）由預備式身向左轉，左足在前提起足踵，重點寄於右足，勢下蹲，坐於右腿上。同時左臂平伸，肘與右足，右肘貼肋，左手置於左肘灣處，作防守掌，成燕子取水式一。

〔注意〕：向前推手時，臂須稍曲，不可過直，勁蓄於掌心，候及敵身，用力前推，勁即不散耳。

形意拳秘法

478

形意拳祕法

第三十四式
燕子取水
圖二

〔圖解〕：接前式，手向上翻，右腿用力，身上起，同時左腿上提，膝與胯平，左足稍前伸，作燕取水式二。

〔注意〕：右膝微曲，兩手指稍曲，手心向上。

第三十五式
分心掌
圖

〔圖解〕：接前式兩手掌向下翻，左腿向前落步，兩足前推後足沖進，成分心掌式。

〔注意〕：前腿進步，後腿沖進時，不可着地拖泥帶水，有碍發勁。

〔應用〕：敵以右手當胸腹腹擊來，即用右手刁敵手腕，左手壓敵臂肘，身下蹲，使敵勁散，以壓敵臂之手前推，敵必撒右手，以左手擊我面部，我起身翻掌，上抬敵手，以左腿提擊敵腹，同時踩敵之中門，翻掌前推，敵必倒矣。

鷹形

〔動作〕：甲預備式　乙蛇形　丙鷹爪式

形意拳祕法

六

480

第三十六式

鷹

圖

形意拳祕法

六二

（圖解）：

（一）預備式同前。

（二）蛇形式同前。

（第六圖）由蛇形右腿向前邁進一步，轉掌隨前腿向前抓下，成鷹爪式。

（注意）：前手與前腿之膝足須成一直線。

（應用）：設敵右腿在前，以左手向面部擊來，即用順手外掤，如敵再進左步，以左手當胸擊來，即用右手向上架掤，同時上右步插敵中門，翻掌向敵面胸抓下（用扒勁）。

鷂形

（動作）：（甲）預備式　（乙）下勢　兩鷂形式

481

第
三
下
圖
七
十
勢

〔注意〕：下勢時右足尖切勿離地。

第
三
十
八
形
圖
式
鷂

六三

〔圖解〕：㈠預備式同前〔第一圖〕
㈡由預備式右腿向右側伸出，
重點寄於左足下蹲，左手作護
肩掌置於右肩前，右手由胯旁
沿右腿向前伸出，置於右腿內
側成下勢式。

形意拳秘法　　　　六四

〔圖解〕：由前式起身收右腿作弓箭步，同時右肩
向上竪伸前靠，作鵠形式。

〔注意〕：起身時右腿稍提，即向前進，後腿冲步跟
進，左手置於右臂灣處。

〔應用〕：敵用拳掌當胸擊來，〔但須敵手逼近〕，即向
右閃過，以腿插敵中門，如敵再以右手擊來，
即用左手刁挍敵手，急起身竪肩前靠。

鷄形

〔動作〕：甲預備式　乙鷄腿式

第鷄
九十三腿
圖式

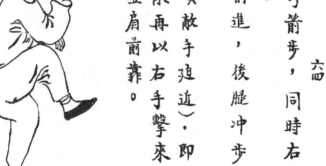

〔圖解〕：由預備式左手上提肘腕須平，右腿上提
向前踏出，（但提腿時趾下抓，踏腿時趾上翹）
，右臂肘曲手置鼻前，指微曲手心向外，腿
前踏時臂跟腿同時前伸手向下按，再左腿上
提前踏，左胯同于跟腿下按，成雞腿形。

〔注意〕：右手前按，左手作防，倘敵擊來，我以防
手刁敵腕外撥，右手前按敵胸或面，若左手前
按時，右手作防。

〔應用〕：敵當面擊來，我以防手刁敵手腕下按，後腿
蹂敵中門，後手跟隨抓按敵面，倘敵發覺，後
退一步，我必進一步以攻之，敵前進一步，我
追後一步以應之，總之以粘敵身為要。

鶴形　形意拳祕法

六五

形意拳祕法

【動作】：

（甲）預備式　（乙）白鶴展翅　六六

　　　　　　（丙）白鶴束翅

（圖解）：

（一）預備式同前

【第一圖】

（二）由預備式兩臂微曲

下蹲，繼向外用滾勁

上舉，兩手心向外，

停於頭額之上，同時

第

四

十

圖

白

鶴

展

翅

左腿微上提足尖上翹，成白鶴展翅式。

【注意】：兩臂用滾勁向上架，舉時須以腰肩助勁。

第四十一
白鶴束翅圖

〔圖解〕：由前式左足向前方踏進一步，右足微帶沖意跟進，同時兩手變掌下劈成白鶴束翅式。

〔注意〕：兩手劈下時，步須前弓後直

〔應用〕：敵由前方向胸腹擊來，即用臂腕向上滾架・敵落空急以掌擊其肋腹。

蛇形

〔動作〕：（甲）預備式 （乙）六合式 （兩）蛇形

形意拳祕法

苔

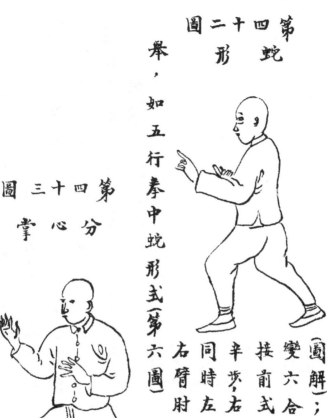

形意拳秘法

第四十二形　蛇

圖

舉，如五行拳中蛇形式（第六圖）

第四十三掌

分心

圖

〔圖解〕；由預備式（同前）

變六合式（同前）

接前式左足向左衝進

半步，右足向左衝進，

同時左手上提，前伸

右臂肘貼肋，小臂平

六八

〔圖解〕：接前式向前邁進右步，同時右手向前推出，左手作防守掌橫置胸前。

〔注意〕：蛇形第一式兩手合有撥勁，作推手掌時，手指在前手心蓄力。

〔應用〕：敵用右手擊來，我以左手撥開，右手隨右步向敵中腕推按之。

形意拳秘法

六元

結論

鍛鍊丹田六合，為形意拳基本中之基本，故於首編述之，五行拳十二形拳，皆利用丹田六合推演而成，故於第二編述之。按五行拳十二形拳，可連接練習，亦可單獨練習，惟單練時，每式皆須作預備式；連練時，則僅於開首時作一預備式可耳。本書所述，純係單練之法，蓋單練純熟，連練自不成問題，且初學者學習簡易，不至望而卻步矣。

五行拳十二形拳各式，皆是左右互練之拳，左式既畢，繼以右式，庶身體各部無畸形發展之弊，而有互助健強之益，故為免贅起見，除劈拳及龍形等數式外，皆屬就左式圖著，閒或有以右式圖

七。

形意拳祕法

七一

著者，則略其左式，又各式之應用，多言敵由前方擊來，或當胸擊來云云，非不顧及後方或左右之謂也，蓋六合純熟，前後左右，皆能轉變靈活，故雖曰前方擊來云云，實則後方左右上下皆已包括在內矣，再本書所述應用之点，不過其概畧中之概略，至若審動靜，辨虛實，意之所至，著勁即隨，無意而皆意，不法而皆法，千變萬化，無向所敵，則存手其人矣！

形意拳秘法

七二

中華民國二十四年六月三十日出版

形意拳基本行功祕

定價大洋六

編輯者　祁縣高

出版者　仝

校閱者　王善

發行者　太原晉新

印刷者　仝

◈編後語◈

《原傳戴氏心意六合拳》已付印成鉛，在此要致謝的人太多，首先我要感謝老伴范玉珍，在我寫書期間任勞任怨，大力支持；感謝恩師王映海，他傾70年演練的體會和對本拳理的深刻領悟，校訂本書，並口傳身授使我得益匪淺。

其次我要感謝：喬添峰、楊秀龍、喬俊海、榮貴、趙果仙、龐高鵬、程元會、王晉林、郝昌明、張復賢、許曉峰、郭映長、王占全、閻海柱等領導的支持。

再者感謝戴寶書、趙水根、馬文明、岳春民、韓金喜、梁文章、李景福、賈兆明、金三在資料方面的支援。特別感謝太谷師範學校，書俠拳社的王紹德（祁縣王賢人）、趙守榮（祁縣魯村人）、武學仁（沁源人）等人提供了五行拳對練及八十一式詳細名稱。

感謝孫素成、孫晉平、吳振德、郭瑾通、陳晉福、王毅、楊宗俊、喬俊海、喬五兒、王喜成、王喜忠、鐵小、景信傑、彭俊義、王寶榮、劉前生、王太辰、陳建有、陳計生、白剛兒、余德鵬、梁曉峰在套路與實戰運用中的支持。

感謝李秀民、段樹雄、楊延澤、高錫全、馬繼忠、馬彪、王沁文、董承寬、許世威、董樹偉、顧海平、趙幸、

常立東、趙水根、張啟茂、王紹德、戴常隆、師大錄、梁諺竟、張俊山同仁及第六代與第七代的師兄、師弟、師侄和朋友們，在我出書過程中不論是提供資料，還是在文字圖片飾色修改及技擊上都給予了無私的幫助。在整理材料中感謝戰友鮮紅、張華明；在攝影中感謝楊慧、高海燕、索瑞剛，在校對方面感謝陳建新、郭瑾如、白剛兒的徒弟張帆等同志；在處理照片中感謝金點子公司法人代表郭生衛和工作人員趙晶晶；在財力方面感謝渠家大院館長喬俊海，喬家大院館長王正前，哈爾濱軸承集團太原順標銷售有限公司總經理孫彪，師兄弟景信傑、彭俊義等人；在全面支持方面感謝祁縣副縣長閻朝暉，政協副主席李郁明，體委主任程安興。

最後我還要深深地感謝上至岳武穆創拳，到列祖列宗對此拳的變異和完善，下至當代仍在傳承此拳的仁人志士。

讓我們帶著一顆感恩的心攜手共進，發揚此拳吧！

歡迎至本公司購買書籍

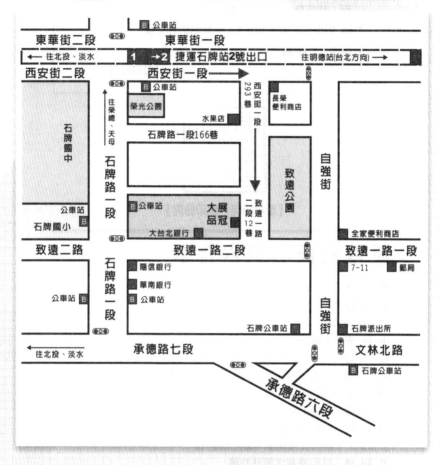

建議路線

1.搭乘捷運‧公車

　　淡水線石牌站下車，由石牌捷運站2號出口出站(出站後靠右邊)，沿著捷運高架往台北方向走(往明德站方向)，其街名為西安街，約走100公尺(勿超過紅綠燈)，由西安街一段293巷進來(巷口有一公車站牌，站名為自強街口)，本公司位於致遠公園對面。搭公車者請於石牌站(石牌派出所)下車，走進自強街，遇致遠路口左轉，右手邊第一條巷子即為本社位置。

2.自行開車或騎車

　　由承德路接石牌路，看到陽信銀行右轉，此條即為致遠一路二段，在遇到自強街(紅綠燈)前的巷子(致遠公園)左轉，即可看到本公司招牌。

大展好書　好書大展
品嘗好書　冠群可期

大展好書　好書大展
品嘗好書　冠群可期

〔注意〕：眼須隨左臂向左平移視線，左臂上裹時要含滾勁。

形意拳祕法

四六

第二式　十二形　龍形
裹身藏手
圖

〔圖解〕：接前式，兩足向右撑，曲右膝，腰隨身向右撑，右腿變前弓步，右臂由左肋上舉，橫懸頭上，手心向上，左手由額旁手心向下按，至胯旁手背向前平運，至襠間藏伏，成裹身藏手式二。

(二)再左足向前邁進一步，但足須續至右足旁向前進，重心點則能穩寄右腳上，左臂由肋上提，橫懸頭額旁，右手由額上手心向地下按，至胯

465

旁手背向前平運，至襠中將手藏過作裹身藏手

龍形式二。

第分

十二

一心

圖掌

〔圖解〕：接前式右手由

額角下按至右胯旁止

，左手由襠前提起前

推，手心蓄力，作分

心掌式。

注意：用掌前推時，勁須發於腰，以腰催膊、膊

催腕、掌心蓄力，俟手到敵身一寸間，再發勁

推去，敵固不及逃，勁亦難以散，學者注意之

。

形意拳祕法

四七

466

形意拳祕法

咒

第二十二式 龍尾 圖

〔圖解〕：接上式右腿前進一步，膝前曲，作弓箭步，右手隨腿前推，肩和腰要平，左手指稍曲，(作鷄爪式)向後抓，成龍尾式一

二如左步前上，左手隨腿前推，右手指稍曲後抓，成龍尾式二。

〔注意〕：身須側進，肩向前，手腕與肩及膝成一直線，後手與後腿亦成一垂直線。

〔應用〕：敵由左方擊來，我以左手上裏敵臂，以右

于背擊敵左脇。反之敵由右方擊來，我以左手
背擊敵右脇，至分心掌之用法，倘敵右于當胸
擊來，我用左手向外撥開，以右掌封敵胸部，
龍尾式是用穿勁，倘敵擊我胸部或面部，我須
下勢用穿勁，先進肩膀，以手擊敵之胸面也。

虎形

（動作）：甲預備式　乙熊胸虎步　兩抱球式（丁）

虎撲式

第二十圖　熊胸虎步

形意拳祕法

（圖解）：預備式（同前第一
左腿向東前進一步
，膝前曲作虎步（弓箭步）
同時兩手作拳，由脇旁
上提至肩窩（肘腕要平）不
可稍停。即沿胸直向下
咒

形意拳祕法

栽，止於小腹前，兩拳眼相對，成熊胸虎步。五。

第二十四式
抱球圖

手心向上，作抱球式。

〔圖解〕接前式歛左步，足踵提起，成丁虛步，右膝梢曲重點寄於右腿上。兩拳變掌，手指微曲，隨腿由外往內抱（如抱物狀）置於丹田下兩旁，

第二十五式
虎撲圖

（圖解）：接前式左足踏實，移重點於左足上。右腿向前邁進一步，兩手上抱至胸口，轉掌向地，跟步一齊前撲，兩肘貼脅，成虎撲形式，

（應用）：凡敵用掌或拳當胸擊來，即用雙臂分開敵之兩臂，急忙進步用兩掌向敵中腕撲打，足須踩敵之中門。

（注意）：進步作熊胸虎步時，膀須跟腿前穿，至膝間再向上靠，作虎撲式，前腿前進，後腿沖進肘不得過膝，過則易倒矣。

（動作）：甲預備式　乙馬奔式　丙兩蹄擊鐘

馬形

形意拳祕法

五一

470

形意拳祕法

第二十六式

馬奔圖

五二

〔圖解〕：由預備式抬左腿，微曲右腿，同時兩手抱拳曲肘上舉置於頭上，成馬奔式。

〔注意〕：兩臂上舉時用滾勁，拳眼向下，兩拳相距約寸許，左足與右胯成水平，左足尖上翹，目視前方，以觀敵之動作。

第二十七式

二蹄擊鏟圖

471

形意拳祕法

〔圖解〕：由前式左足落地，右步跟進，同時兩拳向下直裁，成蹄擊錘（二）右足進半步，兩臂再向上舉，同時再抬左腿，再下裁，如此迭次練習，（左右皆同）

〔應用〕：凡敵人用拳掌由上擊來，即用兩臂滾搓，並以足踩敵中門，繼以兩拳裁擊敵之小腹。

〔注意〕：蹄擊錘須兩拳眼相對，步須前弓後直。

鴕形

〔動作〕：（一）預備式　（二）懷中抱月式　（三）鴕形式

〔圖解〕：（一）預備式同（第一圖）（二）懷中抱月式同前

〔第七圖〕

五三

形意拳祕法

四

由懷中抱月式右腿向前邁進一步，同時左手附右前臂，以右肘前靠右胯，則隨肘偏豎成駘形式。

駘形

第二十八式圖

〔注意〕：抱肘前靠時，必須藏頭，進步時身須稍下側進，不可正身前撞，又靠勁與胯勁宜一致發出。

〔應用〕：敵向面部或胸部擊來，左腿向左稍杉半步，身稍下蹲，右腿前邁進一步，側身抱肘以擊敵肋，同時下勢以胯擊敵大股。

猴形

（動作）：（甲）預備式 （乙）猴形式一 （丙）猴形式二

第
猴
二
形
十
九
式

圖
一

影意拳秘法

手置於胸前，掌心向內，手指鈎曲。

（圖解）：預備式同前（第一圖）由預備式向左掉身，左足在前成丁虛步，勢下坐，重點寄於右足，同時兩臂曲肘，由外向內裏，左足在前，右手置於胸前，掌心向內，手指鈎曲，成猴形一。

第
猴
三
形
十
二
式

圖
二

形意拳秘法

五六

(三)由前式向後撐身，後變為前，右足在前成丁虛步，重點寄於左足勢下坐。同時兩手指微放，兩臂用分力前擊，掌心向外，成猴形式二。

〔注意〕；作猴形式時須合胸拔背，目視前手指端之上，前肘不得過前膝，前手不得過前足。

〔應用〕；敵用拳或掌向胸擊來，即用腕背以裏力制之，如敵由後方襲擊，即向後撐身，腕背用分力撥開敵之拳掌，而擊其面部。

貓形

〔動作〕；(甲)預備式　(乙)六合式　兩仙猿摘果式

(丁)狸貓上樹式

〔圖解〕；由預備式(同前)變作六合式(同前)

第十三 仙猿摘果
圖一式

(二)由前式身向右轉，右足踵提起，足尖着地，成丁虛步，兩肘貼肋，左手由左膝裏翻上置於而前，右手由左肩前，肘住下垂置於左手前，右手稍高

注意：兩腿曲膝，身下坐，作仙猿摘果式。兩手心向裏、手指微曲，兩眼視上，於左手，兩食指對正鼻尖。

第十二 貓上樹
圖二式

形意拳祕法

五七

形意拳祕法　　五八

（圖解）：接上式兩手下翻，手心向外，兩手往下繞至小腹沿胸割立圓，但手割至胸前，往前推時，右腿向前踢，全身跳起，落地時左腳仍在原地，右腳落於左腿前，仍成丁虛步，俟右腳着地時，而手作鷹爪，須隨身向下摟，成狸貓上樹式。再由前式作仙猿摘果式，左腿前踢，全身躍起，右腿落於原地，兩手割一立圓，作狸貓上樹式，如此更換練習之。

（注意）：後腳前踢，一為擊敵小腹或陰間，一為插入敵之中門，（襠間）以兩手推按敵之胸部。

（應用）：敵向我之胸部或面部擊來，我用兩手向外撥開（用裏勁）後足前踢敵之陰間，踢後插入敵之中門，用兩手推按敵之胸部，敵必為我制矣。

燕形

〔動作〕：（甲）預備式（乙）燕子取水式一（丙）燕子取
水式二（丁）兩分心掌

第三十三式
燕子取水式一
圖一

〔圖解〕：（一）預備式同前，（二）
由預備式身向左轉，左足
在前提起足踵，重點寄於
右足，勢下蹲，坐於右腿
上，同時左臂平伸，肘與
膝合，掌心蓄力，作前手推。右肘貼肋，左
手置於左肘灣處，作防守掌，成燕子取水式
一。
〔注意〕：向前推手時，臂須稍曲，不可過直，勁蓄
於掌心，俟及敵身，用力前推，勁即不散耳。

形意拳祕法

形意拳祕法

第三十四　燕子取水式　圖二

〔注意〕：右膝微曲，兩手指稍曲，手心向上。

〔圖解〕：接前式，手向上翻，右腿用力，身上起，同時左腿上提，膝與胯平，左足稍前伸，作燕取水式二。

第三十五　分心掌　圖五

（圖解）：接前式兩手掌向下翻，左腿向前落步，兩足前推後足衝進，成分心掌式。

（注意）：前腿進步，後腿衝進時，不可着地拖泥帶水，有碍發勁。

（應用）：敵以右手當胸腹擊來，即用右手刁敵手腕，左手壓敵臂肘，身下蹲，使敵勁散，以壓敵臂之手前推，敵必撤右手，以左手擊我面部，我起身翻掌，上抬敵手，以左腿提擊敵腹，同時踩敵之中門，翻掌前推，敵必倒矣。

鷹形

（動作）：甲預備式 乙蛇形 丙鷹爪式

六

480

形意拳祕法

六二

第三鷹
三十八
圖六
式

〔圖解〕；（一）預備式同前
（第一圖）（二）蛇形式同前
（第六圖）由蛇形式右腿向
前邁進一步，轉掌隨
腿向前抓下，戌鷹八
式。

〔注意〕；前手與前腿之膝足須成一直線，
〔應用〕；設敵右腿在前，以左手向面部擊來。即用
順手外棚，如敵再進左步，以左手當胸擊來，
即用右手向上架棚，同時上右步插敵中門，翻
掌向敵面胸抓下〔用苓勁〕
鷂形
〔動作〕；甲預備式　乙下勢　兩鷂形式

第
三
十
七
勢

下

圖

〔注意〕：下勢時右足尖切勿離地。

形意拳祕法

第
三
十
八
勢

鷂

形

圖
式

〔圖解〕：㈠預備式同前（第一圖）
㈡由預備式右腿向右側伸出，
重點寄於左足下蹲，左手作護
肩掌置於右肩前，右手由胯旁
沿右腿向前伸出，置於右腿內
側成下勢式。

三二

形意拳祕法　　六四

〔圖解〕：由前式起身收右腿作弓箭步，同時右肩
向上竪伸前靠，作鶴形式。

〔注意〕：起身時右腿稍提，即向前進，後腿冲步跟
進，左手置於右臂灣處。

〔應用〕：敵用拳掌當胸擊來，（但須敵手逼近），即向
右閃過，以腿插敵中門，如敵再以右手擊來，
即用左手刀按敵手，急起身竪肩前靠。

鶴形

〔動作〕：（甲）預備式　（乙）鶴腿式

第鶴
九十三腿
圖式式

483

〔圖解〕：由預備式左手上提肘腕頂平，右腿上提
向前踏出，（但提腿時趾下抓，踏腿時趾上翹）
，右臂肘曲手置鼻前，指微曲手心向外，腿
前踏時臂跟腿同時前伸手向下按，再左腿上
提前踏，左膀同手跟腿下按，成雞腿形。

〔注意〕：右手前按，左手作防，倘敵擊來，我以防
手习敵腕外撥，右手前按敵胸或面，若左手前
按時，右手作防。

〔應用〕：敵當面擊來，我以仿手习敵手腕下按，後腿
踩敵中門，後手跟隨抓按敵面，倘敵發覺，後
退一步，我必進一步以攻之，敵前進一步，我
追後一步以應之，總之以粘敵身為要。

鶴形

形意拳秘法

六五

形意拳祕法

〔動作〕：(甲)預備式　(乙)白鶴展翅　(丙)白鶴束翅　六六

(乙)白鶴展翅

〔圖解〕：
(一)預備式同前
〔第一圖〕

白鶴展翅
第四十圖

(二)由預備式兩臂微曲下蹲，繼向外用滾勁上舉，兩手心向外，停於頭額之上，同時

左腿微上提足尖上翹，成白鶴展翅式。

〔注意〕：兩臂用滾勁向上架，舉時須以腰肩助勁。

形意拳祕法

第白

四鶴

十一束

圖翅

〔圖解〕：由前式左足向
前方踏進一步，右足
微帶衝意跟進，同時
兩手變掌下劈成白鶴
束翅式。

〔注意〕：兩手劈下時，步須前弓後直
。

〔應用〕：敵由前方向胸腹擊來，即用臂腕向上滾架
，趁敵落空急以掌擊其肋腹。

蛇形

〔動作〕：甲預備式 乙六合式 丙蛇形

尢

486

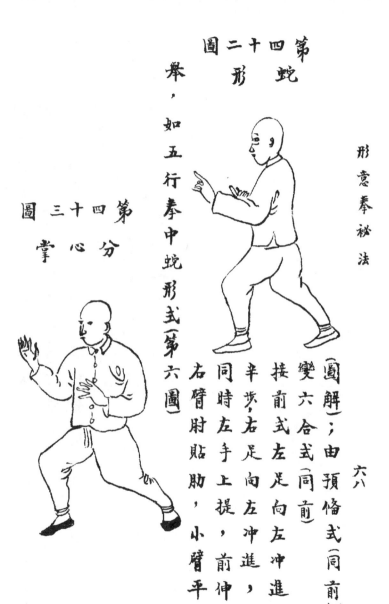

形意拳秘法

第四蛇
十二形
圖

第四十三
分心掌
圖

舉，如五行拳中蛇形式（第六圖）變六合式（同前）接前式左足向左沖進半步，右足向左沖進，同時左手上提，前伸右臂肘貼肋，小臂平

〔圖解〕；由預備式（同前）

六八

形
意
拳
祕
法

〔圖解〕：摟前式向前邁進右步，同時右手向前推

出，左手作防守掌橫置胸前。

〔注意〕：蛇形第一式兩手合有撥勁，作推手掌時，

手指在前，手心蓄力。

〔應用〕：敵用右手擊來，我以左手撥開，右手隨右

步向敵中腕推按之。

二
元

結論

鍛鍊丹田六合，為形意拳基本中之基本，故於首編述之，五行拳十二形拳，皆利用丹田六合推演而成，故於第二編述之。按五行拳十二形拳，可連接練習，亦可單獨練習，惟單練時，每式皆須作預備式；連練時，則僅於開首時作一預備式可耳。本書所述，純係單練之法，蓋單練純熟，連練自不成問題，且初學者學習簡易，不至望而卻步矣。

五行拳十二形拳各式，皆是左右互練之拳，左式既畢，繼以右式，庶身體各部無畸形發展之弊。而有互助健強之益，茲為免贅起見，除劈拳及龍形等數式外，皆屬就右式圖著，間或有以右式圖

形意拳祕法

七。

著者，則略其左式，又各式之應用，多言敵由前
方擊來，或當胸擊來云云，非不顧及後方或左右
之謂也，蓋六合純熟，前後左右，皆能轉變靈活
，故雖曰前方擊來云云，實則後方左右上下皆已
包括在內矣，冉本書所述應用之点，不過其概畧
中之概略，至若審動靜，辨虛實，意之所至，着
勁即隨，無意而皆意，不法而皆法，千變萬化，
無向所敵，則存乎其人矣！

形意拳秘法

七一

形意拳秘法

七二

中華民國二十四年六月三十日出版

形意拳基本行功祕

定價大洋六

編輯者　祁縣高

出版者　仝

校閱者　劉緜

發行者　太原晉新

印刷者　仝

◆編後語◆

《原傳戴氏心意六合拳》已付印成鉛，在此要致謝的人太多，首先我要感謝老伴范玉珍，在我寫書期間任勞任怨，大力支持；感謝恩師王映海，他傾70年演練的體會和對本拳理的深刻領悟，校訂本書，並口傳身授使我得益匪淺。

其次我要感謝：喬添峰、楊秀龍、喬俊海、榮貴、趙果仙、龐高鵬、程元會、王晉林、郝昌明、張復賢、許曉峰、郭映長、王占全、閻海柱等領導的支持。

再者感謝戴寶書、趙水根、馬文明、岳春民、韓金喜、梁文章、李景福、賈兆明、金三在資料方面的支援。特別感謝太谷師範學校，書俠拳社的王紹德（祁縣王賢人）、趙守榮（祁縣魯村人）、武學仁（沁源人）等人提供了五行拳對練及八十一式詳細名稱。

感謝孫素成、孫晉平、吳振德、郭瑾通、陳晉福、王毅、楊宗俊、喬俊海、喬五兒、王喜成、王喜忠、鐵小、景信傑、彭俊義、王寶榮、劉前生、王太辰、陳建有、陳計生、白剛兒、余德鵬、梁曉峰在套路與實戰運用中的支持。

感謝李秀艮、段樹雄、楊延澤、高錫全、馬繼忠、馬彪、王沁文、董承寬、許世威、董樹偉、顧海平、趙幸、

常立東、趙水根、張啟茂、王紹德、戴常隆、師大錄、梁諺竟、張俊山同仁及第六代與第七代的師兄、師弟、師侄和朋友們，在我出書過程中不論是提供資料，還是在文字圖片飾色修改及技擊上都給予了無私的幫助。在整理材料中感謝戰友鮮紅、張華明；在攝影中感謝楊慧、高海燕、索瑞剛，在校對方面感謝陳建新、郭瑾如、白剛兒的徒弟張帆等同志；在處理照片中感謝金點子公司法人代表郭生衛和工作人員趙晶晶；在財力方面感謝渠家大院館長喬俊海，喬家大院館長王正前，哈爾濱軸承集團太原順標銷售有限公司總經理孫彪，師兄弟景信傑、彭俊義等人；在全面支持方面感謝祁縣副縣長閻朝暉，政協副主席李郁明，體委主任程安興。

最後我還要深深地感謝上至岳武穆創拳，到列祖列宗對此拳的變異和完善，下至當代仍在傳承此拳的仁人志士。

讓我們帶著一顆感恩的心攜手共進，發揚此拳吧！

歡迎至本公司購買書籍

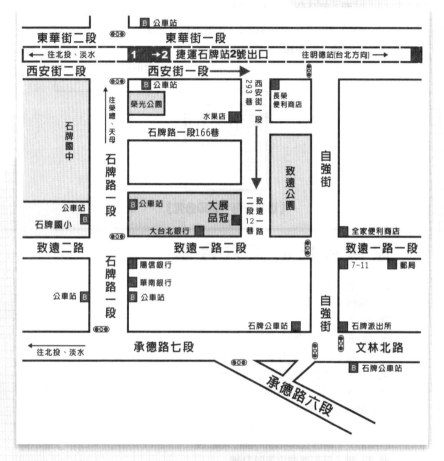

建議路線

1. 搭乘捷運‧公車

　　淡水線石牌站下車，由石牌捷運站2號出口出站(出站後靠右邊)，沿著捷運高架往台北方向走(往明德站方向)，其街名為西安街，約走100公尺(勿超過紅綠燈)，由西安街一段293巷進來(巷口有一公車站牌，站名為自強街口)，本公司位於致遠公園對面。搭公車者請於石牌站(石牌派出所)下車，走進自強街，遇致遠路口左轉，右手邊第一條巷子即為本社位置。

2. 自行開車或騎車

　　由承德路接石牌路，看到陽信銀行右轉，此條即為致遠一路二段，在遇到自強街(紅綠燈)前的巷子(致遠公園)左轉，即可看到本公司招牌。

大展好書　好書大展
品嘗好書　冠群可期